U0472441

国际金融与经济研究系列丛书
上海财经大学中央高校建设世界一流大学学科和特色发展引导专项资金资助
中央高校基本科研业务费资助

股票发行制度、信任与投资者行为

理论及经验证据

曹　啸　著

上海财经大学出版社

图书在版编目(CIP)数据

股票发行制度、信任与投资者行为:理论及经验证据/曹啸著.
—上海:上海财经大学出版社,2023.7
(国际金融与经济研究系列丛书)
ISBN 978-7-5642-4138-4/F.4138

Ⅰ.①股… Ⅱ.①曹… Ⅲ.①股票发行-研究-中国
Ⅳ.①F832.51

中国国家版本馆 CIP 数据核字(2023)第 048419 号

□ 责任编辑 台啸天
□ 封面设计 贺加贝

股票发行制度、信任与投资者行为
理论及经验证据
曹 啸 著

上海财经大学出版社出版发行
(上海市中山北一路 369 号 邮编 200083)
网 址:http://www.sufep.com
电子邮箱:webmaster @ sufep.com
全国新华书店经销
上海华教印务有限公司印刷装订
2023 年 7 月第 1 版 2023 年 7 月第 1 次印刷

710mm×1000mm 1/16 14.5 印张(插页:2) 284 千字
定价:72.00 元

前　言

随着市场规模的扩展、交易品种的丰富以及家庭参与程度的不断提高，我国股票市场发展到了一个新的历史阶段，这也意味着股票市场的复杂性和不确定性越来越高，从而对股票市场进一步的改革与开放提出了新的要求。发行制度是整个证券市场制度建设最重要的基础环节，其制度设计的有效性对于投资者的行为和股票市场的发展都具有举足轻重的影响。上海科创板实行注册制以后，如何推动我国股票市场从核准制全面转型为注册制，是我国证券市场面临的当务之急。

在这样的现实背景下，本书从微观上研究我国股票发行制度改革对投资者信任水平和行为模式的影响机制，以及作为投资者行为加总的结果，从宏观上研究股票发行制度改革对股票市场未来发展的影响。本研究在构建核准制下存在的市场和监管双重失灵的理论分析框架的基础上，对信任和投资者行为之间的逻辑关系进行实验研究，从信任对家庭股市参与的影响、IPO 定价效率、并购重组事件中信息披露质量的市场反应、定向增发资产注入对上市公司绩效和市场反应的影响，以及我国 ST 公司摘帽事件市场反应等涉及发行制度的各个方面进行实证研究，从而提出通过发行制度的改革和完善提高投资者对股票市场的信任水平、优化投资者长期价值投资行为和更好发挥股票市场功能的政策建议。本书的研究发现主要包括以下几个方面。

第一，由于我国股票市场发展的特定历史背景，监管当局实际上同时承担了审核上市公司、选择上市公司和监管上市公司等多个职责，目标之间的冲突形成了核准制下的监管悖论，导致严格处罚和严格退市不可置信的监管与市场的双重失灵。

第二，监管与市场的双重失灵导致的投资者保护水平不足是投资者对于股票市场信任缺失的重要原因。

第三，通过对经典信任博弈实验进行拓展，研究了投资风险与信息披露对投资者信任与行为的影响，发现风险会显著降低投资市场中参与者之间的信任水平，而有效的信息披露能够降低投资风险对市场信任造成的不利影响，从而能够提高投资者的信任。

第四，在我国股票市场的机构投资者不能有效地辨别上市公司的财务信息造假行为，这是我国股票市场存在的重要缺陷。

第五，投资者对股票市场的参与度在很大程度上受到信任水平的影响，而且这种影响对于不同收入和受教育水平的群体来说存在显著的异质性。

第六，我国股票市场过度的行政干预影响了市场机制有效地发挥作用，弱化了意见分歧对 IPO 定价的影响，这是询价制下的 IPO 定价机制受到扭曲的根本原因。

第七，在我国股票市场，上市公司定向增发、大股东资产注入的交易中，国有企业的绩效要优于民营企业，国有股权在市场信任不足的情况下，为替代性投资者保护作用提供新的证据。

第八，在我国股票市场，交易所对上市公司信息披露的质量评级具有正面的市场反应。

第九，ST 公司摘帽能够得到超额收益，并且会在市场中得到提前反应，而这种收益与我国股票市场的退市制度之间存在显著的理论逻辑。

第十，宝万股权之争的案例暴露出了市场以及社会舆论对于中小投资者利益的漠视，提高投资者的保护水平任重而道远。

本书的研究结果表明，中国股票市场各种问题的焦点在于发行制度的改革，我国股票市场的注册制改革应以实现监管和市场的双重有效、重建投资者的信任，以及引导投资者的长期行为作为最终目标。

本书是我和我的博士研究生曾帆、张云，以及我的硕士研究生蔡昌衡、陈艺芬、张梦薇、何佳诚、李豪和、曹翀、张怡共同合作的成果。其中，第三章是我和博士生曾帆合作的成果，第四章是我和博士生张云合作的成果，第七章是我和硕士研究生张梦薇合作的成果，第八章是我和硕士研究何佳诚生合作的成果，第十一章是我和硕士研究生张怡合作的成果。在此对他们的工作表示感谢。由于水平有限，书中难免存在不足之处，我对这些错误和不足之处负责，并欢迎读者批评指正。

曹　啸

2023 年 6 月 18 日

目　录

第一章　导　论

我国股票市场从成立以来，获得了飞速的发展，但是我国投资者对于股票市场的参与状况呈现出的是过于浓厚的投机特征。虽然监管当局一直致力于推动发行制度从审批制到核准制的改革，不断完善询价、配售等制度安排，但是无法改变股票发行市场存在的"高股价、高市盈率、高募集额"的痼疾（刘纪鹏、沙玉兰，2012），欺诈上市的丑闻也层出不穷（张翼、马光，2005；吴溪，2008；俞欣等，2011）。实际上，IPO 的"三高"怪象以及种种市场丑闻都从不同的角度说明了我国新兴股票市场的投机特征，而我国股票市场的健康发展恰恰最需要的是投资者参与交易的长期信心，只有投资者具有参与股票市场交易的长期信心，投资者的参与行为与市场预期收益变化之间才能形成良性的互动，中国股票市场才能从"短期投机"的市场转变为"长期价值投资"的市场。

发行制度是整个证券市场制度建设最重要的基础环节，其制度的设计和监管对于投资者的行为以及股票市场的发展都具有举足轻重的影响。上海科创板实行注册制以后，如何推动我国股票市场从核准制全面转型为注册制，是我国证券市场面临的当务之急。

在这样的现实背景下，本研究不想陷于分析核准制和注册制之间在"实质审核"、审核方式等方面差异的争论（沈朝晖，2011；王啸，2013；邹雄，2009），也不想重复发达国家证券发行制度的特征和优劣利弊的研究（黄运成、葛蓉蓉，2005；郭明新，2005；钱康宁、蒋健蓉，2012；Gadinis、Howell，2007），以及描述我国证券发行制度变迁的进程（王林，2011；陈淮、顾连书，2012）和改革中的困难（尹中立，2010），而是在上述研究的基础上，进一步从理论上分析核准制导致市场和监管双重失灵的内在逻辑，以及这种双重失灵对于投资者的信任、行为模式的影响机制，并在理论分析的基础上，对于信任和投资者的行为之间的逻辑关系进行实验研究。从信任对家庭股市参与的影响、IPO 定价效率、并购重组事件中信息披露质量的市场反应、定向增发资产注入对上市公司的绩效和市场反应的影响以及我国 ST 公司摘帽事件市场反应等涉及发行制度的各个方面进行实证研究，从而提出通过发行制度的改革和完善提高投资者对于股票市场的信任水平、优化投资者长期价值投资的行为、更好发挥股票市场功能的政策建议。

第一节 研究的意义

证券发行制度对于投资者的信任具有重要的影响，并由此决定了投资者的风险感受、行为模式以及股票市场的发展状况，我国证券发行制度的改革需要根据我国转轨经济特定的社会制度与文化背景，把提高投资者对于股票市场的信任水平作为最终的目标。

本研究的理论意义在于：从投资者的风险感受与行为模式的角度，在股票市场的信任与证券发行制度之间建立理论联系，构建博弈模型，在一个统一的理论框架下，分析核准制下存在的市场和监管双重失灵，解释了我国股票市场规模扩展过程中对投资者保护和投资者信任不足的现象，并从涉及发行制度的各个方面对我国股票市场的效率进行了实证研究，为我国证券市场发行制度改革的迫切性和意义提供经验证据，从而提出我国证券发行制度改革的最终目标是提高投资者的信任水平以及优化投资者行为的观点，有助于增加中国股票市场发展方面的学术研究积累。

本研究的现实意义在于：本研究的成果有助于监管层从提高投资者对于股票市场的信任和长期信心作为出发点来改革证券发行制度，通过长期的制度建设，重建投资者对股票市场的长期信心，引导投资者的长期投资行为，而这正是未来我国股票市场长期健康发展的关键所在。

第二节 研究的主要内容

本书将从微观上研究我国股票发行制度改革对投资者的信任水平和行为模式的影响机制，以及作为投资者行为加总的结果，从宏观上研究发行制度改革对股票市场未来发展的影响，并据此提出通过发行制度的改革提升投资者的长期信心、引导长期投资行为、从而更好发挥中国股票市场功能的政策建议。

本书主要包括以下几个方面的内容。

一、我国股票市场发行制度演进中的博弈均衡：市场与监管双重失灵

由于我国股票市场发展的特定历史背景，监管当局实际上同时承担了审核上市公司、选择上市公司和监管上市公司三个职责，这使得监管当局既要付出极高的前期甄别和选择成本，又要承担失察、选择错误的责任，甚至背负股票价格下跌带来的负面影响。这就导致了监管当局面临的监管悖论，使得监管当局的事后严格监管和退市制度成为不可置信的制约，在维持股票市场稳定和保护中小投资者利益之间，监管当局只能选择前者而实质上不能保护中小投资者的利益，这种发行制

度的博弈结果只能是上市公司财务造假丑闻盛行、机构投资者和中介机构没有激励发现上市公司的财务造假行为，监管和市场机制双重失灵的后果就是上市公司、中介机构和机构投资者实质上串谋掠夺中小投资者的利益。

这一部分在梳理监管当局面临的困局基础上，构建监管当局、上市公司、中介机构、机构投资者和中小投资者之间的多方博弈模型，构成了本研究的理论分析框架，为研究提供理论基准。在理论模型的构建过程中，将根据我国股票市场发行制度演变的现实逻辑，研究制度博弈在监管成本、上市公司行为和市场行为等方面具有怎样的特征，发现在监管和市场双重失灵的情况下，监管当局出于维持股票市场稳定的动机而采取的监管政策，会导致大股东运用欺诈行为等非法手段，肆意侵害和掠夺中小投资者的权益，造成投资者对证券市场的信任下降。博弈模型基本结构如图 1—1 所示。

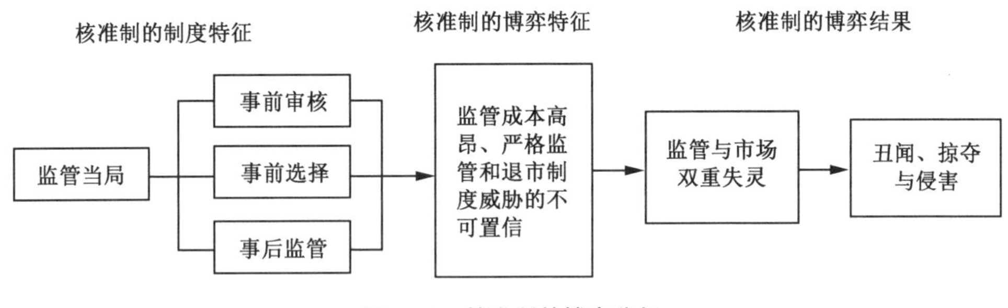

图 1—1　核准制的博弈分析

二、信任、风险感受与投资者行为：实验研究

这一部分主要通过对经典信任博弈的实验进行拓展，研究了投资风险与信息披露对投资者的信任与行为的影响。本书按照有无风险将实验分组，进而引入投资相关信息，对市场信任问题进行研究。研究结果表明，投资收益的不确定风险显著降低投资市场中参与者之间的信任水平，抑制投资，同时，收益不确定的影响具有异质性。尤其重要的是，与投资相关的信息披露能够有效降低投资风险对市场信任造成的不利影响，从而能够提高市场信任。因此，在我国资本市场不断完善的过程中，建立规范的信息披露机制，减少信息不对称，能够降低风险对市场的冲击，发挥资本市场对资金高效配置的功能。

三、机构投资者能够发现上市公司的信息披露造假吗：经验证据

在股票市场，散户投资者由于专业性等方面的缺失，并不能对上市公司的信息做出准确的判断，而机构投资者才是证券市场的信息生产者，因此，机构投资者能否发现上市公司财务报表造假并快速做出反应，从根本上决定了一个证券市场的

信息效率。本书为了向我国证券市场存在的市场和监管双重失灵现象提供经验证据，从上市公司财务报表造假入手，观察中国证券市场上市公司进行信息披露造假前后机构投资者的反应，检验机构投资者能否发现上市公司的财务造假行为。本书以 1990 年到 2015 年所有证监会已发现的 112 例造假案例为样本，就造假前后单个机构投资者对造假公司的持仓变化以及机构的总体持仓的变化，分析机构投资者是否能够发现上市公司报表造假。同时，根据上市公司具体财务造假金额的大小，实证量化分析机构增减仓的程度是否与上市公司财务造假的行为相关。最后，再研究二级市场是否能够对上市公司财务造假做反应。

四、信任对家庭股市参与度的影响：基于 CGSS 数据的实证分析

股票市场的功能得以发挥依赖于市场具有足够的活跃度和参与度。基于中国综合社会调查数据库来探究信任对我国家庭股市参与度的影响。基于中国综合社会调查数据库（CGSS）随机抽样的 2010 年、2012 年、2013 年和 2015 年共计 35 687 个样本数据建立 Logit 模型，实证检验我国社会信任水平对家庭股市的参与度和行为存在显著的正向影响，而且这种影响对于不同收入和受教育水平的群体来说存在显著的异质性。

五、询价对象的意见分歧与 IPO 定价效率的研究

股票市场功能的发挥在很大程度上取决于 IPO 的定价是否合理，IPO 的定价方式也是股票发行制度的重要内容。为优化我国股票市场的 IPO 定价效率，监管层不断对新股发行体制进行调整、完善。由于我国新兴资本市场的特征，新股高初始收益率、IPO“三高”等问题一直困扰了我国股票市场的发展进程。在此背景下，本书将意见分歧资产定价理论应用于我国股票发行市场，就询价对象的意见分歧对 IPO 相对价格、发行市盈率和超募率的影响进行研究，旨在以意见分歧假说解释我国股票市场存在的“三高”现象，并进一步将视野延伸到新股上市后的长期市场表现，研究了意见分歧对股票长期回报的影响。本书还利用 2014 年 6 月，监管层同时对超募率、老股转让和发行市盈率进行窗口指导作为自然实验，研究了行政干预前后，询价对象的意见分歧对 IPO 定价效率影响的变化，发现询价对象的意见分歧能够解释 2014 年 6 月以前我国股票市场出现的“三高”现象，而且行政干预弱化了意见分歧对 IPO 定价的影响，询价制下的 IPO 定价机制受到扭曲，不再发挥其市场化定价的作用。

六、定向增发、资产注入与上市公司绩效的实证研究

在我国定向增发的实践中，控股股东的参与程度普遍较高，出现了许多控股股东资产注入的情形，引起了资本市场的广泛关注。国内学者对于控股股东定

向增发与资产注入存在“支持”和“挖空”两种截然不同的观点，本书则根据控股权性质对控股股东作了区分，来探讨控股股东这一行为对上市公司是支持还是掏空。

本书以我国资本市场包含资产注入的定向增发事件为样本进行了实证研究，发现：(1)在长期绩效的表现上，国有企业的长期绩效趋于上升，民营企业的长期绩效下滑。(2)除了控股权性质以外，上市公司定向增发资产注入后长期绩效的影响因素，还有是否存在股权质押行为、注入资产的比重与盈余管理的程度？因此，从控股股东拿出未上市的资产注入上市公司的动机来看，国有企业与民营企业存在着不同的动机。特别重要的是，由于民企控股股东受到更多的融资约束，因此在定向增发资产注入中存在一种监管套利行为：即与直接将未上市的资产质押融资相比，通过将未上市的资产注入上市公司换取股份，再将换取的限售流通股份质押融资的行为。

七、并购重组事件中信息披露质量的市场反应研究

信息披露制度是中国证券市场运行的核心制度，是促进上市公司规范自身行为和形成投资者信任的关键。为了规范上市公司的信息披露行为，深交所自 2001 年起对上市公司进行信息披露的质量评级。由于上市公司的信息披露考评等级侧面反映着公司的治理风格和信息披露风格，只有将信息披露考评等级质量指标放入上市公司的某一类事件中，在剔除一系列控制变量的影响下，才能真正得到投资者对该上市公司信息披露考评等级中应有的市场反应。因此本书以 2010—2016 年深市同一上市公司发生两起并购重组事件时信息披露考评等级不同的公司为样本，以信息披露考评等级通过多元回归分析来解释并购重组后的超额累计收益率，从中分析出信息披露考评等级对市场反应的影响。

本研究发现，即便是在并购重组实践中，投资者对上市公司的信息考评等级也不敏感，他们并不因为上市公司信息披露考评等级的高低而改变投资策略；其次，虽然信息披露考评等级对市场反应无显著影响，但是信息披露考评等级的上升通过传递公司内部治理结构优化的信息，从而会给并购重组事件超额累计收益率的变化带来显著为正的影响。交易所对上市公司进行的信息披露考评不会直接引起市场反应。但上市公司信息披露考评等级的变化反映了该上市公司的治理水平的变化，信息披露考评等级变化的实质是反映了新的信息，因此投资者会对新信息产生市场反应。深交所对上市公司实施信息披露考核评级具有积极意义。

八、我国股票市场 ST 公司摘帽事件市场反应的实证分析

上市公司的退市制度对于股票市场的效率具有重要的影响。ST 制度是我国股市一项特有的制度。被给予特别处理的公司在达到一定的条件后可以申请撤销

特别处理，从而恢复为正常公司，也称为“摘帽”，在我国股票市场，被 ST 的公司大多都有撤销 ST 的经历，并且少部分公司经历过不止一次摘帽。市场也模糊地呈现出“戴帽则股价下降，摘帽则股价上升”的表象。

本书选取 1998 年 4 月至 2016 年 12 月间被摘帽的股票样本，对我国 ST 公司摘帽事件的超额收益进行分析，发现样本公司的超额收益确实来自摘帽事件的发生。并且投资者对摘帽事件的预期产生了“超前反应”，从摘帽前两个月直到摘帽公告发布当天，ST 公司的股价有着持续显著的正向反应。但是，在摘帽一个月后，市场才开始对 ST 公司的股票进行大量交易，说明对于市场认为 ST 公司的投资风险是很大的，所以在摘帽期间也呈现出高风险高收益的股价特征。

九、万科股权之争中被忽视的中小投资者利益：案例研究

万科股权之争受到了广泛的社会舆论关注，但是在控制权争夺中对中小投资者的利益保护却不为市场所关注。本书对万科股权之争中市场参与各方当事人的行为及投资者权益被忽视的情况进行了深入分析，发现万科投资者的知情权及交易权被侵害，表决权的行使结果也不甚理想，民事维权的路径并不顺畅；万科管理层采取的种种反抗措施均以维护自身的私利作为首要考虑因素，并以牺牲中小股民的合法权益为代价，独立董事也没有发挥法规及章程新赋予的职能。

在万科股权之争过程中，中小投资者的合法权益已被各类市场参与方严重忽视，甚至侵害。监管层对万科股权争议事件的监管态度也经历了一个逐步变化的过程，与此同时，作为对投资者保护体系的重要补充机制，社会舆论对于督促万科之争中的各方当事人履行信息披露义务起到了一定的积极作用，但是，舆论关注的重点更多的是放在管理层与外部资本方在控制权的角逐上，对于中小投资者保护方面的关注力度和深度不够，影响了社会舆论监督机制作用的发挥。

十、完善我国股票市场发行制度、提高投资者信任水平的政策建议

本书把提升投资者的信任水平作为最终目标，深入研究在中国特定的制度背景下，发行制度改革有效性的制度条件，并提出相应的政策建议，包括分析注册制改革如何进行才能打破监管当局面临的监管悖论，改变监管和市场双重失灵的困境，把事后的严格处罚和退市制度转变为可置信的监管制约，在改变监管失灵的同时，发挥市场机制的作用，通过降低外部社会风险提升投资者对于股票市场的信任水平，从而引导投资者的长期投资行为，通过发行制度的改革和完善为我国股票市场的长期健康发展奠定坚实的基础。本书总体框架如图 1—2 所示。

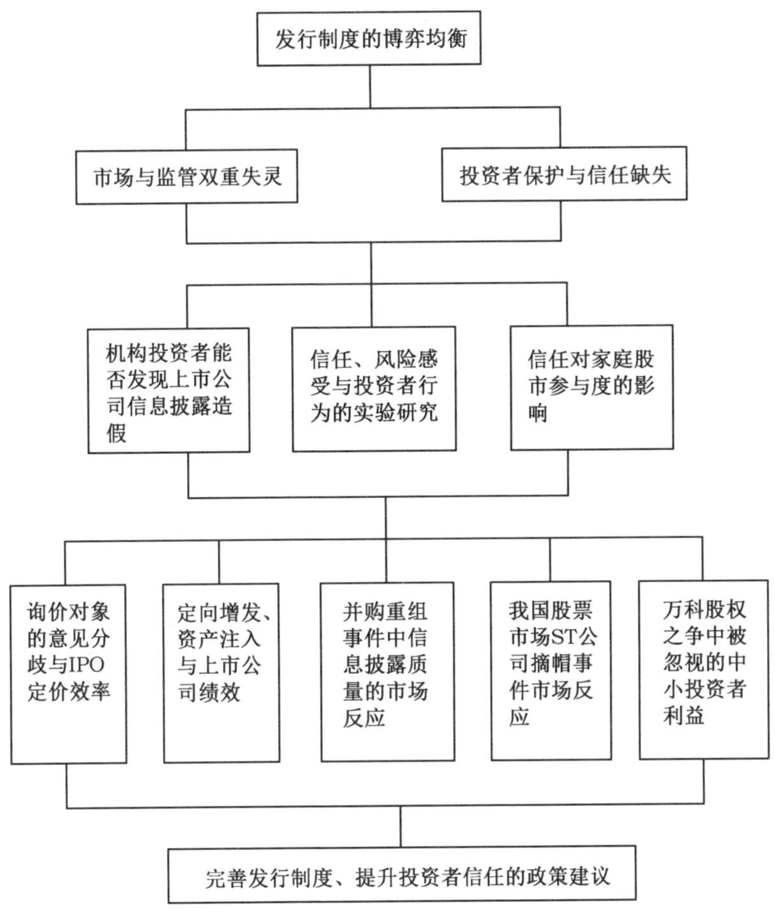

图 1—2　研究框架

第三节　研究的主要观点与创新之处

一、主要观点

1. 我国股票市场现行发行制度下存在监管悖论，导致严格处罚和退市制度不可置信以及监管与市场的双重失灵。

2. 监管与市场的双重失灵导致的投资者保护水平不足是投资者对于股票市场信任缺失的重要原因。

3. 我国股票市场在制度上存在的缺陷是市场机制不能有效发挥作用的根本原因。

4. 我国股票市场的注册制改革应以实现监管和市场的双重有效、重建投资者的信任、引导投资者的长期行为作为最终目标。

二、创新之处

1. 从投资者的信任和行为的新视角对发行制度的改革进行理论研究，为发行制度的研究奠定了微观基础。

2. 通过信任的视角，在股票发行制度、投资者的风险感受与行为以及股票市场的宏观表现之间建立了符合逻辑的理论联系，不是孤立地分析发行制度，而是在具有微观基础的前提下，把发行制度纳入股票市场的制度演进当中进行全面分析。

3. 提出了现有发行制度存在的制约不可置信、监管和市场双重失灵，发行制度的改革必须以提高投资者的信任水平作为最终目标等新观点。

4. 采用实验金融学的方法进行实证研究，对信任、风险感受与投资者行为之间的关系设计原创性的实验框架，在方法上有所创新。

第二章　文献综述

本章只对信任、投资者的行为与股票市场的发展相关的文献进行简单的归纳，具体可参见计小青、曹啸(2018)，其他文献的概览参见各章。

到底是什么支撑了投资者参与股票市场的长期信心？信心来自信任，而中国恰恰缺乏基于市场交易和社会组织的信任资本(张维迎、柯荣住，2002)，尤其重要的是，投资者与上市公司之间没有形成有效的信任关系(田双全，2013)。由于信任的缺失，导致我国股票市场的高投机性。

Arrow(1972)强调，每一个商业交易都包含了信任的因素，而且信任在整个交易期间都起着决定性的作用。在金融市场，信任更是达成交易所需要的基础性因素。金融交易在本质上是用金钱去交换一个承诺，如果没有信任，写在纸面上的承诺也就丧失了价值(Sapienza 和 Zingales，2012)。投资者参与股票市场投资需要的并不仅仅是利用存在的数据进行风险和回报的权衡。更为重要的是，投资者相信这些数据是可靠的，以及整个市场体系是公正的(Guiso 等，2008)。由于金融交易具有的专业性、复杂性与不透明性，参与金融交易的投资者更加容易受到在信息、技术和力量上占据优势的交易对手的掠夺与欺诈，是否相信交易对手、交易对手是否值得信任就是决定投资者参与金融交易最根本的决定因素，信任对于投资者的风险感受与行为模式具有重要的影响，股票市场可以说是基于信任而建立起来的(Stout，2009)。

首先，信任可以降低投资者的参与成本。其具体的途径包括通过社会群体的互动(Hong 等，2004；Jackson，2006；Georgarakos 和 Pasini，2011)、参与政治活动(Bonaparte 和 Kumar，2013；Kaustia 和 Torstila，2011；Hong 和 Kostovetsky，2012)等，吴卫星(2012)、李涛(2006)等利用中国的调查数据也提供了相应的经验证据。

其次，信任水平和投资者的风险感受之间也有密切的联系。Guiso(2010)认为金融交易的外部社会风险与投资者的信任水平是正相关的，信任水平能够缓解模糊厌恶、本地化倾向等行为因素对于投资者参与股票市场交易的不利影响(Guiso，2008；2010；Guiso 和 Jappelli，2008；Cole et al.，2009)。

最后，投资者的信任及其行为模式根植于股票市场的制度与组织结构中。投资者对于股票市场的信任水平是在投资者长期的交易过程中形成的(Osili 和 Paulson，2009；Guiso，2010)，只有长期稳定的回报才能支撑投资者对于股市的信任(Sapienza 和 Zingales,2012),在投资者信任水平的形成过程当中存在溢出效应,个别机构的不当行为会引发投资者对于整个行业的怀疑(Guiso,2010)。因此,投资者的信任具有社会信念的特征,由此决定了交易双方的信任基础根植于股票市场的制度与组织结构,而作为整个证券市场的制度基础,证券发行的制度设计和监管对于股票市场的信任以及投资者的行为都具有举足轻重的影响。信任的下降会导致对更为严厉的监管的需求(Sapienza 和 Zingales,2012)。但是,Aghion(2010)、Pinotti(2008)、Carlin(2009)等学者发现监管越严格的国家,平均的信任水平越低,问题的关键在于怎样监管(Sapienza 和 Zingales,2012)。LLSV(2006)指出通过准入监管等制度的变化提高对投资者的保护水平是可行的,诺斯等人(2009)从解释人类历史的分析高度强调了准入制度对于人类交往模式及其经济绩效的影响。

既有的文献表明,证券发行制度对于投资者的信任具有重要的影响,并由此决定了投资者的风险感受、行为模式以及股票市场的发展状况,我国证券发行制度改革需要根据我国转轨经济特定的社会制度与文化背景,把提高投资者对股票市场的信任水平作为最终的目标。

第三章　股票市场发行制度演进中的博弈均衡：市场与监管双重失灵

本章在梳理监管当局面临的困局基础上，构建监管当局、上市公司、中介机构、机构投资者和中小投资者之间的多方博弈模型，构成了本书的理论分析框架，为研究提供理论基准。在理论模型的构建过程中，将根据我国股票市场发行制度演变的现实逻辑，研究制度博弈在监管成本、上市公司行为和市场行为等方面具有怎样的特征，发现在监管和市场双重失灵的情况下，监管当局出于维持股票市场稳定的动机而采取的监管政策会导致大股东运用欺诈行为等非法手段，肆意侵害和掠夺中小投资者的权益，造成投资者对证券市场的信任下降。

通过研究我国证券市场的监管困境，可以厘清制度变迁下监管当局如何解决上市公司攫取中小投资者的利益，有利于理解国家的目标收益对产权保护水平的影响。此外，本书在考察分析中国证券市场监管失灵及其根源的基础上，分析和揭示了证券市场监管失灵与市场秩序混乱的症结，探讨并提出了改革市场监管体制、完善监管之道的对策建议。

第一节　文献综述及研究假设

许多学者从国际化的角度分析了监管对于股票市场的影响。La Porta(2006)对 49 个新股发行国家的监管制度进行了研究，认为没有明确证据表明监管制度能促进股票市场发展，相反，明确的法律基础和私下监管更有利于提高股票市场的效率。Braendle(2005)和 Alimov(2012)均证实了完善的法律监管有利于股票市场效率以及融资能力的提高。

一些学者分析了我国股票市场监管的状况，何望(2001)运用非合作博弈模型分析我国证券市场的监管效率，认为监管当局存在最优监管范围。赵洋(2008)通过建立政府与投资者之间的博弈模型，认为政府以及监管当局应该为我国股市创造良好的环境。而目前我国证券市场的监管环境较差，钟巍(2014)分析了证券市场监管的信息结构问题，认为信息完善、信息滞后以及信息不明确等原因都影响证券市场的监管效率。李立新等人(2014)认为随着股票监管制度的变迁，股票发行、信息披露监管以及内幕交易监管均是我国证券市场监管中存在的问题。

以施蒂格勒为首的经济管制理论对政府管制的政治动机加以剖析，指出政府介入市场更多的是为被管制者创造利润。叶学平(2011)以静态博弈模型分析了经济转轨是旗下的市场监管体制，认为一个国家的证券市场要充分保障每个参与个体的利益。但从新兴自由主义角度出发，监管当局的本质目的是追逐政治理想，而不是保护投资者实现效用最大化。

政府监管下的处罚做法，模糊了政府监管与自律监管的界限。王家辉(2012)揭示了监管者与被监管者之间的博弈行为以及寻租、合谋问题，寻租合谋行为在长期重复博弈过程中会建立相互信任和互惠互利的利益团体。互惠互利的局面形成在很大程度上是由于监管机制不合理、监管力度不够和惩罚难以落实造成的。使得市场存在寻租可能，劣质公司可以通过付出更大的努力，利用钱权交易，获取同优质公司相同的证券发行资格。寻租行为将导致资金在配置过程中出现无效率损耗，从而降低了资金配置效率(傅承，2014)。

证券市场政府监管与自律监管的界限模糊的顶层设计本身，便是利益惩罚机制软弱(王建平，2019)。虽然证券市场政府监管的目标，在立法上是切实保护投资者尤其是中小投资者的合法权益，但是在监管当局的政策下，为了配合市场发展，我国股市长期"重融资，轻投资"，以致在我国证券市场中，其他投资主体侵占了中小投资者的权益，使投资者的利益长期受到损害。在监管成本过高的情况下，上市公司欺诈发行股票，投资者的利益得不到赔偿；股东还可能将监管迎合作为掩饰其掏空的"面具"，投资者的利益得不到赔偿(董竹、马鹏飞，2019)，许美蓉和孙娜(2019)认为在强监管的背景下，利用对外投资、预付款交易和应收账款交易等看似合法合规的交易掩盖掏空本质的行为方式，是近些年大股东掏空方式的新变化、新特点，这需要引起监管机构及中小股东的关注。大股东承诺不兑现，投资者的利益得不到赔偿。可以说，当下的股市让投资者利益受损(何强、王全浩等，2019)。由此提出理论假设 1。

假设 1：在我国证券市场核准制下的博弈，监管当局对中小企业投资者的保护水平不足。

由于上市公司的监督和制衡机制缺失，经营者等内部管理者利用信息优势损害中小股东的利益，在一定程度上影响了投资者对上市公司的信任危机(张风存，2016)。证券信任是在证券市场上，投资者对经济前景、上市公司和管理层的信任程度，是影响决策的重要因素(崔巍，2011)。中国股票市场缺乏长期信心、盛行"短期投机"现象，导致投资者的信任下降(计小青、曹啸，2018)。由此提出假设 2。

假设 2：在我国证券市场核准制下的博弈，投资者对证券市场的信任下降。

第二节 证券市场核准制的博弈均衡：理论模型

目前，国际上主流国家的股票发行制度主要为两个类型：注册制、核准制。注册制的主要特征是证券审核发行机制只对注册文件进行形式审核，并不考察实质性内容，实行注册制的代表国家为美国。注册制依赖于市场的成熟度，要求投资者对股票市场的信息需具备良好的识别能力，政府干预程度达到最低。核准制要求证券审核发行机构既要充分公开发行公司的信息进行实质审核，又要关注其真实状况。在核准制制度下，证券市场发行依赖市场自由和政府干预。

一、监管当局、上市公司与投资者之间的博弈特征

1. 监管当局与上市公司之间的博弈

监管当局在证券市场上行驶监督和管理的权利，在中国股票发行制度为核准制的条件下，监管当局实际上扮演的是发行、审批的角色。监管当局的本质是保护股票市场稳定、促进其发展以保证企业资源分配，但是他们有自己的利益，处于股票市场利益博弈的上层，占据主导地位。

监管当局是否对证券市场进行监管取决于市场发行人违规行为和合规行为获得的收益与监管者采取措施后的成本和收益相权衡。当发行人按照正常相关规则操作时获得的收益大于从事违法活动获得的收益时，就会采取合规操作决策，相反，若小于从事违规获得的收益时，就选择违法经营。监管当局是否对证券市场进行管制，也是根据管制成本和收益的对比来确定的。假定监管当局与上市公司构成博弈模型的双方，双方均为追求利益最大化的理性经济人；上市公司和监管当局明确对方采取行为的收益和成本，以此建立的证券市场的监管模型如表 3－1 所示。

表 3－1　　　　核准制下监管当局与上市公司博弈

监管当局		上市公司	
		违法	合法
	监管	(V－X，－Y)	(V－X1，Y)
	不监管	(V－X2＋X3，Y2)	(V，Y)

在表 3－1 中，Y 表示上市公司采取合法操作时获得的收益，Y2 表示违法操作并未被监管当局处罚时获得的收益，V 表示上市公司正常情况下得到的收益，X 表示监管当局监管的成本，X2 表示企业正常情况下监管当局监管的成本，X2 表示企业在违法情况下监管当局不监管的成本，X3 表示企业违法情况下监管当局不监管的收益，可以理解为不监管时避免证券市场负面效应获得的收益，且 X3＞X2。

在信息不对称、监管成本的制约下，根据博弈规则可知最优的博弈结果为上市公司选择违法行为，而监管当局不采取监管措施。因为作为监管当局，其利益是维护投资市场的稳定。在我国股票市场逐步开放的背景下，越来越多的企业选择公

开发行股票以获得融资，导致股票市场中上市企业的质量良莠不齐。随着我国股票市场投机行为的增加，以及违约曝光率的增加，为了维护股票市场的稳定，监管当局要承担更多的责任，对于已经违规的企业，为了减轻市场上的负面影响，监管当局对其的包容度增强，甚至和上市公司一起合谋。

上市公司作为股票发行方，目的是在股票上获得融资，但是，在严格的监管条件下，公司的股票发行受到各种限制。在股票发行过程中，监管当局的作用越大，意味着股票发行人的寻租动力就越大。发行人与监管当局的博弈中，发行人选择非法手段增加发行机会。

2. 中介机构、投资者的博弈结果

发行人与中介机构存在较大的利益相关。例如，在代销的方式下，代销商虽然只是负责销售证券获得佣金，不用承担证券的风险，承销商获得佣金的多少与销售金额成正比关系。同时，证券发行人也意在通过更高的发行价格和发行量获得更多的资金。所以承销商和发行人在共同利益的驱使下容易产生合谋，产生不利于证券市场发展的行为。除了承销商之外，其他的资产评估中介机构也存在类似的合谋行为。

在证券市场上监管当局、上市公司与投资者之间的博弈中，无疑中小投资者的地位最为劣势。中小投资者既不影响股票价格，也不能获得监管当局的偏袒，只能被动地接受市场价格。如果证券市场上中小投资者的利益得不到保证，会影响其参与股票市场的积极性，那么融资成本的增加，也会严重影响股票市场的流动性。

二、严格监管与退市制度威胁的不可置信

前面我们讨论了监管当局、上市公司与投资者之间的博弈结果，在证券市场核准制下，监管当局、上市公司和投资者明确自身的市场定位，同时，市场赋予监管当局维护证券市场稳定的社会责任，在追求效益最大化的博弈中市场主体间会产生串谋和欺骗等非法行为，造成严格监管与退市制度制约的不可置信——市场和监管双重失灵。

1. 市场失灵

监管当局干预过深，市场机制受损。核准制在我国股票市场推行是监管机制市场化改革的重要举措，但是由于核准制下，监管机构影响了股票发行公司和投资者的经济决策，导致无法合理、有效率地分配资源和利益。

证券市场上企业良莠不齐。股票价格本质上由市场供求关系决定，但当投资者面对不确定信息时，只能根据市场和监管当局提供的信息做出经济决策，市场上充斥的虚假信息会产生干扰，迫使质量好的企业筹集资金受阻，情况严重的会退出市场以寻求其他的价值融资方式。相反，通过非法手段获得上市机会的公司可以筹集高于自身市场价值的资金，造成“柠檬市场”。

市场外部性严重。当市场存在正的外部性时，市场中经济主体行为获得额外的收益，但是这些收益并未带来相应价值的奖励，会抑制经济主体的积极性，降低其做出相同经济行为的可能性，随着时间的积累，导致正的外部性消失。股票市场作为高风险市场，与企业部门、金融部门和监管部门联系紧密，股票市场上的震动有极强的传染性，泡沫经济会导致投资下降，市场信任度降低，甚至引起金融市场震动。

证券市场上普遍存在着逆向选择和道德风险。由于企业管理者和享有控制权的大股东所掌握的信息与一般投资者所掌握的信息处于非对称状态，投资者往往只能按所有发行企业的平均质量来决定其愿意支付的价格，从而抑制证券质量被低估的企业的积极性，鼓励资金向低质量企业流动。而且，在“委托—代理”理论所描述的博弈格局下，经营者可以利用其信息优势逃避监督，追求自身的利益最大化。

2. 监管失灵

由于存在监管成本，监管当局在追求理想的监管目标时必须考虑其成本因素，因此可以说在贯彻实施监管过程中所耗费的成本可能大于实现监管目标后的收益，或者说以更小的监管成本不能对证券市场的欺诈行为进行有力地查处最终导致监管失灵。

监管失灵的后果是造假上市、虚构业绩和信息披露违规长期盛行。证券公司、上市企业利用资金、信息和职权等优势，通过各种市场操纵手段人为地扭曲证券市场中股票的价格，从而误导投资者的判断能力，以谋求自身利益最大化。由于监管层的监管不力和合谋行为，当前证券市场上的内幕交易问题愈演愈烈。在上市公司大股东“一股独大”的情况下，存在上市公司契约意识淡薄，通过非法手段侵占他人利益的情况。

企业容易受到“行业歧视”。证监会在审核股票发行过程中存在有意向的偏颇，国有企业由于存在政府隐性担保的作用，且由于国企中的国有股权造成的天然政治联系，国有上市公司比民营上市公司能获得更多的长期债务融资、财政补贴等好处，证监会在审核时更倾向于国有企业。那么，相对于有经营优势的非国有企业，可能会因为“行业歧视”的原因，存在发行不通过或者发行审核周期较长等情况，造成融资难的困境，在某种意义上提高了企业的发行成本。这种“行业歧视”不仅体现在企业的性质上，还与企业的规模大小相关。同样，规模大的企业无论是从企业网络的角度还是公司治理的角度来看都有极大的优势，与规模小的公司相比更获证监会青睐。由此可见，证监会在股票发行审核中具备绝对的话语权，对于国有企业和大规模的企业的审核成本较低，最终导致市场上的企业良莠不齐，企业之间存在恶性竞争。

第三节　双重失灵对证券市场的影响

一、中小投资者的保护水平不足

中国证券市场具有政府主导的特殊性，使得证券投资者的保护这一本属于公司治理层面的概念，更多地表现为国家意志。控股股东与中小投资者之间的利益冲突升级为国家与中小投资者之间的利益冲突。在证券市场监管和市场双重失灵的情况下，在维护股票市场稳定和保护中小投资者之间，监管当局必然会用行政手段来影响资本市场，只能选择前者而实质上不能保护中小投资者的利益。以国有企业改制而成的上市公司为主体的证券市场上，国有股占据了绝对比重，居于控股股东地位。国家推动证券市场制度建立的初衷，就是希望实现对符合国家意志的投资决策进行集中控制与使用，表现在居于控股地位的国有股与中小投资者之间的关系上，就是使国有股的控制权收益最大化。因而，制度设计的起点与投资者的保护存在着根本性的矛盾，国家没有供给投资者保护的动力。且由于国有企业享有融资特权，企业是否能够融资，取决于行政管理机关而非公司实施的投资者的保护水平，因而企业缺乏通过建立机制自我实施投资者保护、取悦投资者的激励，监管当局对中小投资者的权益保护动力不足。

投资者结构差异较大，机构投资者与中小投资者之间差异化大。在市场失灵下，机构投资者具备信息优势，利用自身技术和资金力量在股票市场占据主动地位。中小投资者则处于劣势地位，资金分散，并不能参与市场询价，只能参考市场价格进行申购，被动接受负面影响。在股票询价过程中，为了获得溢价收益，机构投资者会盲目抬高新股发行价格，形成“泡沫”。在面对市场形势严峻的情况下，导致泡沫破灭的可能性。中小投资者可以根据具体情况而自发地利用某种渠道维护自己的利益，投资者的保护成为一种“被动式”保护，即将投资者的保护置于一种相机性的策略之下是否进行保护、保护多久、保护的程度和力度都服从于国家这个保护人的利益实现状况，其根据证券市场的运行状况而进行调控，从而使中小投资者的实际保护水平处于波动中，若泡沫破灭后违法主体的财产不足以支付行政罚款、刑事罚金与民事赔偿时，投资者的利益则得不到保障。

政府主导型的证券市场发展路径，使得行政意图成为市场调控的风向标，从而投资者的行为决策建立在判断政府意图、对政府干预政策预期的基础上，而非基于对风险的预期。这削弱了投资者权利的自我维护意识及投资的风险意识，导致道德风险与非理性行为。

二、投资者的信任降低

证券市场中投资者的信任对证券市场的发展非常重要，信任是投资者对于自己在金融观点上认为自己被欺骗的一种行为,是一种主观上的意识。投资者的信任既是一种客观特征(比如在投资者利益保护方面或投资监管方面,信任都是需要依托客观条件存在的),也是一种先验反应,信任也取决于投资者本身,与其教育信仰、爱好和家庭背景等方面有关,从而导致投资者对正确投资产生了不同程度的信任。

我国证券市场主要是一个散户市场,由缺乏投资知识及投资经验的中小投资者组成,大多呈现为对市场和监管并不了解的情况。相对于成熟的资本市场,市场上投资者表现出更为明显的过度自信、过度反应及羊群反映等非理性投资行为。在投资者同时作为股票市场的卖方和买方时,容易扩大非理性行为造成的后果。在面对这种组成成本的投资者时,投资者的信任会表现在证券交易的频率上。

从中国上市公司自身的角度来说,公司诚信的缺失是造成投资信任下降主观方面的原因。上市公司的失信行为在证券市场屡有发生,如夸大利润、错报数据、关联交易不披露和合同造假等。这些问题本应在公司内部监察环节被发现,但是公司内部治理的不规范使得不论是公司内部审计委员会、独立董事还是监事会,都未能充分发挥监督职能。

另外,监管当局无法抑制证券市场上的其他利益主体对投资者利益的侵犯,造成投资者对证券市场的信任降低。当投资者的信任降低,认为进入证券市场的权益得不到保障,进一步造成对证券市场的信任降低。

本章小结

本章根据我国股票市场发行制度演变的现实逻辑,在理论上构建监管当局、上市公司、中介机构、机构投资者和中小投资者之间的多方博弈模型,抓住我国股票市场监管当局身兼审核上市公司、选择上市公司和监管上市公司三职的制度特征,分析我国股票市场发行制度导致的监管和市场双重失灵的困境。

由于我国股票市场发展的特定历史背景,监管当局实际上同时承担了审核上市公司、选择上市公司和监管上市公司三个职责,这使得监管当局既要付出极高的前期甄别和选择成本,又要承担失察、选择错误的责任,甚至背负股票价格下跌带来的负面影响。这样就导致了监管当局面临的监管悖论,使得监管当局的事后严格监管和退市制度成为不可置信的制约,在维护股票市场稳定和保护中小投资者之间,监管当局只能选择前者而实质上不能保护中小投资者的利益,这种发行制度的博弈结果只能是上市公司造假丑闻盛行、机构投资者和中介机构没有激励发现上市公司的造假行为。监管和市场机制双重失灵的后果就是上市公司、中介机构和机构投资者实质上串谋掠夺中小投资者的利益。因而证券监管当局不能维护市场环境和秩序以发挥积极作用,投资者的合法权益得不到保障,对股票市场的信任度下降。

投资者对证券市场信任度降低的原因是投资者的合法权益不能得到保障，而建立中小投资者的信任对维系我国证券市场的发展意义深远，因此，重塑监管理念，建立投资者的信任是我们面临的当务之急。

第四章　信任、风险感受与投资者行为的实验研究

本章通过对经典信任博弈实验进行拓展，研究了投资风险与信息披露对投资市场中信任的影响。按照有无风险将实验分组，进而引入投资相关信息，对市场信任问题进行研究。研究结果表明，投资收益的不确定风险显著降低投资市场中参与者之间的信任水平，抑制投资，同时，这种收益不确定的影响具有异质性。投资相关的信息披露能够提高市场信任，更重要的是，这种信息披露能够有效降低投资风险对市场信任造成的不利影响。因此，在我国资本市场不断完善的过程中，建立规范的信息披露机制、减少信息不对称能够降低风险对市场的冲击，发挥资本市场对资金高效配置的功能。

第一节　引　言

随着我国市场经济机制的日趋完善，市场成为资源配置的决定性方式，市场经济是一种信用经济，信任是发挥市场作用的重要基石（Arrow，1974）。市场信任被认为是除物质资本和人力资本外，决定一个国家经济增长和的另一个重要社会资本（张维迎、柯荣住，2002）。中国社会的快速转型带来了经济、政治和文化等领域的深刻变化，市场信任能够反映和调节经济社会中的许多问题和冲突（赵文龙等，2019）。良好的市场信任关系是现代经济金融正常运行、发挥市场效率和风险的重要保障。作为社会经济投入要素，信任具有正的外部性，与信任相关的共享行为能够获得更好的经济后果（Fukuyama，1995；Putnam，1993）。市场信任对经济增长和金融发展具有促进作用（La Porta 等，1997；Guiso 等，2004），同时也会影响微观企业的投融资决策（戴亦一等，2009；潘越等，2009）。作为经济运行中的重要调节力量，市场信任的缺失会对整个社会经济发展带来负面冲击，并且信任缺失的冲击会在短时间内快速蔓延。因此，想要实现市场对经济资源充分有效的配置，就需要不断改善市场信任关系，提高市场信任水平。

但是，市场信任非常脆弱，容易受到各种不利因素的影响，并且信任一旦失去，重塑市场信任的成本会非常高。我国目前市场经济还在不断完善过程中，经济体制还不够完善，因此经济运行过程中造假、欺诈等各种不同类型的风险都对市场中的信任关系产生巨大冲击。整个市场经济的稳定发展，不仅与公司的基本经营业绩相关，更与市场中参与者对未来发展的合理预期和市场信心有关（张新、陈帼钊，

2002)。当投资风险增加时，会严重损害投资者的信心，进而降低整个市场的信任关系，抑制资源的合理配置。没有信任的支撑，市场就会陷入混乱无序，可能引发系统性风险，甚至会破坏社会稳定。

造成市场风险的一个重要原因是信息的不对称。当代市场经济的稳定运行离不开一个良好的信息传播环境，而投资市场对信息具有更高的依赖性。尽管现代社会科学技术的发展为信息的传递创造了有利的条件，但在许多时候，信息的获得还是要受到种种条件的限制。造成这种信息不对称的是由信息具有共享的特点所决定，信息作为一种准公共物品，具有较强的竞争性，个体想要获取信息都需要付出较高的成本。此外，在信息传递过程中，从信息源到信息使用者，信息客观上会发生时间上的延迟和信息内容上的漏损。市场中信息中介对信息的真实性、准确性和完整性有鉴定和识别的责任，但随着大量公司个体的信用缺失，导致越来越多的信任缺失问题暴露出来。

所以说市场经济实际上是信息市场的经济，信息披露是否及时、准确和信息披露的全面性是建立公众对整个市场经济的信任基础，信息不对称是造成市场信任缺失的重要原因。投资市场的信任水平直接会受到市场信息的透明度影响。为确保市场信任稳定，实现市场资本形成和有效配置的功能，进而发挥市场对整个国民经济增长的调节作用，需要解决的关键问题就是市场信息问题。也就是说为了保证市场价格准确、及时地反映每一家公司的经营状况和风险承担，就需要个体公司与整体市场完善的信息披露机制。在此前提下，资金持有人才能够结合自身风险的偏好，合理预期未来，愿意将资金投资给目标企业。相反，当信息不对称增加，导致投资者无法准确预期未来，投资意愿则下降。同样，在信息充分披露的情况下，企业获得合理的资金投入，融资成本和经营风险相符，企业也能更加充分利用资金优势，实现资源的有效配置。也只有在信息有效披露的前提下，政府和监管机构才能够及时地发现问题，保护各方权益，有效防范市场系统风险的发生。

因此，关于投资风险和信息披露对市场信任关系的研究，对发挥市场资源配置功能、维护社会经济稳定具有至关重要的作用，现有文献关于风险对信任的影响进行了一定研究，但关于信息披露对风险和信任的调节功能还少有涉及。一个重要的原因是，现有社会经济中对信任、风险的衡量和信息测度等数据的获取是非常困难的，并且即便选择较好的替代变量对问题进行研究，但各变量之间的内生性问题严重，很难解释相互间的因果关系。因此，本书就是通过经典的信任博弈实验，通过科学设定实验条件，对三者的因果关系进行研究，以期对市场信任问题提供一定的理论支撑。与以往的研究成果相比，本书的贡献在于：首先，通过系统科学的信任博弈实验，验证了收益不确定的风险降低了投资者的信任，削弱了资本市场的资金配置的效率，为这一问题的存在性提供科学证明。其次，对投资相关信息披露的问题进行实验研究，证明信息披露能够改善投资者的信任水平，提高市场的活跃度。最后，本章研究发现通过信息的充分披露，能够有效降低投资风险所带来的不利影响，为这一问题的解决提供科学的理论依据。

第二节　理论分析与研究假设

对社会信任的研究最早和最著名是Berg、Dickhaut和Mccabe(1995)的信任博弈实验，证明了信任的存在性，并且说明信任是经济社会发展的一个重要起始点。沿着Berg、Dickhaut和Mccabe(简称BDM，下同)的思路，很多学者从不同角度和不同影响因素对信任的影响展开了广泛的研究。Johansson等(2008)研究发现人们的初始资金禀赋会对经济中人的信任水平产生影响。Cameron(1999)得出不同的结论，资金禀赋并不会改变公众的信任行为(Fehr等2002；李彬等，2015)。投资收益的大小对投资者的信任也会产生影响，不同的增长率会影响信任者在考虑其投资的决策行为(Coleman，1990；Bolle 1990；Bottom，1998)。同时，当投资者对被投资者身份未知时，会展现出更低的信任(Sanfey等2003；Bottom等2006)。此外，一个国家的政府控制力度(Aghion等2010)、文化差异与男女性别差异(Slonim和Guillen，2010)都会影响公众的市场信任。因此，影响市场信任的因素是纷繁复杂的，信任很容易受到各种原因的冲击，研究其中最能够对信任产生重大影响的因素就显得至关重要。其中，各种不同类型的风险对信任的冲击就是最重要的原因之一，需要对这一问题进行深入研究。

一、风险对信任的影响

回顾我国市场经济的发展历史，导致市场信任发生危机的事件屡见不鲜，从上市公司财务造假，到公司问题信息不披露或延迟披露等一系列风险都对投资者的信任产生巨大冲击，市场信任被不断破坏。经济环境的外部风险会对社会信任产生影响，降低社会信任水平(李彬等，2015)，并且不确定经济环境下会影响投资率，特质风险抑制投资的程度随风险的增加而变大(郦金梁等，2018)。李俊青等(2017)研究了银行经营风险与市场信任的关系，发现两者互为因果，风险的增加会降低存款者的信任，信任下降又会通过资产收益率的波动进一步增加银行风险。陈冬宇等人(2014)也研究了网络借贷中的感知风险对信任的影响，感知风险的增加会显著地影响信任，降低出借意愿。同样，风险感知会对消费者的信任产生影响、风险的增加会降低消费者的购买意愿(潘煜等，2010)。刘宝华等(2016)研究了股价崩盘风险和地区社会信任的内在联系，上市公司所在地区的社会信任水平越高，公司股价在未来崩盘的风险就越小。李凤羽、杨墨竹(2015)从经济政策的不确定风险的角度研究对企业投资的影响，当不确定风险增加时会抑制企业的投资。刘海明、曹廷求(2017)研究发现经济不确定风险会通过信贷的增加降低企业的投资效率。基于国内外学者关于不同风险对不同层面信任影响的研究,本章认为投资市场中投资风险同样会对投资者的信任产生不利冲击,影响投资者的投资意愿。同时,收益的不确定性风险会因为投资收益的大小而具有异质性。本章提出如下研究假设。

假设 1a:在市场投资过程中,收益的不确定风险会显著降低投资者的信任,从而抑制投资。

假设 1b:投资收益越高,不确定风险对投资信任的冲击越小,收益越低,不确定风险对投资信任的冲击就越大。

二、信息对风险和信任的调节作用

资源的配置市场实际上是信息市场,及时、准确的信息披露是建立投资市场信任的重要基石。自 20 世纪 90 年代以来,已有大量学者对上市公司的信息披露对市场的影响进行研究。已有的研究观点普遍认为,上市公司的信息披露有助于降低信息不对称和潜在的投资风险进而影响上市公司的资本成本和股票价格。对国内外上市公司的实证研究发现,公司的信息披露质量越高,其融资成本、债券融资成本将显著降低(Botosan,1997;Botosan 等,2002;Sengupta,1998;汪炜等,2004),不同信息披露程度的上市公司,其股票的市场流动性也存在显著差异,信息披露程度越高的上市公司,买卖价差越小,显示其流动性越高(张程睿等,2007)。由于市场中存在分析师,通过收集上市公司的信息降低上市公司与分析师的不确定性,当上市公司主动进行信息披露时,分析师将会为投资者提供更高效的投资建议(Botosan 等,2004),为了提升自己的市场认可,分析师更倾向于追逐信息披露水平更高的上市公司来保证自己的预测误差波动更小(Lang 等,1996)。

建立和保证市场信息披露及时、准确和全面性是一项长期、复杂的系统工程,信息的缺乏导致许多风险出现,严重影响了市场的信任关系。这通常是由于市场各主体的有限理性、市场交易成本的存在以及大量的偶然因素的发生,往往会产生信息的不对称问题。信息的不对称将导致市场参与者的逆向选择,被投资主体对自己的经营状况、产品质量标准以及资金的配置风险等真实情况有比较清楚的认识,而投资者则较难获得这方面的真实信息,导致投资人的投资风险增加和投资意愿的下降。信息不对称程度越大,市场中投资者的信息就成本越高,交易费用也越多,越容易产生道德风险。当信息不对称越严重,市场中的关联交易和内幕交易越盛行,市场效率会越低下,市场的资源配置功能就越有限。只有市场中各方信息的充分披露,减少投资者与被投资者之间的信息不对称,才能够建立信息良好的信任关系,发挥市场功能。

因此,支撑市场信任关系,降低投资风险,发挥市场资源配置功能的关键是充分的信息披露,减少信息不对称,使得价格充分反映企业的经营状况与存在的风险。只有在这一前提下,资金持有人才能选择符合自身风险偏好与预期收益的投资。同时,被投资企业也能够得到相应的资源配置，在降低市场风险的同时，达到市场有效配置资源的目的。游家兴等(2007)研究发现，上市公司的信息代表了它的特质，当公司的披露程度越低，其股票价格与市场指数的同步性就越高。上市公司通过详细披露财务审计意见，能够有效提高投资者的投资信心，增加投资意愿。加强公司审计和内部控制的披露对改善投资者的投资决策具有积极意义(张继勋、周冉、孙鹏，2011)。汪静等(2018)通过对网贷平台的运营实践发现，当平台的信息披露越多时，越容易吸引投资人参与交易，增加交易量。同时，这种信息的披露能够降低投资人的投资风险。因此，本章关于信息披露对投资比例的预测结果也是正向变化的，并且这种对信任的正向作用能够降低风险的不利影响，提出如下假设条件。

假设 2a：投资信息的披露能够有效提高市场中投资者的信任。

假设 2b：信息披露越充分，投资者的信任水平越高。

假设 2c：信息披露能够有效降低不确定风险对投资信任所带来的不利冲击。

第三节　研究设计

对于投资风险、信息披露和市场信任问题的研究，一方面受到数据获取问题的障碍而成果有限，信任作为一种经济人的主观感受，客观准确的衡量本身就是一件非常困难的问题。另一方面即便获得数据，也很难识别是风险因素，还是其他因素导致了信任的变化，信息如何调节风险的影响就更难识别。因此，本章通过 Berg，Dickhaut 和 McCabe(1995)所设计的经典信任博弈实验，改变不同的实验条件，比较准确地控制不同因素的影响，对风险、信任和信息的问题进行研究。

一、实验设计

1. 实验流程

在本节的投资博弈实验中，实验流程见图 4－1，实验开始时为投资者 A 提供单位的初始资金，i 表示每个投资者。被投资者 B 没有初始资金，整个实验过程中交易双方都是匿名进行，这些初始条件的投资者与被投资者在实验中都是已知信息。在第一阶段，投资者 A 决定投资多少钱给被投资者 B，假设投资比例为 α_i，则投资额为 $\alpha_i * W_i$。当投资资金到达被投资者 B 时，资金会变为 R 倍。因此，当到达被投资者 B 的资金为 $R * \alpha_i * W_i$。在实验第二阶段，被投资者 B 决定返还 β_i 的比例给投资者 A，返还金额为 $\beta_i * R * \alpha_i * W_i$，其中，$\alpha_i$ 与 $\beta_i \in [0,1]$，至此一轮投资实验结束，进行下一轮相同条件的实验，直到这一类实验结束。每一轮实验后投资者 A 和被投资者 B 的财富分别为

$$P_{ai}(\alpha_i, \beta_i) = W_i - \alpha_i * W_i + \beta_i * R * \alpha_i * W_i$$

$$P_{bi}(\alpha_i, \beta_i) = R * \alpha_i * W_i - \beta_i * R * \alpha_i * W_i$$

给定间接效用函数 $V_{ji}(P_{ji}(\alpha_i, \beta_i))$，其中 $j=a, b$。投资者 A 与被投资者 B 都需要最大化各自的效用，效用函数为财富的增函数。当没有信任存在时，α_i 和 β_i 必然为零，但是 BDM 实验证明社会中存在信任，并且能够发挥重要作用，投资者和被投资者会选择 α_i 与 β_i 大于零的方式来最大化自己的效用。同时，BDM 实验中便是用投资者比例 α_i 作为衡量社会中信任程度的指标，本章也是借鉴这一思路，同时从投资者的投资比例 α_i 和被投资者返还比例 β_i 两个维度衡量投资者市场中的信任度，进而研究投资风险和信息披露对投资比例 α_i 和返还比例 β_i，即投资信任的影响。

2. 实验条件

为了研究投资风险和信息披露对投资市场信任的影响，本章首先在是否存在投资风险条件下对市场信任影响的实验，然后改变条件在是否存在信息披露时进行实验。Fehr(2002)、李彬(2015)等证明待投资资产的规模并不会改变信任者的投资比例，本章设定每轮实验中投资者 A 的初始资金为 10 元，进行后续实验。针对投资中是否有风险如实线流程(见图 4—1)，首先进行没有投资风险的实验，即收益无风险，投资者 A 进行决策投资一定金额，收益都确定的变为三倍到达被投资者 B，被投资者 B 决策返还多少收益给投资者 A。本章在无风险时 R 为三倍，当收益有风险时，R 分别以 1/3 概率分别为 0 倍、3 倍和 6 倍。在投资收益为确定 3 倍的对照实验完成之后，进行有投资风险的实验，投资风险是当投资者 A 决策投资多少金额之后，这笔投资分别以 1/3 的概率变为 0、原来投资的 3 倍和原来投资的 6 倍到达被投资者 B，被投资者 B 进行收益返还决策，决定返还多少收益给投资者 A。在这个实验过程中，投资额以无风险确定的 3 倍和有风险以三分之一概率为 0 倍、3 倍和 6 倍的信息在每一轮实验中投资者和被投资者都确切知道。但是当有投资风险时，投资者 A 投资多少金额对于被投资者 B 是不清楚的，同时到达被投资者 B 的金额为多少对于投资者 A 来说也是未知的。比如，当被投资者 B 收到金额为 0 的投资时，他不知道是投资者期初就没有投资，还是投资了但是由于风险收益变为了 0。同样，对于投资者 A 来说，当他投资一个大于 0 的金额时，收到被投资者返还金额为 0 时，投资者分不清楚是被投资者有收益没有返还，还是因为本来由于风险造成收益为 0 而无法返还。

在信息披露对市场投资信任影响的研究中，我们通过在上述经典实验的基础上引入投资信息的方式进行分析。具体信息为被投资者 B 返还给投资者 A 金额的信息和交易对手是否固定的信息对投资信任的影响。返还信息是指当投资者 A 做出投资决策后，乘以相应倍数变为收益到达被投资者 B，此时被投资者 B 决策返还多少金额给投资者 A。当每一轮实验开始前，投资者 A 是否能够看到被投资者 B 上一轮返还的金额信息进行对照研究，如图 4—1 中虚线所示为返还信息到达投资者影响下一轮实验决策。在投资实验中还有一类信息，即固定对手的信息，就是在一类实验中，在实验开始时随机配对，形成投资者与被投资者组，在这同一类实验中的多轮回

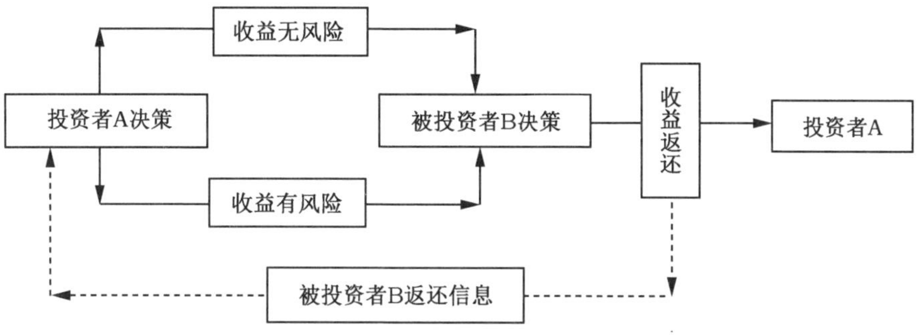

图 4—1 投资博弈实验流程介绍

合中交易对手固定,交易双方知道这一信息。此时,投资者不但会知道被投资者上一轮实验中返还的金额信息,同时还知道当下这轮实验中交易对手的信息,具有更强的信息含量。因此,为了研究信息对投资信任的边际效应,本章根据不同类实验中的信息含量大小分别进行了无信息组、低信息组和高信息组的投资实验。具体是实验中交换实验对手且不知道被投资者上轮返还信息的为无信息组,交换实验对手但投资者知道被投资者上一轮返还金额信息的为低信息组,实验中固定交易时知道返还信息同时知道交易对手的信息为高信息组,具体分组见表 4—1。

表 4—1 投资信任博弈实验分类

	无风险	有风险
信息含量由低到高,对手交换,无信息组	第一类:对手交换,无返还信息,无风险	第二类:对手交换,无返还信息,有风险
有返还信息,低信息组	第三类:对手交换,有返还信息,无风险	第四类:对手交换,有返还信息,有风险
对手固定,高信息组	第五类:对手固定,无风险	第六类:对手固定,有风险

注:根据是否有风险和信息含量由低到高分为六类实验,下文中以第几类实验表示不同条件下的实验。

3. 实验偏差控制

由于实验研究的特殊性,容易受到实验参与者相互之间的社会关系对实验结果独立性的影响,本章在实验中充分控制了匿名性,当实验开始前随机为每一位实验参与者分配一个角色,并且无法获知实验对手的个人信息,通过这种匿名性的控制保持实验的独立客观。同时,在整个实验过程中控制信息交流,当实验开始时实验参与者被分配到独立的实验区域内,并且切断一切通信工具,保证实验过程中参与者之间不会形成串谋合作影响实验结果。此外,为了控制首次投资和有限博弈造成的影响偏差,对每一类实验分别进行了 1 轮、6 轮和 12 轮的重复实验,选取多轮实验中的中间轮次结果进行问题研究。

二、主要变量

1. 市场信任

作为因变量，市场信任在投资市场中的识别和衡量是非常困难的，我们借鉴BDM等文献的方法，将从投资者的投资比例 $Invratio_{it}$ 和被投资者返还比例 $Retratio_{it}$ 这两个维度来衡量投资者在市场中的信任度。其中，$Invratio_{it}$ 为第 i 个投资者在第 t 轮投资实验中所选择投资的金额占总金额的比例，$Retratio_{it}$ 为第 i 个被投资者在第 t 轮实验中给投资者返还的金额占收到金额的比例。

2. 投资风险

在市场中市场信任会受到各种不同种类投资风险的影响，但是在众多投资风险中，收益的不确定风险对投资信任的影响最大，对信任造成的冲击也最深远。因此，本章通过收益的不确定风险作为投资风险的衡量，研究风险对市场信任的影响。在实验中，收益风险通过改变收益条件来衡量：收益没有风险、收益为确定的三倍和收益具有风险，分别以三分之一概率为零倍、三倍和六倍。即收益风险 $Risk_{it}$ 为虚拟变量，当有风险时为 1，没有风险时为 0，$Risk_{it}$ 表示第 i 个被投资者在第 t 轮实验中投资收益是否具有不确定风险。

3. 信息披露

信息是影响市场信任的重要因素。我们通过在每轮实验时，投资者和被投资者是否具有投资的相关信息作为衡量。具体信息为投资者 A 在投资决策时能否看到被投资者 B 上一轮返还金额和对手固定信息这两类信息 $Info_{it}$，也为虚拟变量，在有信息时记为 1，没有信息时为 0。其中，$Info_{it}$ 表示第 i 个人第 t 轮实验中是否具有和投资相关的信息。

4. 控制变量

在对过往研究文献的梳理过程中，发现参加实验者的性别、民族及有宗教信仰都会对信任实验产生影响（Eckel 和 Wilson，2003；Slonim 和 Guillen，2010），为了更加准确研究投资风险和信息披露对市场信任的影响，我们对其他相关因素进行控制。具体的做法是，在实验开始前，对实验参加者以调查问卷的形式，对个体的差异进行控制，包括参与者的性别、民族、来自城市还是乡镇、政治面貌、父母的最高学历及是否有宗教信仰。除此以外，还对参与人的风险厌恶和信任感进行控制，风险厌恶主要是控制参与人主观上对待风险态度不同造成的差异，同时对参与人的信任感进行控制，主要是防止社会信任水平的差异对投资行为的影响。

三、模型设定

1. 风险对信任的影响

在研究投资风险对市场信任的问题中，我们通过在实验中控制其他因素不变的情况下,分别进行无风险确定收益和有风险收益的随机实验,研究投资风险对信任产生怎样的影响。构建模型和从投资者和被投资者两个维度对这一问题进行研究。

$$\text{Invratio}_{it} = \alpha_{it} + \beta_{it} Risk_{it} + \gamma_{it} X_{it} + \varepsilon_{it} \quad (1a)$$

$$\text{Retratio}_{it} = \alpha_{it} + \beta_{it} Risk_{it} + \gamma_{it} Y_{it} + \varepsilon_{it} \quad (1b)$$

其中,$Invratio_{it}$ 为第 i 个投资者在第 t 轮投资实验中所选择投资的金额占初始总金额的比例,$Retratio_{it}$ 为第 i 个被投资者在第 t 轮实验中给投资者返还的金额占收到金额的比例。$Risk_{it}$ 为第 i 个被投资者在第 t 轮实验中投资是否具有收益风险,为虚拟变量,收益没有风险,即确定的三倍收益时为 0,收益有不确定风险时为 1。X_{it} 为与投资者个人特征相关的控制变量,包括性别、民族和父母学历等因素,Y_{it} 为与被投资者个人特征相关的控制变量。β_{it} 衡量实验中的投资风险对投资者和被投资者之间的信任所产生的影响,根据前文理论分析预期为负。

(2)信息披露对信任的影响

信息的披露能够使投资者和被投资者充分理解市场风险,选择适合自身风险承担的投资选择,信息披露对市场信任的影响通过如下(2a)和(2b)模型进行研究。

$$\text{Invratio}_{it} = \alpha_{it} + \beta_{it} Info_{it} + \gamma_{it} X_{it} + \varepsilon_{it} \quad (2a)$$

$$\text{Retratio}_{it} = \alpha_{it} + \beta_{it} Info_{it} + \gamma_{it} Y_{it} + \varepsilon_{it} \quad (2b)$$

其中,$Info_{it}$ 表示第 i 个人第 t 轮实验中是否具有和投资相关的信息,有信息时记为 1,没有信息时为 0。其他变量与含义与模型(1)中相同。

3. 信息对风险影响的调节

投资风险的存在会对市场的信任产生冲击,但是风险的出现通常是因为市场中信息不对称所造成,信息未能充分披露,投资风险无法完全被市场所识别,引发逆向选择等风险,投资者出于自我利用的保护会减少投资意愿,降低市场信任。因此,理论上来说,通过信息的充分披露,减少信息不对称问题,能够降低投资风险对市场信任的影响,本书通过构建(3a)和(3b)模型对这一过程进行实证研究。

$$\text{Invratio}_{it} = \alpha_{it} + \beta_{it} Info_{it} + \varphi_{it} Risk_{it} * Info_{it} + \gamma_{it} X_{it} + \varepsilon_{it} \quad (3a)$$

$$\text{Retratio}_{it} = \alpha_{it} + \beta_{it} Risk_{it} + \varphi_{it} Risk_{it} * Info_{it} + \gamma_{it} Y_{it} + \varepsilon_{it} \quad (3b)$$

其中,$Risk_{it} * Info_{it}$ 为投资风险和信息披露的交互项,表示第 i 个投资者(或被投资者)在第 t 轮实验中,投资有风险并且有信息披露时的情况,同时发生时取值为 1,否则为 0。其他变量的含义与模型(1)式和(2)式相同,根据理论信息披露对风险的影响有正的调节作用,即预期 φ_{it} 为正。

4. 信息含量高低的影响

预期信息会对风险影响有调节作用,但是,对于信息含量不同是否会产生不同的影响?或者说当信息披露越充分,市场信任程度更高,同时对风险的信任影响调节作用也更显著?文章对这一问题,即假设 2b 进行更加深入的分析。由于在实验中,不同实验条件下能够实现在控制其他因素不变的同时获得信息含量差异的影响，根据实验中信息含量多少的不同对样本进行分组，即无信息组、低信息组和高信息组，研究不同信息情况下的影响差异，具体形式如(4)和(5)式。

$$\text{Invratio}_{it}=\alpha_{it}+\beta_{it}Info_{it}+\gamma_{it}X_{it}+\varepsilon_{it} \quad (4a)(5a)$$

$$\text{Invratio}_{it}=\alpha_{it}+\beta_{it}Risk_{it}+\varphi_{it}Risk_{it}*Info_{it}+\gamma_{it}X_{it}+\varepsilon_{it} \quad (4b)(5b)$$

其中，(4a)和(5a)式同研究信息披露(2)式回归形式相同，不同的是(2)式中以全样本研究，在模型(4a)和(5a)式中分别在低信息组和高信息组两个样本组内，在不同信息含量下对投资者造成的影响进行研究。模型(4b)和(5b)重点研究了在不同信息含量的情况下，信息披露多风险的市场信任冲击是否也存在差异，即信息含量越多的情况下，多风险的信任冲击调节作用也越明显。根据理论分析预期和在信息含量更高的组比在信息含量较低的组有更大的影响。

5. 收益差异的影响

研究发现，上市公司或者其他被投资对象通常都有喜欢将好的消息进行正常披露，坏的消息选择不披露或者晚披露的倾向，即“报喜不报忧”的现象。所以，当收益存在不同情况时，会影响市场中信息披露的情况，因此也会造成市场信任的差异。因此，本章通过构建模型对假设 1b 进行研究，即收益存在不同情况时对市场信任是否造成不同的影响，模型如(6)(7)和(8)式。

$$\text{Invratio}_{it}=\alpha_{it}+\beta_{it}L.Rate_{it}+\gamma_{it}X_{it}+\varepsilon_{it} \quad (6a)(7a)(8a)$$

$$\text{Retratio}_{it}=\alpha_{it}Rate_{it}+\gamma_{it}Y_{it}+\varepsilon_{it} \quad (6b)(7b)(8b)$$

其中，$Rate_{it}$ 为第 i 个人第 t 轮实验中投资者投资一单位资金时所获得的收益率，在本实验中为 0 倍、3 倍和 6 倍，概率为随机的三分之一。$L.Rate_{it}$ 为收益率滞后一期的值，主要是考虑到投资者在投资初期并不知道此次投资的收益率，不会对当前投资行为产生影响，真正能够产生影响的是上一期投资收益率，因此在这里使用上一期的收益率。而在所有模型(b)中，使用当期的收益率，是因为被投资者返还比例主要受当期收益率的影响，所以使用同期收益率进行回归。由于在此主要研究收益的大小对市场投资信任的影响，因此，这里只考虑实验中对收益具有不确定时的样本进行研究。同时，根据信息含量不同将样本再分为三组分类进行研究，分别是无信息组、低信息组和高信息组，其中(6)式为无信息组，(7)式为低信息组和(8)式为高信息组的回归结果。其他变量的含义与前文相同。

第四节　结果分析

一、样本统计

在选定好实验条件的基础上，我们选择参加实验的对象为某财经类高校大三年级两个学院的学生，共计 100 人次。在对过往研究文献的梳理过程中，发现参加实验者的性别、民族及是否有宗教信仰都会对信任实验产生影响，为了更加准确地研究投资风险和信息披露对市场信任的影响，我们对其他相关因素进行控制。具体的做法是：在实验开始前，对实验参加者以调查问卷的形式，对个体的差异进行控制，包括参与者性别、民族、来自城市还是乡镇、政治面貌、父母的最高学历及是否有宗教信仰。除此以外，还对参与人的风险厌恶和信任感进行控制，风险厌恶主要是控制参与人主观上对待风险态度不同造成的差异，同时对参与人的信任感进行控制，主要是防止社会信任水平的差异对投资行为的影响。本章对每一条件下的实验分别进行了1轮、6轮和12轮，为了排除首轮实验和有限重复最后几轮实验人所造成的偏差，样本选取了每类条件下12轮实验中第2至第5轮实验的结果作为样本对问题进行研究。

各主要变量统计性质如表4—2所示，其中投资比例为每一轮实验中投资者选择投资的金额与所持初始金额的比例，返还比例是指剔除收到为零的投资外，被投资者返还给投资者的金额占收到金额的比例。投资者的投资比例平均为58%，被投资者的返还比例平均为39%，返还比例相对较低。在控制变量的调查中，可以看到，风险厌恶为6.22，说明实验参与者平均为风险厌恶者，符合一般假设要求，而对于社会的信任感只能说达到一般水平。实验参与者男女性别比例基本持平，主要来自汉族和城镇，并且大多数人没有宗教信仰。说明通过这些个体特征的控制变量，基本能够控制实验参与人的差异对实验造成的偏差。

表4—2　　各回归变量描述性统计

变量	样本数	均值	标准差	最小值	最大值
投资比例	1 208	0.58	0.45	0	1
返还比例	673	0.39	0.19	0	1
投资风险	1 208	0.50	0.50	0	1
信息披露	1 208	0.67	0.47	0	1
风险厌恶	1 208	6.22	1.55	2	9
信任感	1 208	5.48	1.73	0	10
性别	1 208	0.44	0.46	0	1
民族	1 208	0.84	0.34	0	1
城乡	1 208	0.87	0.31	0	1
政治面貌	1 208	0.06	0.21	0	1
父母学历	1 208	3.14	0.68	1	6
宗教信仰	1 208	1.95	0.20	1	2

二、基本结果

为了研究投资风险对市场信任的问题,我们通过构建投资收益是否有风险进行衡量。对实验结果分别进行收益无风险和收益有风险比较(见图 4—2)。可以看出,投资者在没有投资风险的情况下,选择投资比例平均为 63%,当投资收益存在风险的情况下,投资比例平均下降为 52%。这说明,投资风险的存在平均降低了投资者的信任水平,投资的意愿下降。同样,被投资者在收益没有风险的情况下平均返还的比例是 31%,当有风险时,收益返还的比例下降到了 13%。为了更进一步衡量被投资者的返还行为,将被投资者收到投资为 0 的样本剔除,被投资者在没有风险的情况下返还比例为 39%,当有风险的情况下返还比例下降到 29%。这说明,不管在哪种计算方式中,投资风险的存在既降低了投资者的投资意愿,也降低了被投资者对收益返还的意愿,导致投资市场的信任下降。

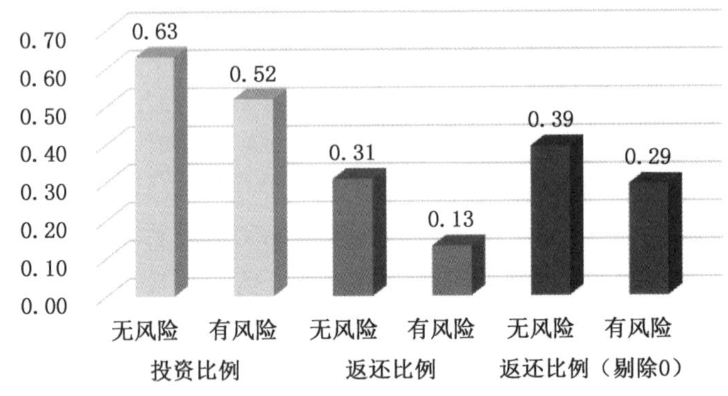

图 4—2 投资风险对投资信任的影响

为了研究投资风险对投资者与被投资者的影响是否显著,需要对实验结果进行差异性检验,结果如表 4—3 所示。从总体样本来看,不管是投资者的投资比例,还是被投资者的返还比例,两组数据都通过 t 检验,具有显著的差异性。除此之外,本章还对实验样本所含信息量的不同进行差异性检验,分别进行了无信息组、低信息组和高信息组中当有投资风险和没有投资风险时投资比例和返还比例的差异性检验。从中看出,不管是三个信息组中的哪一组,在不同风险条件下的投资比例和返还比例都显著不同。这说明,投资风险的存在会对投资者之间的信任水平产生明显影响,风险会降低投资者之间的信任程度,减少投资支出,降低了投资市场的有效性。

表 4—3　　投资风险对投资信任影响的差异性检验

	变量	观测值	统计量	P 值	结论
总体	投资比例	604	12.02	0.0000	差异显著
	返还比例	604	7.48	0.0000	差异显著
	返还比例(剔除 0)	387	4.34	0.0000	差异显著
无信息组	投资比例	208	11.70	0.0000	差异显著
	返还比例	208	10.63	0.0000	差异显著
	返还比例(剔除 0)	119	6.36	0.0000	差异显著
低信息组	投资比例	200	−3.92	0.0000	差异显著
	返还比例	200	−11.30	0.0000	差异显著
	返还比例(剔除 0)	84	−5.37	0.0000	差异显著
高信息组	投资比例	196	17.18	0.0000	差异显著
	返还比例	196	20.55	0.0000	差异显著
	返还比例(剔除 0)	184	8.66	0.0000	差异显著

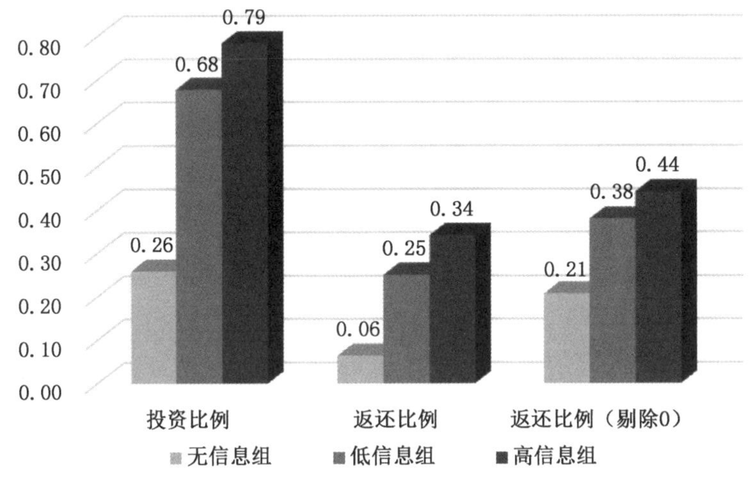

图 4—3　不同信息含量对投资者信任的影响

为了检验投资过程中信息披露能否提高市场投资信任，我们分别进行了无信息组、低信息组和高信息组的投资博弈实验。通过不同信息组的实验结果比较，检验投资信息对市场信任的影响。实验结果如图 4—3 所示，投资者的投资比例随着能够获得信息量的增加而提高，在无信息组的投资者愿意投资比例仅为 26%。当有信息存在时，平均投资比例显著提高，低信息组的投资者的投资比例为 68%，在高信息组的投资者的投资比例高达 79%。同样，随着信息含量的增加，被投资者的返还意愿也在提高，被投资者在剔除 0 收益之后的平均返还比例在无信息组为 21%，在低信息组为 38%，当信息含量进一步提高时，返还比例提高到了 44%。这说明，与投资相关的信息披露能够有效提高投资者的投资比例和被投资者的返还比例，提高市场的信任，增加参与者的投资意愿。

三、风险、信息与市场信任

关于投资风险对市场信任的影响结果见表 4—4 模型(1a)和(1b)。在(1a)回归方程中，在控制实验参与人的个体特征因素后，投资的收益风险对投资者投资比例的影响是—0.106，在 1%水平下显著。这说明，当收益存在不确定时，投资者会减少投资的比例，对市场的信任水平在下降。同样，在(1b)回归方程中可以看到，当投资收益存在不确定风险时，下文中未特殊说明被投资者的返还比例均在剔除收益为零的情况下，被投资者同样会降低自己的返还比例，信任水平下降。从回归方程(1)能够看出，当收益存在不确定风险时，不管是投资者还是被投资者，两者的市场信任都显著降低，投资的意愿下降，研究假设 1a 得到验证。

表 4—4　　投资风险、信息披露对市场信任的影响

	(1)	返还比例 b	(2)		(3)	
	投资比例		投资比例 a	返还比例 b	投资比例 a	返还比例 b
外部风险	—0.106*** —4.04	0.091*** —5.70			—0.379*** —10.76	—0.254*** —7.6
信息披露			0.471*** 19.41	0.202*** 9.24		
外部风险 * 信息披露					0.405*** 11.17	0.192*** 5.39
风险厌恶	0.014 1.46	0.004 0.82	0.012 1.51	0.006 1.16	0.019** 2.15	0.005 0.90
信任感	0.024*** 3.10	0.000 0.01	0.017*** 2.59	0.002 0.42	0.018** 2.43	0.000 0.06
性别	—0.002 —0.08	—0.016 —0.93	—0.003 —0.10	—0.024 —1.47	—0.007 —0.24	—0.011 —0.64
民族	—0.042 —1.11	—0.020 —1.11	—0.049 —1.49	—0.014 —0.74	—0.046 —1.22	—0.023 —1.22
城乡	0.066 1.40	0.049** 2.08	0.083** 2.08	0.033 1.55	0.079* 1.74	0.038* 1.65
政治面貌	—0.060 —0.88	0.062** 2.08	—0.063 —1.09	0.055** 1.97	—0.103 —1.53	0.062** 2.31
父母学历	0.028 1.37	—0.025** —2.19	0.034* 1.92	—0.015 —1.51	0.026 1.36	—0.016 —1.49

续表

	(1)		(2)		(3)	
	投资比例	返还比例 b	投资比例 a	返还比例 b	投资比例 a	返还比例 b
宗教信仰	－0.065 －0.92	－0.047 －1.55	－0.107 －1.60	－0.030 －1.01	－0.081 －1.22	－0.043 －1.50
Adj R^2	0.0342	0.0725	0.2632	0.1768	0.1214	0.1166
N	1 196	673	1 196	673	1 196	673

注：***、** 和 * 分别表示在 1%、5%和 10%水平上统计显著，下表同。

在信息披露对市场信任影响的模型是表 4－4 中的(2a)和(2b)，从结果看，控制个体的特征差异，信息对投资者比例的影响为正的 0.471，说明信息披露显著提高了投资者的投资意愿，增加了投资信任。同样，信息披露对被投资者返还的比例的影响为 0.202，显著提高了被投资者的信任。因此，与投资相关的信息披露从投资者和被投资者两个方面都提高了投资者的市场信任，增加了市场活跃度，证明假设 2a 确实成立。

投资风险会降低市场信任，信息披露能够增加市场信任，但是投资中信息披露和投资风险的相互作用对市场信任会产生怎样的作用？或者说，投资市场中风险无可避免，我们有什么办法能够有效地降低风险对市场信任的不利冲击？本章通过在风险回归中加入和信息的交互项来研究信息对风险影响的调节作用，模型见表 4－4 中的(3a)和(3b)式。

本章接下来就对这一问题展开研究。在上一小节研究发现，投资的外部风险损害了投资市场中参与各方的相互信任，降低了投资活跃度，同时，投资相关的信息披露能够提高投资市场的信任，增加投资。因此，本章想探讨投资相关的信息披露是否能够有效降低由于收益不确定性对投资市场造成的损害。具体如表 4－4 (3a)与(3b)式：从结果(3a)看，投资者的投资比例在有投资风险而没有投资相关的信息时产生的影响是－0.379，交互项的系数为 0.405，在有信息披露的情况下风险对投资信任造成的总影响为 0.026(0.405 减 0.379)，这说明当有信息披露时，投资相关的信息披露能够有效降低收益风险对市场信任的冲击，提高投资者的投资意愿。在结果(3b)中投资风险在没有信息的情况下对被投资者返还比例的影响是－0.254，交互项系数为 0.192，在有信息披露时外部风险对被投资者返还比例的总影响是－0.062(0.192 减 0.254)，这说明信息披露同样能够削弱投资风险对被投资者收益返还意愿的不利影响。因此，从上面的分析中能够看出，不管是对投资者的投资意愿，还是对被投资者的收益返还意愿，信息披露都能够有效降低由于投资收益不确定的风险所带来的不利冲击，削弱投资风险对市场信任的影响，符合假设 2c 的结论。并且，这样一种信息披露对投资风险的削弱效应在投资者方面更为有效，投资风险对被投资者的影响由－0.254 削弱为－0.062，而对投资者的影响由－0.379 变为正的 0.026。这说明，当投资风险无法避免时，我们能够通过充分披露市场相关的信息，减少信息不对称，从而降低风险对整个市场的损害。

四、信息含量高低的影响

信息披露对市场信任和调节风险影响具有显著的作用，关于信息含量高低不同时会对这些影响产生怎样的结果需要进一步研究。本章构建模型，分别在信息含量高和低不同的组中，对这一问题进行回答，具体模型见表 4－5。其中，模型(4a)和(5a)同研究信息披露(2)式回归形式相同，不同的是(2)式中以全样本研究，在(4a)和(5a)式中分别在低信息组和高信息组两个样本组内，对不同的信息含量对投资者造成的影响进行研究。在表 4－5(4a)和(5a)的回归结果中能够看出，两个的回归结果都显著为正，进一步证明信息披露能够增加投资者的意愿，提高投资市场的信任。但是在(4a)式低信息组的回归结果是 0.418，说明尽管在交换对手情况下，提供投资对象上一轮的返还信息能够提高 41.8%的投资者比例，但是在(5a)高信息组中的效果更加明显，信息每增加一个单位，投资比例会增加 0.52 个单位，高于低信息组的 0.418。这说明，信息披露能够有效提高投资市场参与者的信任，并且信息披露越充分，信息内容越详细，对参与者的信任程度提高就越多。对被投资者返还比例的具有同样的效应，考虑篇幅原因，不再赘述。

表 4—5　　信息含量不同对信任的影响

	(4)		(5)	
	投资比例 a	投资比例 b	投资比例 a	投资比例 b
外部风险		－0.265*** －6.88		－0.302*** －7.93
信息披露	0.418*** 14.37		0.520*** 19.65	
外部风险 * 信息披露		0.342 7.95		0.453*** 11.34
风险厌恶	0.008 0.79	0.015 1.35	0.006 0.60	0.015 1.48
信任感	0.024*** 2.95	0.024*** 2.68	0.029*** 3.89	0.030*** 3.38
性别	－0.013 －0.38	－0.013 －0.34	0.009 0.30	0.010 0.30
民族	－0.047 －1.08	－0.051 －1.06	－0.059 －1.59	－0.059 －1.32
城乡	0.102** 1.99	0.109* 1.92	0.049 1.22	0.036 0.69
政治面貌	－0.068 －0.988	－0.086 －1.10	－0.022 －0.30	－0.115 －1.27
父母学历	0.044* 1.94	0.029 1.21	0.012 0.63	0.010 0.48

续表

	(4)		(5)	
	投资比例 a	投资比例 b	投资比例 a	投资比例 b
宗教信仰	−0.020 −0.20	0.038 0.42	−0.180*** −2.64	−0.184*** −2.58
Adj R^2	0.2303	0.1029	0.3539	0.1576
N	800	800	796	796

模型(4b)和(5b)考察了信息含量不同时对信息调节风险影响中的作用是否也存在差异，即投资信息的披露能够有效降低投资风险对市场信任的影响，但信息披露越充分时这一削弱作用是否也更强。根据信息含量的不同对样本进行分组，低信息组的回归结果如(4b)所示，投资风险在没有信息时对市场信任的影响是−0.265，在有信息时投资风险的影响是0.077(0.342减0.265)。在高信息组的回归结果如(5b)所示，没有信息时投资风险对市场信任的影响是−0.302，有信息时的影响为0.151(0.453减0.302)。这说明不管是在低信息组还是高信息组，信息披露都会显著降低投资风险对市场信任的冲击，通过分组更能说明结果的稳健性。同时，这里更想要证明的是，信息含量越高对投资风险冲击的削弱作用更加明显。在低信息组(4b)的结果中，信息披露对投资风险影响的削弱作用的净效应大概是1.3倍，但是在高信息组(5b)中信息披露对投资风险影响投资比例削弱作用的净效应为1.5倍。这说明，信息披露不但能够有效消除投资风险所带来的不利冲击，而且当信息披露越充分时，信息对投资风险的削弱效应更强，即假设2b成立。因此，在我国投资市场中，各种各样的投资风险无处不在，为了充分发挥资金的生产作用，增加投资参与者的意愿，可以通过更加详细和规范的信息披露来削弱风险的影响。

五、收益差异的影响

不同信息含量条件下收益率对投资者的影响如表4—6所示。

表4—6　　不同信息含量条件下收益率对投资者的影响

	(6)		(7)		(8)	
	投资比例 a	返还比例 b	投资比例 a	返还比例 b	投资比例 a	返还比例 b
收益率	−0.019 −1.48	0.008*** 2.82	0.007 0.52	0.033*** 7.15	0.034*** 2.57	0.055*** 11.16
风险厌恶	−0.066*** −2.94	−0.012** −2.23	−0.038 −1.45	0.004 0.37	−0.017 −0.91	0.007 0.77
信任感	0.067** 4.52	0.012*** 3.03	0.009 0.41	0.003 0.44	−0.006 −0.29	−0.002 −0.29

续表

	(6)		(7)		(8)	
	投资比例 a	返还比例 b	投资比例 a	返还比例 b	投资比例 a	返还比例 b
性别	−0.110 −1.53	0.003 0.12	−0.223*** −2.75	−0.021 −0.62	−0.053 −0.76	−0.010 −0.3
民族	−0.044 −0.4	−0.007 −0.26	0.245** 2.05	0.106*** 2.88	0.053 0.49	0.010 1.19
城乡	−0.178 −1.56	−0.018 −0.78	0.416*** 5.21	0.079 1.53	0.114 0.98	0.015 0.30
政治面貌	2.334** 2.30	−0.143 −0.75	0.000 0.00	0.053 0.81	−0.081 −0.55	0.012 0.18
父母学历	0.075* 1.82	0.000 0	0.112* 1.9	−0.007 −0.29	−0.007 −0.11	0.002 0.08
宗教信仰	0.344*** 2.65	0.043 1.84	0.524*** 3.81	−0.036 −0.40	−0.083 −0.54	−0.006 −0.10
Adj R^2	0.2242	0.0979	0.2134	0.1841	0.0782	0.3114
N	147	196	147	196	153	204

上市公司通常都有将好消息正常披露，坏消息选择不披露或者推迟披露的倾向，即当收益存在差异时，会影响市场中信息披露情况，进而会对市场信任产生不同影响。因此，本章通过构建模型(6)(7)(8)式对假设 1b 进行研究(见表 4−6)，即收益存在不同情况时对市场的信任是否造成不同的影响。在模型(6)(7)(8)中(a)的结果，表示在控制信息含量差异的情况下，不同收益率对投资者的投资比例的影响，其中(6)式为无信息组结果，(7)式为低信息含量组结果，(8)式为高信息含量组结果。在无信息组(6a)和低信息组(7a)中，收益率因素对投资比例的影响并不显著，但是在高信息组(8a)中收益率对投资比例的影响为显著正的 0.034。这说明，投资收益风险对投资者信任的影响具有异质性，即收益率越高，对投资更加有信心，投资愿意也更强。并且，在信息披露越充分的情况下，收益率对信任的提高作用也越强。因此，仅仅想通过提高投资回报率的方式来提高市场投资的参与度，增加投资者的信任，效果不会明显。

在(6)(7)(8)式中(b)结果，表示不同收益率在不同信息含量的情况下对被投资者返还比例的影响。在无信息组(6b)的情况下，收益率对被投资者返还比例的影响显著为 0.008，在低信息组(7b)的情况下，收益率对返还比例的影响显著为 0.033，在高信息组(8b)的情况下，收益率对返还比例的影响显著为 0.055。从这一结果可以看出，当投资的收益越高，到达被投资者的金额越多时，被投资者返还给投资者的比例也会越多。这说明，被投资者的返还行为与所收到的投资金额大小成正比。同时，可以发现，随着信息含量不断地提升，由(6b)到(7b)，再到(8b)，信息含量由无信息到低信息含量，再到高信息含量，收益率越大对返还比例越多的效应更加明显。这说明，收益率的提高确实能够通过被投资者增加的返还比例来提高投资市场中各参与方的信任水平，但是，与投资相关的信息披露能够显著地增强这一效应。这进一步证明，在我国资本市场的发展过程中，与投资相关的信息准确充分地披露不但对自身增加市场信任具有重要意义，同时信息披露也会加强其他因素提高投资市场信任作用的发挥。

本章小结

本章通过对 Berg 等人经典信任博弈实验进行拓展，研究了投资风险和信息披露对市场信任影响的问题。研究发现，当投资存在风险时，会显著降低投资者的投资意愿，同时也会降低被投资者收益的返还意愿，损害市场参与者的信任水平，抑制投资。同时，这种风险产生的影响在收益不同时又有所差异，当收益较高时，风险对投资的抑制作用较小；收益较低时，风险对投资的抑制作用会更大。进一步地，又分别进行了实验参与者所拥有信息含量不同时对市场信任影响的研究，当有投资信息时，投资者的投资比例显著提高，被投资者的返还比例也同样增加。并且，披露信息的含量越多时，这一效应越明显。因此，与投资相关信息的披露能够有效提高投资市场参与者之间的信任水平，增加市场活跃度。更重要的是，信息披露时能够有效降低投资风险对市场信任所带来的不利冲击。这些结论为完善资本市场具有指导性意义，在我国资本市场的建设过程中，需要建立规范的信息披露机制，降低风险对市场信任的不利冲击，这样才能充分发挥市场对资金高效配置的功能。

第五章　机构投资者能够发现上市公司信息披露造假吗？——经验证据

在股票市场，散户投资者由于专业性等方面的缺失，并不能对上市公司的信息做出准确的判断，而机构投资者才是证券市场的信息生产者，因此，机构投资者能否发现上市公司财务报表造假并快速做出反应，从根本上决定了一个证券市场的信息效率。

为了对我国证券市场存在的市场和监管双重失灵现象提供经验证据，我们从上市公司财务报表造假入手，观察中国证券市场上市公司进行信息披露造假前后机构投资者的反应，检验机构投资者能否发现上市公司的财务造假行为。以 1990 年到 2015 年所有证监会已发现的 112 例造假案例为样本，就造假前后单个机构投资者对造假公司的持仓变化以及机构的总体持仓的变化，分析机构投资者是否能够发现上市公司财务报表造假。同时，根据上市公司具体造假金额的大小，实证量化分析机构增减仓的程度是否与上市公司财务造假行为相关。最后，再研究二级市场是否能够对上市公司财务造假做出反应。

第一节　引　言

上市公司的财务报表造假不仅不利于上市公司自身的长远发展，给投资者带来巨大损失，而且对于证券市场的资源合理配置和健康发展同样具有很大的危害。近年来，造假案例屡屡发生，如 2000 年的百元股亿安科技，2001 年的银广夏，2002 年的蓝田股份，2005 年的丰乐种业，2006 年的综艺股份，还有最近的康芝药业、青鸟华光、北大荒及大智慧等一众公司都涉及财务报表造假。

以最近遭遇退市的博元投资为例，为掩盖其将大股东华信泰下拨的股改业绩承诺资金 384 320 000 元擅自挪用的事实，在 2011 年至 2014 年期间多次伪造银行承兑汇票，虚构用股改业绩承诺资金购买银行的承兑汇票、票据置换、贴现和支付预付款等重大交易，并披露了财务信息严重虚假的定期报告。在 2011 年到 2014 年的年度报告中，虚增资产达到 3 亿多元，虚增利润 2 000 多万元。从博元投资的案例可以发现，是因为 2011 年由于某种原因 3.8 亿元资金没有到位，然后开始一路造假，直到被揭发为止，其造假源头就是那笔 3.8 亿元。2015 年 3 月 26 日，博元投资因涉嫌违规披露、不披露重要信息罪和伪造、变造金融票证罪,被移送公安机关。令人好奇的是,面对如此大数额的造假,博元投资从 2011 年到 2014 年进行了 4 年竟未被察觉,同时对于这样一只已明确将要退市的股票,不少投资者仍选择进行"赌博"。在 29 个交易日的退市整理期间,博元投资换手率高达 144.77%。在以投机为主的 A 股市场,投资者们似乎对于财务造假并不是非常在意。

同样,在监管严格的美国,2001 年以后也曝出一系列上市公司如安然、台客、施乐、世通、安达信和宝丽来等公司的财务报表造假。同时,一大批著名会计师事务所如安达信、毕马威、安永等也牵扯其中,且难辞其咎。世界范围内,财务报表造假的案例也屡见不鲜,甚至很多知名企业也深陷其中。2003 年意大利乳业巨头帕玛拉创始人因财务造假被警方逮捕,2007 年日本电器三巨头之一的三洋电机虚减成本 1 400 亿日元,2011 年 SEC 又起诉印度萨蒂扬和普华永道 10 亿美元财务造假,2013 年奥林巴斯被爆隐瞒投资亏损 15.3 亿美元,2014 年英国乐购超市承认虚增利润 2.5 亿美元,2015 年东芝又做假虚构利润 1 518 亿日元。

值得我们反思的是,面对如此众多的造假案例,如此眼花缭乱的造假手段,缺乏专业知识的散户投资者们常常感到无能为力。而作为中国股市以机构投资者为代表的力量,他们对于上市公司财务报表的研究是怎样的?在上市公司报表造假后,机构投资者们能否第一时间发现造假情况并进行减仓?这就是本章研究的主要方向。

近年来,由于政府大力鼓励机构投资者入市,从前些年相继开放了 QDⅡ 和 QFⅡ、2014 年的沪港通、2016 年的深港通,以及最近一直提出的养老金入市方案。加之中国经济的高速发展,国内财富的迅速膨胀,A 股作为一个重要的投资渠道,越来越受实力资本的重视。随着国内外资本的加速涌入,机构投资者将作为 A 股市场的重要力量,未来会越来越受到关注。

本研究的理论意义在于:通过研究所有已披露的上市公司造假案例,来揭示上市公司在首次财务报表造假后机构投资者们的反应,他们能否第一时间发现这个问题?对于二级市场中充斥的各类机构,如银行、券商、基金和保险等,他们的投研分析能力有何不同?他们各自对于报表造假后的表现又有何差异?中国股票市场建立 20 多年后,不同时期机构投资者的专业水平有无发展,对识别财务报表造假能力是否提高?这些也是本研究的主要意义。

本书还研究了同期二级市场对于财务报表造假的反应,并进一步分析二级市场的反应是否由机构投资者的行为所导致的。

本研究的现实意义在于:通过考察 A 股市场机构投资者识别财务造假的能力,给相关部门以启示,是否可以通过继续加大引进机构投资者的力度,使 A 股市场财务报表被粉饰的风气得以遏制,提高上市公司的财务报表质量,减轻相关部门的监管负担。

本研究思路的难点是如何把“机构能否发现财务报表造假”这个在概念层面的问题转化到用数据量化考证。经过反复考量，鉴于造假后机构进出情况比较复杂，而且很多公司是连续几年不断在“圆谎”式地造假。同时，在发现造假问题这个环节，还有一个时效性的问题，就是机构能否及时发现造假也非常重要。因为如果市场机构投资者们的“嗅觉”不够敏锐，一旦哪一天该公司东窗事发，那必将会殃及他们。

鉴于以上思路，本研究将统一分析所有公司首次财务报表造假前后机构行为情况。这样分析的最大的好处是撇去了繁杂的噪音，能很直观地看出机构是否能在第一时间发现财务造假。

我们主要分两点讨论，第一点就单个机构分析，作者选取上市公司财务报表造假前已介入的机构，分析它们在财务报表造假前后的仓位情况，来判断是否发现造假。第二点是机构总仓位分析，相比第一点，在同一公司可能会出现机构进出的情况，所以本章分析了财务造假公司中所有机构总持仓的变化与财务造假的相关性，随后进一步研究了报表造假金额和机构仓位变化的关系与二级市场的反应等。

第二节　文献概览和理论分析

在财务报表造假方面，国内外有诸多的研究文献，从各个角度全面地分析了这一现象。如贾芸霞(2012)分析了财务报表造假的原因、危害和造假手段的鉴别；罗金凤(2005)分析了针对上市公司财务造假治理的对策；田甜(2013)等针对绿大地案例，详尽分析了怎样捕捉其造假蛛丝马迹的方法；王斌(2002)分析了上市公司财务造假的各种手段。左欢(2002)分析了财务报表被粉饰的识别方法。在美国，Mason Gerety 和 Kenneth Lehn(1997)分析了美国市场财务造假的原因和后果。Mark Cecchini(2010)等研究了如何鉴别报表造假，Hatice Uzun(2004)等分析了财务造假公司的董事会特征等。

同样，在机构投资者研究方面也有一定的文献参考。如当机构投资者大量持股时，公司经营、管理效率都得到了很大的提升，对于机构投资者投研能力的分析也有少部分文献提及。关于机构能否识别上市公司财务造假问题国内外尚未发现有相关的研究文献，在其他一些方面，如在报表造假后二级市场的反应中，杨忠莲、谢香兵(2008)重点研究了在证监会公布造假处罚的前后，二级市场的反应。在其研究的 95 家案例中，造假被披露的前后 3 日日均超额报酬率(AR)和(−3,3)的 6 日累计超额报酬率(CAR)都明显为负。而且披露的时间越长，CAR 的值越小，即股价下跌得越多，其 t 值检验也越显著。在一定程度上说明了 A 股市场不完全有效，也说明了市场没有能力完全发现企业的财务造假而提前做出反应。

关于类似上市公司财务造假和机构投资者二者的研究也有一些。如陆瑶等

(2012)从反方向研究了机构投资者的持股数量和公司财务造假的关系。研究发现，机构投资者持股越多，对于财务报表违规披露的影响力越大，因为机构投资者对财务活动和会计信息更为重视。由于养老和社保基金偏好长线低风险投资的习性，所以他们比券商更能有效地抑制财务造假。但作者认为，也有可能是社保、养老基金的低风险投资偏好，使得它们投资的公司造假的可能性变小。另外一个研究结果表明机构投资者的监管作用独立于企业的内控而存在。总体来说，机构投资者持股较多的公司，造假的可能较小。

机构投资者不同于个人投资者，其以资金量大、专业性强而闻名，机构投资者的介入对公司方方面面都有一定程度的影响。这种影响不仅仅体现在财务方面，也体现在公司的治理、运营和决策各方各面，一旦机构投资者大量持股，那对于企业的影响是显而易见的。

在企业对外投资方面，Vasia Panousi 和 Dimitris Papanikolaou(2012)研究美国上市公司时发现，当公司管理层高度集中持股时，公司的投资决策明显受到非系统性风险的影响即投资风格偏保守。而如果机构投资者一开始高度集中持股时，这些非系统性风险的影响可以改善。高度持股的机构投资者或是个人投资者投资决策都取决于他们自己的风险偏好。

在企业经营绩效方面，机构投资者能显著提高企业绩效。稳定型机构投资者比交易型机构投资者对企业绩效的影响更加显著(李争光等，2014)。稳定型机构投资者还发挥了监督作用，能有效地缓解代理冲突，降低信息不对称程度，有利于企业业绩的提升。而且高机构持股的公司在高管变动方面不太频繁，即使变动后对公司的业绩也没多大的影响(潘越等，2011)。机构投资者的存在似乎削弱了企业管理层的作用。

从会计的角度看，机构投资者的高度持股对大股东的股权牵制可以使会计的稳健性提高(刘新梅，2016)。如果把机构投资者分为压力抵制型(即与公司没有多大关联的机构)和压力敏感型(即与公司有密切关联的一些机构)，则压力抵制型的机构投资者对财务报表的稳健有着良好的促进作用。杨海燕等(2012)还发现机构投资者们不仅影响财务报告的可靠性，还能提高财务报表信息披露的透明度，而一般法人持股降低了财务报告的可靠性。

在其他一些方面，高机构持股的公司审计意见更能准确地预警上市公司的违约风险，从而保护投资者及债权人的利益(王晓妍等，2013)。机构投资者还可以有效抑制管理层在避税方面的机会主义行为，使公司的价值产生正的影响(蔡宏标，2015)。

综上所述，机构投资者们的确在方方面面影响着上市公司，从投资选择、盈余管理和财务报表稳健透明等各方面均给予企业正面的影响。由于机构的投入巨大，在所投资的企业中更具有话语权，更能够从客观公正的角度制约和制衡董事会。这其实也解释了为什么机构投资者集中持股的公司财务更稳健更规范。在证监会监管之外，机构投资者又无形地给予上市公司潜在的监管，更利于公司经营的合规透明。

机构投资者的持股会对上市公司的治理产生很大的影响，那么机构投资者自身投研能力如何也是本章所关注的焦点。在研究机构能否发现报表造假之前，先讨论一下机构在其他投研领域是否能够甄别出上市公司质地的优劣，从而获得超出市场的投资回报。

首先，投研能力的强弱，在很大程度上可以由机构投资绩效的好坏反映出来。因为机构的所有工作几乎都是围绕投资回报展开。由于公募基金在市场份额中所占的比重较大，而且相关数据也比较容易获得，所以在这方面许多学者做了研究。庞丽艳等(2014)的研究结果表明中国市场的开放式基金无论在择时能力还是选股能力上要稍好于市场平均水平，基金的超额收益也胜过市场水平。刘岍(2016)在研究了2016年的基金绩效后也得出了基金集体跑赢市场组合的相同结论。而随着基金规模越大、管理成本的降低、研究能力的增强，其对市场组合的超额收益也越高(张旻，2015)。相比于公募基金，其他一些机构如私募、险资、券商自营盘等在持仓灵活性方面大大增强，其历年来的投资绩效均明显好于公募。所以总体来看，近年来机构的投资绩效都要好于市场。

李刚等(2009)的研究表明，上市公司正常分红时机构会入驻上市公司，并且其持股比例和红利水平正相关。而如果上市公司过度分红侵害小股东的利益时，机构投资者则会撤出；杨敏(2016)等在研究中发现机构投资者能识别上市后业绩变脸的公司，在网下申购时机构对在业绩变脸的IPO公司股票需求较低，超额认购倍数较小。基金投资者更能识别业绩变脸的公司；雷倩华等(2011)发现机构投资者有抢先的信息发掘优势，往往能先于市场而行动。

可见，除了投资业绩领先外，在其他一些投研领域，机构投资者们也的确领先于市场，能正确快速地做出一些判断识别，这使本书的研究有了更多的现实意义，尽管有些造假非常隐蔽难以发现。

在我国，目前二级市场还是由散户主导，中国的机构投资者有着明显政府力量的推动。一是为了证券市场的扩容需要，二是为了使证券市场长期稳定。与美国多元化、多层次架构的成熟市场恰好相反，在投机氛围浓重的大环境下，我国机构投资者想要获利，不得不经常随波逐流，进行短线搏杀。之前的恒大保险炒作ST梅雁案例就是典型的游资炒作手法。这些短期的投资行为，对市场犹如毒药一般，股价的涨落不能很好地反映公司的经营状况，有时机构在投资的过程中对财务报表的考量也不是很严谨。

前文提到，财务报表分析在机构投资过程中必不可少。所以在现实情况中，我国的机构投资者到底偏好持有哪类公司的股票？这些公司的财务状况又是如何？

我们需要为这些问题寻找答案。

从国内研究看，尽管机构投资者在获取信息渠道和解读能力方面强于散户，但他们仍偏好于信息透明度高的公司（唐松莲，2011）。随着上市公司信息透明度的提升，机构会调高其持股比例。在所有机构投资者中，基金偏好于承担了一定的政府责任的公司，其他机构投资者如券商、信托等没有类似的表现（王玲玲，2013）。肖文彦（2014）发现 QFII 选股时，股票的流动性/历史表现和信息透明度为考虑的主要因素。毛磊（2012）指出企业的社会绩效也越来越被中国机构投资者们所关注，其中基金偏好持有那些社会绩效高的公司股票。社会绩效指企业的社会责任感、社会事务响应程度等。

以上研究结果表明，国内的机构投资者还是偏好财务报表透明、流动性好、社会绩效好和历史回报高等特点的公司。机构投资者们对于投资标的财务报表要求比较严苛，财务报表透明也就意味着造假可能性大大降低。所以无论从理论还是实际出发，机构投资者们在投资之前对于财务报表还是非常关注的，财务报表的真实性问题也是机构选股之前所需要分析的一个环节。

第三节　实证分析

一、分析逻辑

1. 机构是价值投资者

如果一家上市公司的财务报表造假，对于公司未来的业绩将会有很大的影响。根据股利定价的原理，股票的价格等于未来各期预计股利的折现，作为机构投资者，一旦发现上市公司有财务造假行为，则应该会预料到其对未来各期盈利能力的影响，从而间接地影响其在二级市场的股价表现。所以，机构投资者应该会在第一时间通过及时进行减仓操作来化解未来股价可能下跌的风险。

当然有些机构也会追涨杀跌，不排除就算发现报表造假还继续持有，但这种情况毕竟是少数，而且从数据上也无从得知其是否发现报表造假。这里假设机构投资者是价值投资型的。如果预期上市公司未来业绩变差，则立即会减少持仓。对于不减少持仓的，本书认为是没有发现财务造假。

2. 只分析首年报表造假前后的情况

通过作者的观察，80％的案例都存在连续几年造假情况，而且在造假之后到被证监会查处前有一个时间差。从长远来看，机构介入一家公司就意味着肯定有退出的一天。一家机构退出的时间点距离首次造假后的时间越长，我们就越没有理由相信该机构是发现了财务造假而进行了减仓。所以造假后机构反应的时效性问题，也至关重要。本书密切跟踪造假后 3 个月内的机构持仓变化。如果机构持仓在报表造假后立即大幅变化，本书认为它和报表造假的关联度越大。

3. 就单个机构持仓分析和机构总持仓分析

就单个机构持仓分析而言，其介入的时间点总体可以分成两类情况：第一类，在上市公司造假前已介入的机构投资者；第二类，在上市公司造假后新进入的投资机构。第一类是本书主要分析的样本。本书研究方向是机构能否发现财务造假，就是观察在财务造假前已投资的机构在财务造假后的持仓情况，以确定该机构的行为是不是因为发现报表造假。第二类情况是财务造假前未投资而在财务造假后介入的机构。报表造假后新进的那些机构，可以认为是没发现报表造假而买入，这些样本可以通过统计得出。与此同时，肯定还存在另一种情况，即一些机构发现该公司报表造假而选择不进入。这些机构无法从数据上得到样本，可能很少，只有几家机构发现；也可能很普遍，几十家机构同时发现而没有买入该公司的股票，无法做出比较。这类情况只有通过机构总持仓分析时讨论。

就机构总持仓的分析来说，通过在财务报表造假前后企业中所有机构总持仓变化的差异，可以大致分析出市场中机构对这家企业的总体态度。其中可能包含许多机构进进出出，但从总体来看，造假后市场上机构总体持有该股多少份额一目了然。同时，本书辅以其他一系列控制变量如市盈率、净利润增长率等，综合分析报表造假因素和这些变量对于机构总持仓变化的影响。

4. 退出前十大流通股东情况讨论

由于数据限制，在单个机构持仓的分析中，如果机构造假前后季度都在十大流通股东统计里，我们可以很清晰地观察到其持仓变化情况。而实际统计过程中，可能会出现一类情况，就是报表造假前在十大流通股东里，而报表造假后退出了十大流通股东。这样就无法明确了解造假后该机构持仓的实际情况。当然，如果该机构在报表造假的前十大流通股东中的持仓排名靠前，即便下一季度退出了十大流通，股东并不了解其持仓情况，也必定会大幅减仓。而如果该机构在前一季度的持仓排名是第 9 或第 10 名，在后一个季度，可能因为其他投资者的增仓而把它挤出十大流通股东，那这些机构的增减仓的情况就无从考察。

为尽量做到精确而不损失研究样本，本书做如下处理。把这些后一季度退出流通股东机构的持仓与下一季度排名第 10 的流通股东持仓数进行对比。如果该机构在报表造假前持仓数大于下一季度排名第 10 的流通股东，说明机构的确进行了减仓操作，本书纳入统计范围，为方便统计，本书一律假设减仓 100%。因为本书单个机构的分析不做线性回归，所以作者认为只要减仓性质确定即可。而如果该机构在前一季度的持仓数小于下一季度排名第 10 的流通股东，如前文所述，该机构实际增减仓的情况不明，则将其从样本中剔除。

二、财务报表造假样本的分析

本书采用国泰安开发的 CSMAR 数据库中，公司研究系列的上市公司违规处理研究数据库中的数据。选取其中运用财务报表造假手段的违规案例,主要将虚构利润(P2501)、虚列资产(P2502)这两项作为研究主体。在公司违规处理数据库中的其他案例,如虚假记载(误导性陈述)、重大遗漏、信息披露不实、出资违规等案例,由于机构投资者也无法从财务报表中看出端倪,所以排除在本书研究范围之外。

本书选取从1990年到2015年总共112个样本(不含5家剔除公司,见表5—1)作为研究案例。CSMAR数据库某些违规年份的统计与违规具体事项中首次违规的年份统计有所差异。作者按照违规事例中的年份进行人工修正。

表5—1　　　　按年度统计的造假样本数量

年份	造假机构数	年份	造假机构数
1992	1	2004	6
1993	2	2005	3
1995	2	2006	7
1996	6	2007	4
1997	9	2008	2
1998	9	2009	4
1999	5	2010	1
2000	11	2011	4
2001	11	2012	6
2002	9	2013	2
2003	6	2014	2

表5—2是按年度统计的财务报表造假机构数(上市公司第一年开始财务报表造假的数据),可以看出从1992年开始财务报表造假的公司数量不断上升,在2000年至2002三年间达到了峰值。而后又归于平静,基本维持较低水平。

表5—2　　　　按行业统计造假案例数量

行业	数量	行业	数量
互联网通信行业	11	券商信托	2
农牧饲渔	9	软件服务	2
房地产	8	文化传媒	2
纺织服装	7	旅游酒店	1
化工行业	7	安防设备	1
石油行业	5	玻璃陶瓷	1

续表

行业	数量	行业	数量
食品饮料	5	电力行业	1
输配电气	5	电子信息	1
医药制造	5	公用事业	1
电子元件	4	环保工程	1
有色金属	4	机械行业	1
专用设备	3	金属制品	1
汽车行业	3	旅游酒店	1
商业百货	3	木业家具	1
商业贸易	3	酿酒行业	1
多元金融	2	医疗行业	1
工程建设	2	园林工程	1
交运物流	2	造纸印刷	1
家电行业	2	装修装饰	1

行业统计是根据东方财富网的行业分类标准进行划分，由于很多公司违规年份较早，而且已经退市。所以本书数据都是针对该违规公司当年的业务情况进行统计。从表5－2看出，财务造假公司在互联网通信行业的最多，接近占造假总数的10%；其次是农牧饲渔和房地产；接下来是化工、纺织、石油、食品、电气和医药行业等。从行业发展角度，近10年来互联网和房地产是发展最快的两个行业，相对于其他行业的稳定，这两个行业的发展不确定性和大量的新业务的加入可能给财务报表造假提供了温床。

三、单个机构持仓变化的分析

1. 数据选取

机构持仓数据选取CSMAR数据库/中国上市公司股东研究数据库（2004年以后）和凤凰财经数据库中的十大流通股东数据（2004年以前），统计范围为1992年到2015年。参考值统计数据选取CSMAR数据库/机构投资者数据库的机构持仓占流通股比例数据进行分析。时间跨度从2003年到2015年。

2. 实证研究方法

上市公司的年报公布一般在次年的3月底进行而且机构分析报表需要一定时间，所以从理论上，选取3月底到6月底的十大流通股东的持仓明细比较合理。本节根据各财务报表造假样本的造假时间，摘取该样本造假年度的次年3月底到6月底的十大流通股东的持仓情况，在其中筛选出机构投资者的持仓情况。同理如果是中报造假，则选取造假年份 6 月底到 9 月底前十大流通股东持仓数据。

根据已统计出财务报表造假前已介入的机构投资者数据，对比财务报表造假后机构投资者持仓变化情况，并计算出机构在其财务报表造假后的持仓变化率。

持仓变化率＝（6 月底机构持股数－3 月底机构持股数）/3 月底机构持股数

与当年的机构平均持仓变化率参考值做比较，分析机构投资者是否能够判断出财务报表造假。

这里采用机构平均持仓变化率参考值的意义，是通过历年来在年报公布后所有上市公司的平均机构的增减仓幅度，来辅助判断本书财务造假样本中，机构的减仓是否属于正常现象。例如，一家机构在财务报表造假后减仓了 5％，而通过参考值对比，当年市场上所有机构平均减仓率也是 5％，所以作者认为这家机构的行为是正常市场行为，不具备发现财务报表造假的可能性。由于机构发现财务报表造假的根本行为是减仓操作，本书引用参考值的意义在于分析机构减仓力度较市场相比是否足够大。故如果某年市场机构平均是加仓的，即参考值为正，则下文中数据统计不使用参考值比较持仓变化，在数据统计中参考值为正时设为 0。与参考值比较之后，如果比较结果为负，本书认为其发现造假并进行了减仓。如果比较结果为正或为零，我们则认为其未发现造假。

对于单个机构的分析，作者引入历年机构平均持仓变动率参考值的概念而不进行多变量线性分析的原因如下。

（1）找出财务报表造假相同年份又同时有机构介入的同行业公司作对照样本很困难。（2）手工统计十大流通股东持仓并匹配财务报表造假年份筛选对照样本的工作量非常大。（3）许多控制变量在 CSMAR 数据库中并没有 3 月底的数据。（4）如分析逻辑四所述，由于部分机构会从十大流通股东中退出，持仓变化无法精确统计，作者认为这种情况不太适合定量分析。

3. 参考值统计

选取机构投资者数据库 12 月底到次年 6 月底的机构持仓数据进行分析。机构持仓变化率＝（次年 6 月底机构持股数－12 月底机构持股数）/12 月底机构持股数，得出表 5－3。此表统计数据均与单个机构持仓变化分析的数据类型一致，即每年年底已持仓机构的统计。

表 5－3　　机构历年持仓变化率

12 月到次年 6 月机构历年持仓变化率						
年报时间	样本家数	极小值	极大值	均值	标准误差	标准差
2003	852	－0.966	1	13.58％	1.68％	0.49
2004	892	－0.971	1	－1.12％	1.37％	0.409

续表

12 月到次年 6 月机构历年持仓变化率						
年报时间	样本家数	极小值	极大值	均值	标准误差	标准差
2005	880	−0.983	1	9.66%	1.77%	0.523
2006	987	−1	1	9.95%	1.70%	0.534
2007	1039	−0.987	1	−1.55%	1.39%	0.448
2008	1031	−0.988	1	3.38%	1.59%	0.509
2009	1290	−0.977	1	10.77%	1.44%	0.518
2010	1647	−0.977	1	−0.48%	1.21%	0.492
2011	1910	−0.979	1	−4.29%	1.08%	0.47
2012	1880	−0.966	1	3.30%	1.26%	0.544
2013	1867	−0.981	1	4.55%	1.21%	0.524
2014	2250	−0.988	1	14.55%	1.23%	0.584
2015	2467	−0.973	1	7.33%	1.02%	0.508
平均				5.35%	1.38%	

$$仓位变化率=\frac{6\text{ 月底持股数}-12\text{ 月底持股数}}{12\text{ 月底持股数}}*100\%$$

4. 初步的观察结果

在总共 112 个财务报表造假案例中,总共有 51 家上市公司在报表造假前没有机构介入。本书只分析剩下的 61 个样本,经统计总共有 164 家机构在财务报表造假前介入。

由于指数基金投资决策中不分析财务报表,所以剔除 10 家指数基金。再剔除 13 家分析逻辑四所提到的仓位变化不明机构,剩下 141 家机构与参考值(参考值为正则设为 0)相减后统计结果如表 5—4 所示。

表 5—4　　机构仓位变化率统计

机构仓位变化	仓位不变	增仓 0—10%	增仓大于 10%	减仓 0%到 10%	减仓大于 10%	退出流通股东
141 家	38	9	19	2	17	56

从表 5—4 的数据分析可以看出,首先仓位不变和增仓的机构总计 66 家是没有发现造假,计入没发现造假统计。而那些大幅减仓超过 10%和退出流通股东的总计 73 家是机构有所察觉而减仓。剩下减仓 0 到 10%之间的总共 2 例,一例减仓 2.08%,作者认为幅度偏小,故计入没发现造假统计。另一例减仓 8.97%,计入发

现造假统计。分析结果如表 5—5 所示。

表 5—5　　单个机构分析结果

	没发现造假	发现造假
总样本	67 家	74 家
比例	47.5%	52.5%

从表 5—5 中可以发现，在上市公司财务报表造假后的一个季度，有 47.5%的机构没能发现造假，有 52.5%的机构发现了造假并大幅度减仓。可以看出，有超过半数的机构都发现了造假现象并进行多于市场平均水平的减仓操作。

表 5—5 的统计是在造假后第一个季度没有发现财务报表造假的，再往后一季度进行大幅减仓的机构有 18 家(有两家分别减仓—1.87%和—0.78%计入没发现造假)。可以推断出又有 26.9%的机构在上市公司报表造假后的第二个季度可能发现了这一情况并进行了减仓行为。表 5—7 则是分别按照 1992 年到 2002 年和 2003 年到 2014 年两个时间段统计样本比较的结果。

表 5—6　　单个机构后一季度分析结果

第一季度没发现造假	下一季度没发现造假	下一季度发现造假
67 家	49 家	18 家
	73.1%	26.9%

表 5—7　　单个机构持仓变化按时间分类统计

造假时间	统计样本	仓位不变	增仓 0—10%	增仓大于 10%	减仓 0%到 10%	减仓大于 10%	退出流通股东
1992 到 2002	79	35	4	6	1	13	20
2003 到 2014	62	3	5	13	1	4	36

造假时间(年)	统计样本	没发现造假	比例	发现造假	比例
1992 到 2002	79	46	58.2%	33	41.8%
2003 到 2014	62	21	33.9%	41	66.1%

通过表 5—7 不同时间段的统计，可以明显发现从 2003 年以后机构发现财务报表造假比例明显提高，有将近 70%的机构在报表造假后进行大幅减仓操作。这或许是 20 世纪 90 年代的机构投资者对于财务报表不太关注，也可能是机构投资者们近年来越来越专业化所产生的结果。表 5—8 展示了各类机构持股统计。

表 5—8　　不同机构发现造假比例

机构类型	样本数量	下一季度减仓	减仓比例
保险公司	2	2	100.00%
基金	51	34	66.67%
券商	37	22	59.46%
银行	10	5	50.00%
投资管理公司	11	4	36.36%
信托	30	7	23.33%

从表 5—8 的分析可以得出，在各类机构中，信托机构是最不能发现财务造假的，而基金对于财务造假的分析相对比较到位，大部分在公司造假后的一个季度能够减仓，其次则是券商投资者。保险样本较少，故分析不是很有说服性。基金和券商排名靠前也不出意外，毕竟这两家是与股票市场接触最紧密的机构。

四、机构总持仓变化分析

1. 数据选取

机构持仓数据是选取 CSMAR 数据库/机构投资者数据库的机构持仓占流通股比例数据。控制样本中，财务报表是否造假的数据来源于公司研究系列的上市公司违规处理研究数据库。上证指数位置数据来源于同花顺并经由作者加工而成。

净资产收益增长率、净利润增长率、归属于母公司净利润增长率、营业总收入增长率、所有者权益增长率、每股净资产增长率、市盈率、市净率和市销率等数据均选自于 CSMAR 数据库/公司研究系列数据库的财务指标分析数据。对照样本是根据东方财富网行业分类，选取与报表造假公司同行业样本各一家。

与上节单个机构持仓变化的分析相比，机构持仓数据从不同渠道获取，我们主要考虑分析得更加精确。根据十大流通股东数据分析可以精确研究到某一个特定机构的表现，而 CSMAR 机构投资者数据则可以研究一段时期内所有机构的总持仓。

2. 实证研究方法

从市场机构投资者的总持仓角度分析，是由于在财务报表造假的后一季度，之前已经持仓的机构可能会减仓，而之后可能会有新的机构进入。所以这里要考察市场中全体机构的态度。在财务造假后的一个季度机构总持仓变化，本书认为是很多变量共同作用的结果。可能是机构投资者们发现了造假，也可能是大盘系统性风险出现，更可能是该公司的一些财务成长性的指标比如净利润增长率、净资产收益率和市盈率等发生了变化，从而触发了机构减仓的程序。主要变量的说明如

表 5—9 所示。

表 5—9　　　　主要变量说明

变量名	变量定义
机构仓位变化率	机构下年 6 月底持仓占流通股比例一机构本年年底持仓占流通股比例
是否造假	上市公司造假为 1,否则为 0
大盘位置	上证指数在造假时的位置,如果是在高位的,则为 1。如果是在中部的,则为 0。如果是在低位的,则为一1
净资产收益率增长率	(本期单季度净资产收益率一上一个单季度净资产收益率)/上一个单季度净资产收益率
净利润增长率	净利润本年本期单季度金额一净利润上一个单季度金额)/净利润上一个单季度金额
归属于母公司净利润增长率	(归属于母公司所有者的净利润本年本期金额一归属于母公司所有者的净利润上年同期金额)/(归属于母公司所有者的净利润上年同期金额)
营业总收入增长率	(营业总收入本年本期金额一营业总收入上年同期金额)/营业总收入上年同期金额
所有者权益增长率	(所有者极益本期期末值一所有者权益本期期初值)/所有者权益本期期初值
每股净资产增长率	(每股净资产本期期末值一每股净资产上年同期期末值)/每股净资产上年同期期末值
市盈率	今收盘价当期值/(调整因子 * 净利润当期值/实收资本本期期末值)
市净率	今收盘价当期值/(所有者权益合计期末值/实收资本本期期末值)
市销率	今收盘价当期值/(调整因子 * 营业总收入当期值/实收资本本期期末值)

通过 CSMAR 数据库导出的 2003 年到 2015 年机构总持仓数据,匹配到财务报表造假样本的造假年份,计算出财务造假样本在造假前后机构总持仓的变化。不同于上文单个机构持仓变化率的分析,因为机构总持仓可能在财务造假前为零,所以这里的机构总持仓变化=造假次年 6 月底机构持仓一造假年度 12 月底持仓。同理,如果是财务中报造假,机构总持仓变化=造假年度 12 月底机构持仓一造假年度 6 月底持仓。

对照样本的数据处理基本与财务造假样本一致。本书选取了一些大家耳熟能详的分析指标,方程如下。

$$机构仓位变化=\alpha_0+\alpha_1 是否造假+\alpha_2 大盘位置+\alpha_i \frac{n}{i=12}CV_i+\varepsilon_i$$

3. 实证结果

从表5—10分析结果来看，报表是否造假和机构总持仓变化似乎没有相关性。在这些指标中，机构增减持仓的决策似乎和该公司年度净利润增长率的相关性较大，而且是呈现负相关性，也就是净利润增长率越多的年份，机构反而减仓越多。作者估计可能是物极必反，高净利润增长率使机构投资者们预期未来业绩可能透支。

表5.10　　机构总持仓变化统计总表

总样本	样本数	均值	t值	P值
仓位变化	1078	−0.05%	−0.106	0.916
是否造假	1078	0.04	−0.728	0.467
大盘位置	1078	−0.09	−0.622	0.534
净资产收益率增长率	1078	23.17%	0.957	0.339
净利润增长率	1078	96.54%	−2.191	0.029
归属于母公司净利润增长率	1078	−107.62%	1.12	0.263
营业总收入增长率	1078	62.23%	−0.415	0.678
所有者权益增长率	1078	6.38%	−1.588	0.113
每股净资产增长率	1078	2.54%	0.54	0.589
市盈率	1025	79.64	−0.75	0.45
市净率	1025	5.35	−1.62	0.11
市销率	1025	10.59	−1.11	0.27

注：此表样本数为对照样本历年统计在内。

表5—11是按财务报表是否造假分类统计的结果。

表5—11　　按财务报表是否造假分类统计的结果

是否造假	样本数量		机构仓位变化	净资产收益率增长率	净利润增长率	归属于母公司净利润增长率	营业总收入增长率	所有者权益增长率	每股净资产增长率
没造假	1040	均值	−0.04%	32.97%	104.92%	−103.95%	63.37%	6.30%	2.85%
		标准差	0.03	22.75	21.83	13.34	4.48	1.05	1.38
造假	38	均值	−0.43%	−244.95%	−132.77%	−208.03%	30.93%	8.51%	−6.01%
		标准差	0.03	18.51	17.91	10.77	1.11	0.43	0.21
P值			0.46	0.46	0.51	0.64	0.66	0.90	0.69

注：有9家个股上市前造假被剔除出统计

从按照财务报表是否造假的分类统计来看，财务造假公司的机构投资者平均比财务不造假公司多减仓0.4%的公司流通股。在首次财务造假后，除了所有者权益增长率外，财务造假公司的各项经营成长性指标均落后于财务不造假的公司，而股价估值指标也同样都远高于正常公司的指标，充分显示了财务造假公司的低投资价值。也许正因为财务报表不尽如人意，这些公司才会选择财务造假。

从年度细分表5—12和5—13中可以发现，除2006年、2013年以外，几乎每年在一些公司首次财务造假后，财务造假公司的机构减仓比例都比对照样本要多。但这多出的部分，除了2005年与财务造假相关性较强，其他年份好像都不太明显。

表5—12　　按年度各变量相关性情况分类统计(包含大盘点位)

年份	大盘位置	是否造假	样本数		机构仓位变化	净资产收益率增长率	净利润增长率	归母净利润增长率	营业总收入增长率	所有者权益增长率
2003	高位	0	62	均值	0.51%	304.46%	790.13%	−90.67%	26.14%	−2.21%
				标准差	0.02	25.51	24.17	4.07	0.39	0.67
		1	5	均值	−0.08%	166.10%	394.29%	−20.73%	11.83%	3.36%
				标准差	0.02	3.26	9.86	0.81	0.34	0.03
2004	底部	0	67	均值	0.08%	272.33%	211.58%	−345.38%	31.01%	3.10%
				标准差	0.04	27.60	23.01	12.25	1.24	0.32
		1	4	均值	−0.36%	39.83%	36.42%	−58.69%	31.09%	4.55%
				标准差	0.01	2.65	1.44	0.35	0.36	0.02
2005	底部	0	75	均值	0.52%	−92.68%	302.95%	−396.49%	14.81%	−4.95%
				标准差	0.03	18.19	22.14	7.18	1.29	0.93
		1	4	均值	0.64%	98.54%	713.19%	−2.82%	20.61%	10.11%
				标准差	0.06	2.33	2.20	0.43	0.11	0.02
2006	中部	0	75	均值	−0.23%	−234.42%	327.66%	85.18%	25.95%	−16.95%
				标准差	0.03	18.19	22.14	7.18	1.29	0.93
		1	5	均值	0.64%	98.54%	713.19%	−2.82%	20.61%	10.11%
				标准差	0.01	8.76	13.16	0.89	0.36	0.32
2007	高部	0	75	均值	−0.46%	364.86%	303.57%	−236.93%	18.11%	14.54%
				标准差	0.04	19.72	16.96	16.54	1.07	1.25
		1	5	均值	−0.79%	440.40%	312.64%	−412.65%	−13.63%	−20.65%
				标准差	0.02	6.94	5.71	8.50	0.47	0.35
2008	底部	0	81	均值	−0.13%	−543.06%	−253.55%	−67.16%	−1.37%	−2.62%
				标准差	0.04%	27.59%	21.21%	16.78%	0.33%	1.87
2009	中部	0	79	均值	0.60%	−108.33%	90.31%	−97.79%	66.45%	7.21%
				标准差	0.03	29.14	19.79	4.03	3.68	0.37
		1	2	均值	0.29%	1 407.30%	−310.78%	−84.95%	104.14%	76.30%
				标准差	0.00	21.72	2.92	0.01	1.39	1.08
2010	高部	0	86	均值	−0.91%	337.34%	160.80%	64.87%	124.01%	21.80%
				标准差	0.03	20.86	19.77	17.43	5.84	1.50

续表

年份	大盘位置	是否造假	样本数		机构仓位变化	净资产收益率增长率	净利润增长率	归母净利润增长率	营业总收入增长率	所有者权益增长率
2011	中部	0	84	均值	−0.37%	−62.10%	92.71%	178.01%	238.77%	28.19%
				标准差	0.02	28.25	28.84	17.05	9.91	1.21
		1	6	均值	−0.32%	−697.41%	−109.76%	207.98%	111.17%	35.37%
				标准差	0.02	13.86	4.15	7.01	2.62	0.74
2012	底部	0	89	均值	−0.12%	−10.51%	−30.44%	−194.37%	123.03%	−0.55%
				标准差	0.03	3.73	11.40	16.25	7.46	0.35
		1	2	均值	−0.34%	−316.55%	−307.94%	−45.71%	3.11%	−2.48%
				标准差	0.01	0.97	0.84	0.65	0.04	0.04
2013	底部	0	88	均值	0.15%	174.59%	−69.21%	−7.44%	31.41%	8.81%
				标准差	0.02	14.99	23.12	9.81	1.05	0.46
		1	3	均值	2.20%	−3 491.41%	−3 511.52%	−2 106.16%	36.91%	−16.33%
				标准差	0.074	56.37	56.19	35.10	0.26	0.28
2014	中部	0	89	均值	0.19%	−22.14%	80.30%	−68.44%	3.46%	−1.76%
				标准差	0.04	16.48	18.30	7.90	0.50	1.46
		1	2	均值	0.01%	259.10%	585.24%	28.08%	1.82%	12.24%
				标准差	0.01	3.55	8.18	0.91	0.11	0.17
2015	中部	0	90	均值	−0.15%	118.09%	−340.78%	−239.44%	87.88%	20.70%
				标准差	0.03	24.35	26.61	15.84	5.72	0.89

注：***，**，* 分别表示该变量估计系数在1%、5%和10%水平上显著。

表5—13　　按年度各变量相关性情况分类统计(不包含大盘点位)

年份	是否造假	样本数		机构仓位变化	市盈率	市净率	市销率	每股净资产增长率
2003	0	62	均值	0.51%	59.95	2.86	3.76	−7.04%
			标准差	0.02	199.02	3.25	3.24	0.63
	1	5	均值	−0.08%	176.00	2.84	6.25	3.12%
			标准差	0.02	2.9.63	1.57	8.10	0.03
2004	0	66	均值	0.08%	48.74	2.25	3.00	−2.91%
			标准差	0.04	81.14	2.92	3.33	0.26
	1	4	均值	−0.36%	66.91	1.53	1.18	4.03%
			标准差	0.01	54.37	0.74	0.93	0.02
2005	0	73	均值	0.57%	35.12	1.49	2.45	−14.70%
			标准差	0.04	288.64	2.71	3.29	0.51
	1	4	均值	−4.61%	74.88	1.54	2.27	−2.91%
			标准差	0.06	65.94	0.53	0.79	0.07

续表

年份	是否造假	样本数		机构仓位变化	市盈率	市净率	市销率	每股净资产增长率
2006	0	73	均值	−0.26%	9.74	−12.10	3.32	−26.48%
			标准差	0.03	405.96	139.24	5.05	0.92
	1	5	均值	0.64%	85.81	2.00	1.40	−5.28%
			标准差	0.01	51.24	0.56	0.69	0.18
2007	0	68	均值	−0.49%	118.20	6.53	10.19	25.91%
			标准差	0.05	150.55	11.85	19.67	1.62
	1	5	均值	−0.79%	167.15	7.18	31.97	−20.14%
			标准差	0.02	282.76	7.92	67.05	0.36
2008	0	72	均值	0.00%	47.81	2.29	4.98	−6.66%
			标准差	0.03	88.09	6.09	11.43	1.89
2009	0	75	均值	0.62%	21.28	−95.11	11.68	47.31%
			标准差	0.03	793.46	846.50	33.53	0.49
	1	2	均值	0.29%	1109.54	2.26	11.60	6.99%
			标准差	0.00	788.89	0.02	13.39	0.10
2010	0	80	均值	−0.90%	193.71	−2.47	65.62	6.69%
			标准差	0.03	663.89	60.61	453.66	1.52
2011	0	80	均值	−0.40%	50.91	7.42	10.14	52.31%
			标准差	0.02	307.21	38.14	35.60	2.16
	1	6	均值	−0.32%	−163.40	2.46	2.92	−8.56%
			标准差	0.02	481.25	0.59	3.74	0.31
2012	0	85	均值	−0.11%	88.95	6.80	13.06	9.04%
			标准差	0.03	298.10	33.34	46.59	1.87
	1	2	均值	−0.34%	626.26	2.32	9.10	−0.54%
			标准差	0.01	962.14	0.01	0.14	0.01
2013	0	87	均值	0.15%	33.26	9.17	7.52	−10.26%
			标准差	0.02	388.51	41.23	23.87	1.14
	1	3	均值	2.20%	139.30	10.86	20.11	−23.83%
			标准差	0.07	355.06	5.72	18.11	0.26

续表

年份	是否造假	样本数		机构仓位变化	市盈率	市净率	市销率	每股净资产增长率
2014	0	81	均值	−0.06%	91.22	18.07	8.83	−4.00%
			标准差	0.03	269.54	110.94	20.42	1.62
	1	2	均值	0.01%	111.57	2.97	2.28	−5.69%
			标准差	0.01	119.55	1.22	0.28	0.09
2015	0	85	均值	−0.17%	249.19	44.87	64.06	14.91%
			标准差	0.03	867.54	230.40	321.78	1.03

注：***，**，*分别表示该变量估计系数在1%、5%和10%水平上显著。

从成长性指标来看，除了个别年份，即使是财务造假，很多财务造假公司的净利润增长率仍比非造假公司要低很多，同样营业收入的增长率、市净率的增长幅度也更低。恰恰相反的是，有很多年份财务报表造假公司的所有者权益增长率却明显较高。总体来说，成长性指标和机构持仓的增减没有很大的相关性，净利润增长是其中相关性稍强的指标，在2004年和2013年分别与机构持仓变化有着负相关性，或许是机构意识到当期净利润增长较快可能会影响以后的增速，故而做减仓操作。如表5—14所示。

表5—14　　按年度各变量相关性t值检验

控制变量	2003	2004	2005	2006	2007	2008	2009	2010	2011	2012	2013	2014	2015
是否造假	−0.53	−0.30	−2.47**	0.68	−0.14		0.09		0.06	−0.02	1.39	−0.02	
净资产收益率增长率	−0.05	4.77***	0.01	−0.13	0.35	0.43	−0.25	0.18	−0.40	0.50	0.73	−0.78	0.10
净利润增长率	−0.95	−5.17***	−0.13	0.12	−0.47	−0.04	0.09	0.62	0.41	−0.34	−2.71***	−0.35	−0.17
归母净利润增长率	−0.68	−1.04	0.30	0.57	4.86***	−0.37	−0.49	0.50	0.69	−0.09	−0.28	−0.13	−1.01
营业总收入增长率	1.15	−0.34	0.04	−0.17	−1.22	0.81	−0.33	−0.13	−0.59	0.17	−0.71	−3.20***	0.06
所有者权益增长率	0.09	0.54	0.28	−0.60	0.17	−0.88	−0.76	−1.06	−1.19	0.44	−0.24	−0.73	−1.94*
每股净资产增长率	−0.43	0.78	0.16	0.57	0.00	0.91	0.68	0.41	0.13	0.01	−0.24	1.73	1.28
市盈率	−0.26	0.11	0.40	−0.63	0.09	−0.56	0.30	−2.20**	−0.50	0.60	1.50	0.43	0.03
市净率	0.22	−0.22	−1.71	0.26	0.85	1.40	−1.66	0.49	0.60	−0.22	1.23	0.40	−0.59
市销率	−0.82	0.19	−0.62	−0.49	−0.27	−0.76	−0.32	−1.39	1.59	0.41	0.03	0.78	0.22

***，**，*分别表示该变量估计系数在1%、5%和10%

从估值指标来分析，财务造假公司几乎在各个年份中，市盈率、市净率都远远大于对照样本，市销率倒是保持了不变。机构减仓的决策和这些指标的相关性也都不强，说明机构增减仓决策也不是通过这些散户熟知的经典价值投资指标决定的。

五、财务造假金额和机构持仓变化的相关性分析

对于每家财务造假公司，从公开公布的资料看，财务造假的内容可能为虚构收入、虚构利润、虚列资产等，但有些公司可能只是虚构了一两千万元的利润，而有些可能则虚构了一两亿元的利润，对于这些虚构数值的大小，相应机构投资者的行为是否会有变化、有无相关性是本节所研究的方向。

1. 数据选取

财务造假金额数据选自 CSMAR 数据库公司研究系列的上市公司违规处理研究数据库中的 Activity 数据，通过作者手工摘取样本第一次财务造假时的造假金额统计。

2. 实证研究方法

以下分为四个类别进行讨论。首先分析第一、第二类情况即机构减仓 100% 和 0% 的情况，也就是财务造假后一季度机构退出前十大流通股东和机构持仓不变的情况。因为这两类情况机构持仓变化恒定，而且样本的家数也比较多，不适合通过线性回归来分析财务造假金额对它的影响。分别在这两类情况中，计算出该上市公司平均财务造假的金额来对比一下即可。再分析第三类也就是机构没发现财务造假而逆势加仓的那些机构的平均财务造假金额。最后把剩余的减仓的比例确定的样本与财务造假金额做回归分析。

3. 实证研究结果

从表 5－15 看出，通过减仓从十大流通股东退出的机构与机构加仓的财务造假案例相比金额只多了 1 000 多万元，差异不是很明显，基本可以得出这三种情况下机构持仓变化和造假金额没什么很大关系。

表 5－15　　财务造假金额和机构持仓变化统计

机构仓位	家数	平均造假金额(元)
机构减仓出流通股东	56	10 948 万
机构仓位不变	42	8 875 万
机构加仓	24	9 762 万

最后就剩余 18 家发现报表造假的机构进行回归分析，结果统计如表 5－16 所示。

表 5－16　　造假金额和机构减仓统计

统计指标	统计结果
R 平方	0.013
t 值	－1.082
P 值	0.282
置信区间	95％
假设检验结果	不相关

可以看出，上市公司报表的造假程度与机构减仓幅度的行为不相关，从另一个角度说明，即使上市公司财务造假金额很大，也很难引起机构投资者的注意从而进行减仓行为。

六、财务报表造假后的二级市场反应分析

市场对上市公司财务报表造假后的反应，可以在公司股价上表现出来。如果市场在财务报表公布后发现造假行为，投资者会统一抛售股票，从而导致股价的下跌，远远超过上证综指同期跌幅。而如果投资者没有发现财务报表造假行为，股价则会和上证指数走势趋同或跑赢上证指数。

对于财务造假样本股价在二级市场的这种反应，到底是散户引起还是机构投资者引起也是需要讨论的一点。如果机构投资者在报表公布后发现财务造假行为，则会大幅抛售股票，从而导致股价的下跌，同时可能带动散户的恐慌情绪，使其远远超过上证综指的跌幅。所以在观察股价变化情况的同时，分析机构投资者在其中所起的作用也非常必要。

1. 数据选取

财务造假样本的二级市场股价数据、上证指数数据均选自同花顺和凤凰财经网站。机构投资者数据选取 CSMAR 数据库中的中国上市公司股东研究数据库（2004 年以后）和凤凰财经数据库中的十大流通股东数据（2004 年以前），统计范围为 1992 年到 2015 年。

2. 实证研究方法

由于年报是在次年 3 月份披露，所以本章选取财务报表造假年度的次年 3 月底和 6 月底的个股股价数据，算出涨跌幅比例。同时，与同期的上证指数的涨跌幅比较，计算出两者的差值。如果股价的走势远弱于上证综指，说明市场发现了财务报表造假并进行了减仓。如果股价走势强于上证走势，或与上证走势持平，则说明市场没有发现财务报表造假。

股价变化率=(6 月底股价—3 月底股价)/3 月底股价

上证指数变化率=(6 月底上证指数—3 月底上证指数)/3 月底上证指数

讨论股价的变化是否由机构持仓变化所引起，本章采用手工统计十大流通股东持仓数据中机构投资者 3 月底到 6 月底的持仓变化匹配以上分析的 3 月底到 6 月底股价变化率的统计。

因为股价的涨跌幅度是由投资者买卖多少决定的，所以本章假设在市场均衡的情况下，机构投资者减仓 1%，股价就下跌 1%，我们以机构减仓幅度和股价变化幅度的比值来分析这些股价的变化是不是由于机构投资者的增减仓引起的。由于机构批量性抛售能带来二级市场的恐慌，所以本章认为该比值大于 10%时，说明机构对该股票的股价影响较多。

3. 实证结果

有 10 家财务造假案例在上市前财务造假，无法分析财务造假前后市场的变化，故从样本中剔除，由剩下 102 家样本公司进行统计。从表 5—17 可以看出，财务造假后，这些个股的二级市场表现明显比上证指数要差。在财务造假后的 3 个月内，跑输大盘的家数有 67 家，为全样本比例的 65. 69%，个股的表现平均比上证指数要差 4. 68%；而在财务造假后的 6 个月内，跑输上证指数的家数为 72 家，比例达到了 70. 59%，这些个股二级市场股价的表现比上证指数更要差 7. 5%。

表 5—17　　财务造假个股股价均值与指数的对比分析

	3 月内	6 月内
造假后个股股价涨幅	1. 12%	—4. 93%
造假后同期上证指数 3 月内涨幅	5. 80%	2. 57%
个股上证差	—4. 68%	—7. 50%
跑赢大盘家数	35	30
跑输大盘家数	67	72
跑输大盘家数比例	65. 69%	70. 59%

从这项统计来看，二级市场对于这些公司财务报表造假似乎有些反应。随着时间推移得越久，其股价表现相较于上证指数就越差，说明越来越多的投资者已经意识到了这些潜在的“问题”股票并进行抛售。当然也可能是这些财务造假公司本身质地就相对较差，所以跑输大盘也不足为奇了。

二级市场股价变化是否由机构投资者所影响统计如表 5—18 所示。

表 5—18　　　　机构持仓变化幅度和股价变化幅度的比值统计

机构仓位变化幅度和股价变化幅度的比值	
3—6 月	家数
小于"－10%"	10
"－10%"到"10%"之间	73
大于"10%"	20

表 5—18 统计结果表明，有 19.4%的股票的二级市场走势受到机构的明显影响。共有 20 家机构减仓幅度比股价变动幅度超过 10%，说明这 20 家机构对于股价的影响较大。经统计，这 20 家个股在 3—6 月股价平均下跌了 7%，与表 5—17 统计同时期造假公司平均市场表现的 1.12%相差了 8.12%，可以看出在造假后机构减仓影响较大的股票，下跌得更厉害。这些财务报表造假公司的行业分布比较分散，没有发现很明显的规律。

本章小结

本章从四个方面比较严谨地研究了我国机构能否识别上市公司财务报表造假的问题，通过大量的数据统计分析，我们发现，从逐个机构投资者的持仓变化分析，与同期市场上大部分财务报表不造假的公司股票相比，持有造假公司股票的机构投资者有半数以上能够发现报表造假并进行减仓操作，即使第一个季度没有发现财务造假，后一个季度也有一部分机构能够有所察觉并进行减仓。尤其是基金和券商等机构，在上市公司首度财务造假后退出的比例较高。2003 年以后的机构投资者们比早些年的同行们更能够察觉到财务报表造假并减仓。另一方面，从财务造假公司机构总持仓变化的研究中发现，在总体上，机构对于上市公司财务报表造假并不太敏感，存在一个极为有趣的现象，在一些机构投资者发现上市公司财务报表造假并退出之后，还有一部分机构可能会接盘甚至加仓。

与此同时，我们还发现机构投资者对财务报表造假金额的敏感度不是很高，甚至有些公司造假数额巨大但减仓的机构却不多，这可能与国内机构的投资习惯有部分关系，比如题材炒作、快进快出等原因。

由于统计难度的问题和统计数据的限制，机构投资者能否发现财务报表造假这个问题始终没有被很深入地研究过，不可否认这也是个相当有趣的课题。本章通过两种研究方案比较系统地分析了在上市公司报表造假后机构投资者的行为，这对分析机构的投研能力也有着很好的参考作用。

第六章 信任对家庭股市参与度的影响：基于 CGSS 数据的实证分析

股票市场的功能得以发挥依赖于市场具有足够的活跃度和参与度。本研究基于中国综合社会调查数据库探究信任对我国家庭股市参与度的影响。本研究基于中国综合社会调查数据库(CGSS)随机抽样的 2010 年、2012 年、2013 年和 2015 年共计 35 687 个样本数据建立 Logit 模型，实证检验我国社会的信任水平对家庭股市参与度和行为存在显著的正向影响，而且这种影响对于不同收入和受教育水平的群体来说存在显著的异质性。

第一节 引 言

2018 年的最后一个交易日，我国股市以震荡中小幅红盘为全年的交易画上了句号。综观全年，上证指数、创业板指数、深证成指数跌幅分别达到 24.59%、28.65%和 34.42%，2018 年 A 股总市值因股价下跌蒸发了 14.59 万亿元。2018 年 IPO 总体形势也呈现出疲软态势，2018 年 A 股市场首发数量为 105 家，首发家数比 2017 年减少 332 家，减少了近 76%，这是 2010 年以来的最少数量(排除 2013 年)。从募集资金的规模上来看，105 家公司通过 IPO 募集资金 1 378.20 亿元，为 2015 年以来最小的规模，相较于上年减少了 37.6%。从个股的表现来看，就 A 股而言，2018 年股价下跌的公司数量占比达到 90%以上，股价上涨的公司数量仅为 8.8%。整体而言，A 股全年的成交额呈现逐月递减的势头，单就 12 月来看，多个交易日的成交额低于 900 亿元，全年成交额仅为 39.8 万亿元，创下熔断以来的新低。成交额最高的 10 只股票，全年合计成交额 5.93 万亿元；成交额最低的 10 只股票，全年累计成交额多数在 10 亿元左右，有趋于僵尸化的迹象。纵观全年，2018 年我国股市日均成交额下降到约人民币 3 690 亿元(540 亿美元)，是 2014 年以来的最低水平。

与此同时，社会信任危机也在逐步加深。马克思曾说："一旦有适当的利润，资本就胆大起来。如果有 10%的利润，它就保证到处被使用；有 20%的利润，它就活跃起来；有 50%的利润，它就铤而走险；为了 100%的利润，它就敢践踏一切人间法律；有 300%的利润，它就敢犯任何罪行，甚至冒绞首的危险。如果动乱和纷争能带来利润,它就会鼓励动乱和纷争。”造假、掺假所带来的高利润的诱惑抵消了道德感和恐惧感,也推动着信任危机的持续发酵。2018 年短短一年内国内就爆出长春长生疫苗事件、权健夸大宣传事件、ofo 小黄车押金难退事件、滴滴顺风车司机杀人事件、五星级酒店卫生乱象和大数据“杀熟”事件等多起骇人听闻的社会丑闻。近年来,随着互联网的日益普及以及自媒体时代的到来,社会丑闻事件的传播速度越来越迅速、传播范围越来越广泛、影响程度越来越恶劣。前几年,年年爆出食品安全事件,挑战公众的底线,大大降低了我国社会信任水平;近年来,社会丑闻的爆出不再局限于食品安全领域,而在公共安全领域、信息安全领域和医疗健康领域等关乎老百姓日常生活的众多方面都曾经爆过雷。社会信任一旦倒塌,想要重塑将会变得异常艰难。

在股票市场中,信任是非常重要的因素,投资者正是基于对上市公司经营能力的信任以及上市公司未来盈利能力的认可才会投资股票市场。虽然我国证监会为确保上市公司信息披露的真实、准确、完整而制定了很严格的规范,但上市公司财务报表造假、内幕交易等丑闻依然不绝于耳。2018 年中国股市的活跃度下降,家庭参与股市程度下降,其中固然受到中美贸易摩擦、我国经济增长速度放缓等宏观经济因素的影响,但是否和当下社会信任危机频繁发生而导致的社会信任度下降有关,值得我们去深入探讨,以便从多角度全方位地认识我国家庭股票市场的参与度。

本章将信任和家庭股市参与度相结合,就信任水平能否影响家庭股市参与以及如何影响进行探究,从而对提高家庭股市参与需要怎样的社会信任水平这一问题做出回答,并对影响家庭股市参与的法律制度和市场监管政策等提出建议。整体思路如下:首先,分别分析信任的相关理论和家庭股票市场参与的相关理论,在此基础上梳理信任影响家庭股市参与的路径。其次,通过对我国社会信任水平和家庭股市参与的现状分析得出初步结论。最后,运用 Logit 模型开展实证分析检验上述分析中总结的初步结论,并进一步通过收入和教育背景分群时各维度的分项指标对家庭股市参与产生的具体影响进行异质性检验,同时采用工具变量法对实证模型进行内生性检验,目的是验证实证模型的可靠性。

本章的研究具有重要的理论意义。第一,丰富了社会资本中有关信任的研究。国外学者对于信任的研究时间较长,研究较为深入,理论更为成熟,但他们的研究是建立在外国国情的基础之上,对我国的借鉴意义有限,甚至有的学者在研究中还以“中国不是完全意义上的市场经济国家”为由剔除中国(Knack 和 Keefer,1997;Zak 和 Knack,2001)。而反观国内学者有关信任的研究,起步较晚,研究尚处于初级阶段,且在研究时多关注各种客观因素对于家庭股市参与的影响,而信任作为一种主观因素,却很少有人研究其是否影响家庭股市参与及其影响路径。

第二,拓宽了家庭股市参与的研究边界。马尔科维茨的投资组合理论假设投资者是完全理性人，其差异单单体现在不同的投资者所表现出来的风险厌恶程度，同时假设市场完全有效、不存在信息不对称等。然而，由于投资者存在性别、年龄和受教育水平等客观条件以及诸如信任、乐观情绪等各种主观条件的不同，所以不同的投资者（即使拥有相同的风险偏好）所构建的投资组合策略也会大相径庭。国内现有研究对家庭股市参与的影响因素分析主要包括性别、收入、教育水平、融资约束、房产比例和职业风险等客观因素的分析，而将信任这一主观因素作为影响因素的研究并不多，将信任作为自变量进行分群研究的文献同样较少。

与此同时，本章的研究也具有重要的现实意义。第一，从政策层面上讲，社会信任程度会影响监管部门政策的实施效果。信任水平的提高可以帮助监管部门提高公众政策的有效性，随之带来政策的执行成本的下降，对公众政策的顺利推动和实施具有重要的意义。本章的研究从信任的角度对家庭参与股市进行分析，为监管部门提供一个新的视角，有利于为其制定有效的公众政策提供了借鉴。第二，有利于促进上市企业以及金融行业信誉度的提升。对于金融行业以及上市公司来说，公众的信任是其影响发展的重要因素，本章的研究通过揭示信任对家庭股市参与的影响让上市公司知道赢得社会公众的信任会在资本市场受到投资者的青睐，同时信任也会给资本市场带来活力和流动性，体现信任在股票市场中的重要性，达到促使上市公司诚信经营、信息如实披露的目的，提高整个行业的信誉度，促使行业稳健发展。

第二节　文献综述

国内外研究学者对家庭股市参与的因素研究多从家庭异质性与环境异质性的角度进行。

关于家庭异质性对股票投资的影响，已有研究指出，家庭及成员在人力资本、房产和企业资产等方面的个体差异对家庭股票投资的决策具有重要影响；家庭资产的最优配置除了受到家庭偏好、流动性资产持有额等因素的影响之外，还依赖于投资者个人禀赋的异质性。关于人力资本，研究者将劳动收入作为人力资本的代理变量，考察劳动收入对家庭金融资产组合的影响，认为家庭可以通过金融资产交易来对冲劳动收入风险。然而，考虑到劳动收入风险是异质的以及针对此类特殊风险的保险市场并不存在。因此，一方面，对劳动收入的风险厌恶使家庭股市投资更加谨慎（Heaton 和 Lucas，1997）；另一方面，劳动供给弹性则使家庭更愿意承担金融风险（Faig 和 Shum，2006）。更进一步的研究发现，持久性收入风险明显使得家庭资产组合中风险资产的份额减少，而暂时性收入风险对家庭资产组合的配置几乎没有影响（Campbell 和 Viceira，1998）。关于房产，学者们认为，房产是一种金额较大的非流动性资产，这种非流动性阻止了房产拥有者冒金融风险，即房产对风险资产和股市参与具有挤出效应(Cocco，2001；Sinai 和 Souleles，2005；Pelizzon 和 Weber，2008)。特别是对于年轻人，他们将收入增长、财富增长几乎全部投入房产，在还完贷款后才开始投资于股市。挤出效应的观点得到了大量经验研究的支持。经验研究发现，较高的房产价值减少了家庭参与股票市场和股票投资的概率，而较大的抵押贷款则提高了家庭股市参与和参与程度。关于企业资产，研究者发现富裕家庭通常拥有大量的企业资产，更倾向于持有风险性资产，特别是投资自己私人拥有的企业(Davis 和 Willen，2002)。

关于投资环境的异质性对家庭股票投资的影响，学者们关注的焦点是流动性约束、交易摩擦、社会互动及信任方面产生的投资环境异质性的影响。在分析流动性约束和借贷约束方面，研究者把流动性约束引入家庭的跨期投资模型，证明了流动性约束会减少家庭对风险资产的需求(Coccoet，2005)。经验研究也表明，当投资者面临信贷约束时，相对较多的股权投资会降低投资收益，这可能导致投资者完全放弃股权投资(Willen 和 Kubler，2006)；高昂的借贷成本增加了预防性储蓄，减少了家庭风险性资产的持有。在分析交易成本方面，不少学者在生命周期资产组合模型中引入卖空限制、交易成本和税收等交易摩擦因素。研究结果表明，交易成本的存在使得投资者更倾向于投资交易成本较低的资产(Heaton 和 Lucas，1997)；交易成本阻碍了风险资产的持有，也使投资者减少了交易次数(Davis 和 Norman，1990)；投资者财富越多，越有可能弥补进入股市的固定成本，就越有可能持有风险证券。经验研究表明，参与成本可以解释许多美国中等富裕家庭为什么不参与股市(Jorgensen，2002)。在分析社会互动和信任方面，研究者发现，宗教活动的参与、公共信息的反应以及口头效应这些互动形式和信任都对家庭股市参与起到积极的作用。Guiso(2004)的研究显示，居住在社会资本较高地区的人更有可能投资于股市。Hong 等(2004)的研究表明爱交际的人股市参与度更高。收入、教育、婚姻状况等因素直接与股市的参与有关。

近些年越来越多的研究从社会互动的角度探究影响家庭股市参与的因素。Guiso、Sapienza 和 Zingales(2013)证明了个体的信任程度越低就越不会购买股票。同时，他们提出个体信任缺乏能够解释行为金融学中股市有限参与之谜。吴卫星(2012)、付晓敏等(2011)也都认为，资产价格和投资者参与度受投资者的主观能力的影响，这里所谓的主观能力就是指对自我能力某种程度上的信任。李涛(2006)发现社会互动和信任都推动了居民参与股市的积极性，较高的信任程度促进了家庭参与股市的热情。

信任作为社会资本的一种，对家庭股票市场参与影响的研究已日渐成熟。综合已有的国内外文献来看，大多数研究都认为信任对于家庭股市参与具有正向的促进作用，但也有少部分学者认为二者没有相关性甚至是负相关，这是理论界存在争议的地方。

国外关于信任对家庭股票市场参与的研究比较成熟,不同的研究者从不同的方面研究了影响家庭股票市场参与的因素及其机制,并在相关理论的基础上运用不同国家和地区的数据做出了实证检验,但由于国外的研究数据库并不包含我国的调查数据,因此对于我国的借鉴意义有限。反观国内的研究,研究尚处于初级阶段,由于数据可得性的限制,严谨的实证研究并不多见。学者们大多仅从理论上剖析信任对于家庭股票市场参与的影响机制,缺少相关实证的检验。此外,少有学者考虑到信任对于家庭股市参与影响的异质性和内生性问题,降低了结论的丰富度和可信度。

综合上述文献,本章探究信任对家庭股市参与的影响暗含以下逻辑:信任通过成本和风险感受这两条途径影响家庭股市参与。一方面,信任通过影响信息搜集成本、信息甄别成本、观望成本等事前交易成本和事后监督成本进而影响家庭股市参与;另一方面,信任在投资者风险偏好不变的前提下通过影响投资者的风险感受进而影响家庭股市参与。与现有研究不同的是,我们采用面板数据作为支持,实证检验了信任水平对于家庭股市参与的影响,利用 2010 年、2012 年、2013 年和 2015 年的大样本数据对信任影响家庭股市的程度进行了动态比较,以研究信任程度的变化对家庭股票市场参与的影响。另外,本章讨论了不同收入和受教育水平的家庭在该问题上的异质性。

第三节　信任影响股市参与的传导机制与研究假说

家庭股市参与是一种投资组合决策,这种决策收到诸多因素的影响,而社会信任度就是这诸多影响因素中的一个,但这种影响不是直接被观测出来的,是通过成本和风险等方面间接影响了家庭股市参与。

一、信任通过成本影响家庭股市参与

当一个家庭在决定是否金融股市参与投资之时或者在选择投资标的时,他需要搜集有关股票市场或者某一家上市公司的足够多的信息,以此作为自己做出决策的依据。无论以什么样的途径搜集信息,无论家庭用以分析信息的专业度如何,家庭分析信息然后对信息做出反应的方式及其所付出的成本,都和家庭是否信任股票市场以及信任的程度息息相关。如果家庭对整个社会的信任水平处于很低的位置,它将会对所掌握的信息和数据的真实性产生怀疑。由于信任的缺失,家庭在做出参与股票市场进行股票投资的决定之前需要花费大量的时间成本去搜集信息以及在投资之后仍然需要花费大量的时间与精力对上市公司进行监督。显然,在既定的潜在收益下,潜在成本由于信任水平的降低而增加了,结果就是理性的家庭会减少对股票的投资,甚至不愿意参与到股票市场进行交易。反之,当家庭对于股

票市场表现出较高的信任度时，潜在成本则会大大降低。信任作为一个社会经济平稳运行的润滑剂，在交易活动的事前和事后均起到了平滑交易、降低交易成本的作用，其影响机制如图 6—1 所示。

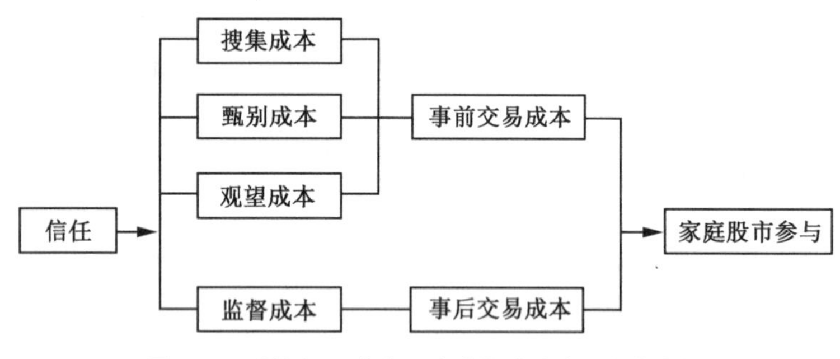

图 6—1 "信任—成本—家庭股市参与"影响路径

家庭在做出股市投资决策前，由于社会角色、时间、精力等诸多原因，家庭无法像大型机构投资者那样能够获得上市公司进行实地调研的机会、了解上市公司的真实经营情况，只能通过上市公司的信息披露、券商的分析报告以及各种小道消息和传闻来被动地了解目标公司，而上市公司以及证券公司又有足够的动机粉饰太平，所以这就需要家庭花费时间去进行甄别并筛选出真实的信息。对于同样的信息，信任程度越高的家庭，花费在信息甄别上的成本会越少，反之，信任程度越低的家庭，花费在信息甄别上的成本会越大。此外，为达到自己的信任预期，家庭需要搜集的信息量也不尽相同，评价公司的维度和角度各有差异。往往信任度低的家庭搜集信息的数量要远高于信任度高的家庭。最后，完成了信息的搜集和甄别，家庭对上市公司产生初步的信任，高信任度的家庭可能会立即采取行动即参与股市投资，而低信任度的家庭却可能选择观望一段时间，这无形当中就增加了家庭的观望成本。

在参与股市交易后，为了确保利益不受到侵犯，家庭需要对上市公司进行监督，具体表现为参与上市公司的电话会议、关注上市公司的信息披露、关注上市公司的舆论报道等，这样的监督增加了交易成本。

总之，在成本这一路径上，信任对家庭股市参与的影响主要是正向的，即"信任程度提高—降低成本—提高家庭股市参与度"。

二、信任通过风险影响家庭股市参与

股票是一类具备高风险特征的有价证券，对风险的态度以及风险承受能力的不同在很大程度上影响了家庭股市的参与程度。但信任水平不单单影响了家庭的潜在成本，还会通过影响投资者的风险感受进而改变其投资决策和行为。家庭对于风险的感受和态度同时受到事件发生的概率及其估计精度的影响，并且也受制于家庭的某种主观"能力"。换言之，有信心的家庭会更倾向于参与到具有风险的市场中去，而缺乏信心或信心不足的家庭倾向于回避这些市场。因此，对于既定股票市场客观存在不确定性和风险水平后，家庭在信心、乐观情绪及主观能力等风险感受方面表现出来的不同使得家庭的投资行为产生截然不同的变化，越有信心、越乐观以及主观能力越强的投资者越倾向于承担风险。而投资者的信心、乐观情绪和主观能力都与信任水平有着直接的逻辑联系。信任通过弱化对各类金融风险的感受提高家庭股市的参与度，其影响机制如图 6－2 所示。

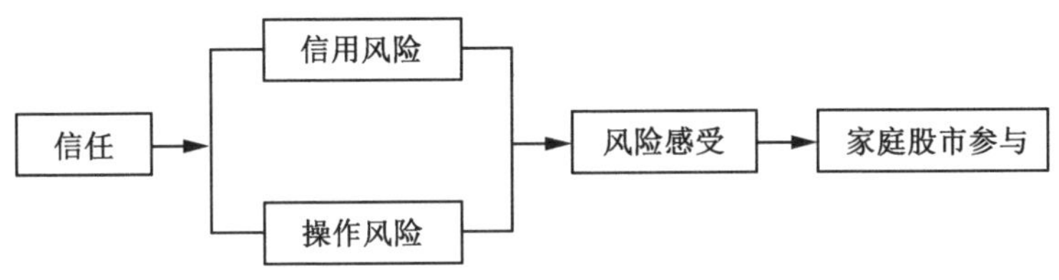

图 6－2　"信任—风险—家庭股市参与"影响路径

金融风险主要包括信用风险、市场风险、流动性风险和操作风险等。信任主要通过影响信用风险和操作风险间接影响家庭股市参与。信用风险是由交易对手未能履行合同规定或质量发生变化，影响金融产品价值导致金融产品的持有人的经济损失所造成的风险。高信任度的家庭给予上市公司充分的信任，认为信用风险发生概率很低，因此具有这种特性的家庭对于信用风险的感受会弱于低信任度的家庭。操作风险是指由于公司内部程序不完善、员工不当操作、内部信息系统发生突发故障以及外部冲击形成潜在损失的风险。理论上来说，操作风险是可以通过定期检查和内部监控等方式消除的，高信任度的家庭更倾向于相信自己在下达交易指令之后至交易完成之前，经纪商不会出现操作上的失误，这种主观上的意识也弱化了家庭对于操作风险的感受。从以上分析中可以看出，不论是信用风险还是操作风险，风险本身都是实实在在存在的，不会根据家庭的意志而发生改变，但家庭对于风险的感受会根据信任程度的高低产生差异。

信任通过风险感受影响家庭股市参与的机制，可以通过行为心理学的相关理论进行解释。斯塔特曼(1995)认为，行为和心理学会对个体投资者和机构投资者根据风险评估的财务决策过程(即根据适合的风险水平建立信息的过程)和框架结构问题(即投资者处理信息和决策的方法)产生重要影响。风险情景(期望值)对于个体的风险感受有着参照性的作用，家庭对风险的期望值不同，会导致他们对风险的态度差异。面对同一个股票市场，对于高信任度的家庭而言，其风险的期望值要比低信任度的家庭来得更低一些。

社会信任水平的提高弱化了家庭风险感受，这对于家庭在做出金融资产配置决策而言还会影响家庭的其他投资行为。一个高信任水平的社会，人与人之间会呈现高度信任的关系，所以对于更多家庭而言，他们可能将购买基金以替代自己直接参与股市投资。很明显，这样的行为会降低家庭股市的参与度。

总之，在风险这一路径上，信任对家庭做出是否参与股票市场决策的影响既有正向的也有负向的。正向的影响路径即“信任程度提高—降低股市风险感受—提高家庭股市参与度”，负向的影响为“信任程度提高—降低其他投资行为风险感受—降低家庭股市参与”。

三、研究假设的提出

上述两条路径中，成本路径对家庭股市参与产生的影响主要是正向的，而风险感受路径产生的影响更多的是双向的。因此，信任能否提高家庭股市参与在理论层面上并未有肯定的结论，但整体而言正向影响居多。

在我国，信任水平在地区和城乡之间不平衡，也就意味着上述路径产生的影响存在地区异质性和城乡异质性。

结合理论分析和上述我国实际情况，我们认为，随着信任水平的提高，越来越多的家庭原意相信上市公司披露的各项信息是真实、准确和完整的，这无形中降低了家庭搜集和甄别信息的成本。此外，信任水平的提高带来家庭风险感受的降低，以此带动家庭股市参与度的提高，虽然短期来看家庭因为这种变化会选择其他可替代的金融市场和投资标的，但从长期来看，越来越多的家庭原意参与到金融市场中来，其中势必会有相当比例的家庭选择直接参与股市。

因此，本章初步做出如下假设：整体而言，我国信任水平能提高家庭股市参与度，且这种影响对不同类型和地区的居民而言可能存在差异。

第四节　我国的社会信任和家庭股市参与的现状分析

一、我国家庭股市参与的现状

1. 总体家庭股市参与分布的情况

基于 2010 年、2012 年、2013 年和 2015 年的《中国综合社会调查(CGSS)》项目，本书将受访者在接受调查时被问到“你家目前是否从事下列投资活动?”中“股票”这一选项的回答作为家庭股市参与的指标，回答“是”对应赋值为 1，回答“否”对应赋值为 0。经过整理和删除数据缺失的样本后，最终得到了包括中国 31 个省区市随机抽样调查的 35 687 个被访问者的微观样本。从表 6－1 中可以看出，全样本中我国家庭参与股市的均值约为 0.062 5，即参与股市投资的家庭约占我国总家庭数的 6.25%，且逐年较为稳定，未出现过于异常的年份。

表6—1　　总体家庭股市参与描述性统计

participant	N	极小值	极大值	均值	标准差
2010年	8 299	0	1	0.068 9	0.253 3
2012年	9 350	0	1	0.065 7	0.247 7
2013年	9 168	0	1	0.053 1	0.224 8
2015年	8 870	0	1	0.063 0	0.243 0
合计	35 687	0	1	0.062 5	0.242 1

数据来源：除特别标注外，本节数据均来自于CGSS数据库。

进一步地，将总样本按照时间和地区进行分类并计算出百分比以观察时间和空间分布的情况，具体比例和地区划分如表6—2和图6—3所示。

表6—2　　样本地区划分

东部地区	上海、江苏、浙江、福建、山东、广东、海南、辽宁、河北、天津、北京
中部地区	山西、吉林、内蒙古、黑龙江、安徽、广西、江西、河南、湖北、湖南
西部地区	四川、重庆、贵州、云南、西藏、陕西、甘肃、青海、宁夏、新疆

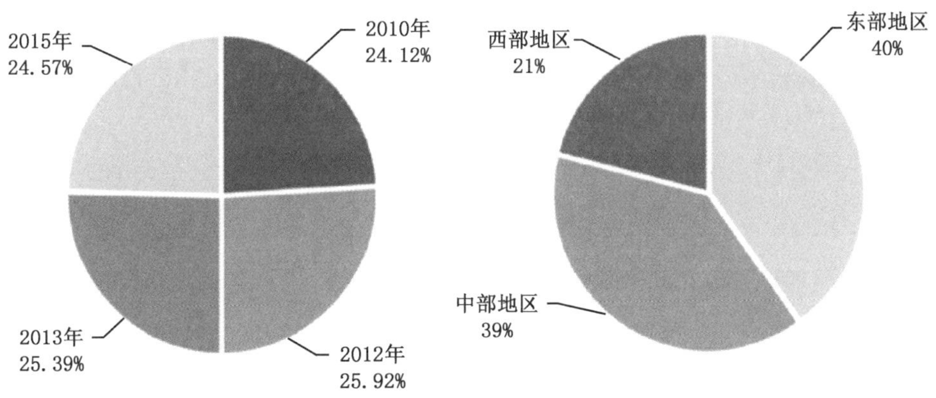

图6—3　总样本年份和地区分布

2. 家庭股市参与分布的情况

将总体样本按照时间顺序来看，2010年、2012年、2013年和2015年这四年里我国直接参与股市进行投资的家庭比例比较稳定，均处于6%附近。将样本按照微观受访者户籍性质划分，城镇居民的家庭股市参与比例远高于农村居民的家庭参与股市比例。但就比率走势来看，农村家庭参与股市的比例有上升的趋势，而城镇居民家庭股市参与比例走势趋稳，说明股票这一投资工具越来越能被农村家庭接受并且未来也将会更加普及。将数据按照微观受访者的地理位置划分，东部区域的家庭股市参与比例远高于中部区域与西部区域，中部区域和西部区域家庭股市参与比例不相上下，中部区域比西部区域高一点。具体分类及其比例如图 6—4 和图 6—5 所示。

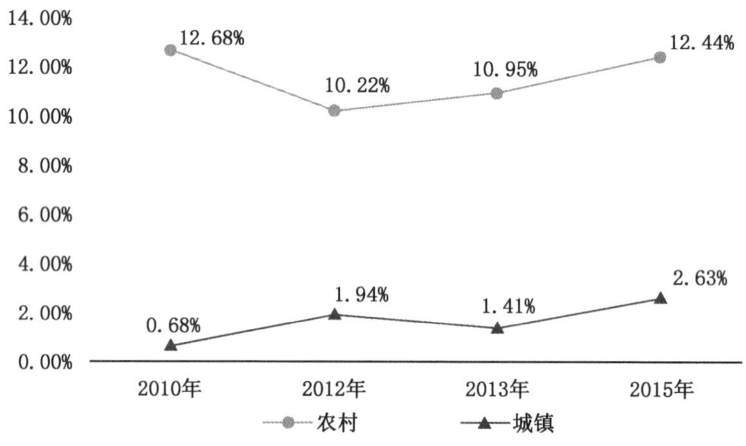

图 6—4　农村和城镇家庭股市参与比例

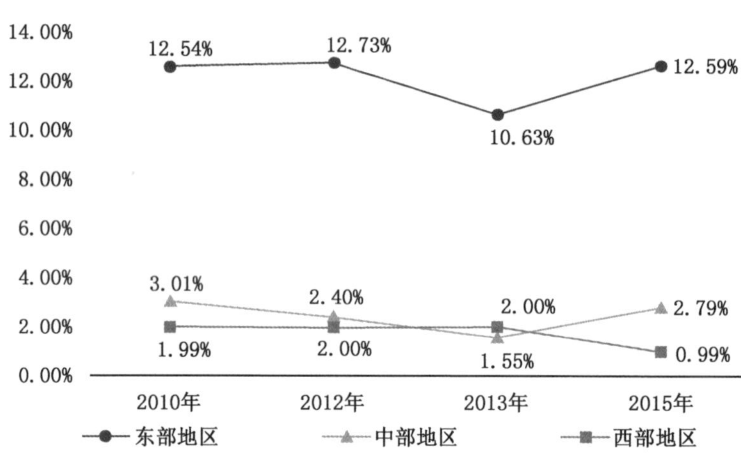

图 6—5　东部、中部和西部地区家庭股市参与比例

二、我国社会信任的现状

1. 总体信任水平的分布情况

基于 2010 年、2012 年、2013 年和 2015 年的《中国综合社会调查(CGSS)》项目，本书将受访者在接受调查时被问到“总的来说，你同不同意在这个社会上，绝大多数人都是可以信任的?"的回答作为信任指标，回答为"非常不同意""比较不同意""说不上同意不同意""比较同意"和"非常同意"分别对应赋值 1、2、3、4、5。经过整理和删除数据缺失的样本后，最终得到了包括中国 31 个省区市随机抽样调查的 35 687 个被访问者的微观样本。从表 6－3 中可以看出，全样本中我国信任度从最低(赋值 1)至最高(赋值 5)，均值约为 3.34，说明近年来我国社会信任水平处于接近"说不上同意不同意"的水平，且逐年较为稳定，未出现过于异常的年份。

表 6－3　　总体信任描述性统计

trust	N	极小值	极大值	均值	标准差
2010 年	8 299	1	5	3.409 7	0.892 4
2012 年	9 350	1	5	3.378 8	0.927 8
2013 年	9 168	1	5	3.203 1	0.975 9
2015 年	8 870	1	5	3.375 3	0.889 0
合计	35 687	1	5	3.340 0	0.926 5

总样本按照时间和地区进行分类并计算出百分比的结果与第一节相同，详见表 6－6 和图 6－7。

2. 具体信任水平分布情况

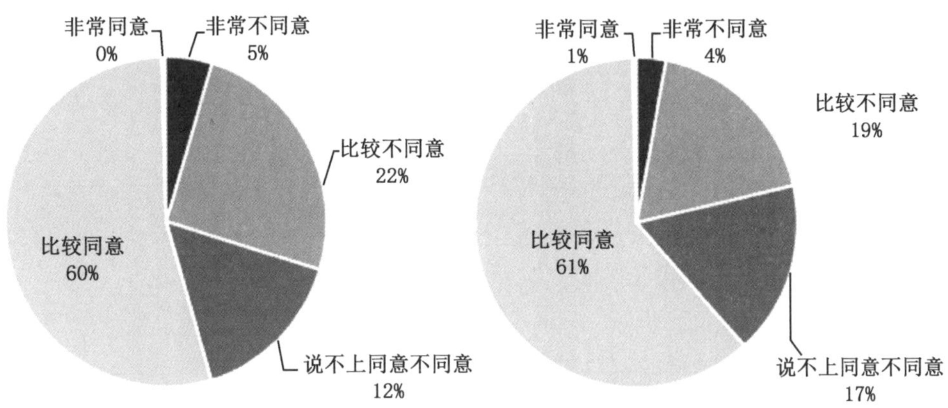

图 6－6　2010 年和 2012 年不同信任层次占比

将总体样本逐年按照幸福感水平(不同赋值)进行分类并计算，从图 6－6 和图 6－7 中可以看出：总体而言，样本期间信任的分布情况趋近一致，"比较不同意"及以下"非常不同意"的家庭从 2010 年的 27％下降至 2015 年的 22％；除 2013 年外，认为"比较同意"及以上"非常同意"的家庭比例变化不大。值得注意的是，2013 年认为"比较同意"及以上"非常同意"的家庭占比为四年最低水平，仅占 54％。表明近年来我国社会信任程度有所升高，与现有研究结论保持一致，具有代表性。

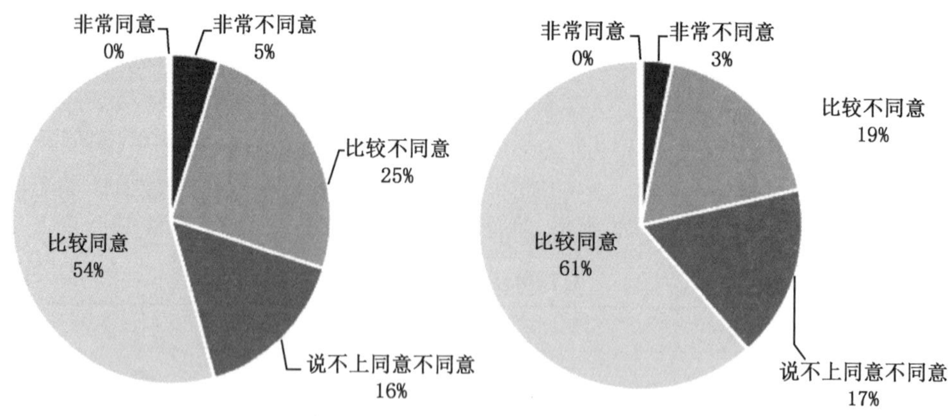

图 6—7　2013 年和 2015 年不同信任层次占比

进一步地，将总体样本按照微观受访者的户籍性质进行分类并计算平均信任指数以比较样本期间信任水平的城乡差异。如图 6—8 所示，农村和城镇家庭信任指数走势与总体样本走势一致，除 2013 年外，信任指数呈现上升趋势。此外，对比农村和城镇信任指数发现，城镇信任指数略高于农村信任指数，说明城镇的社会信任水平略好于农村的社会信任水平。

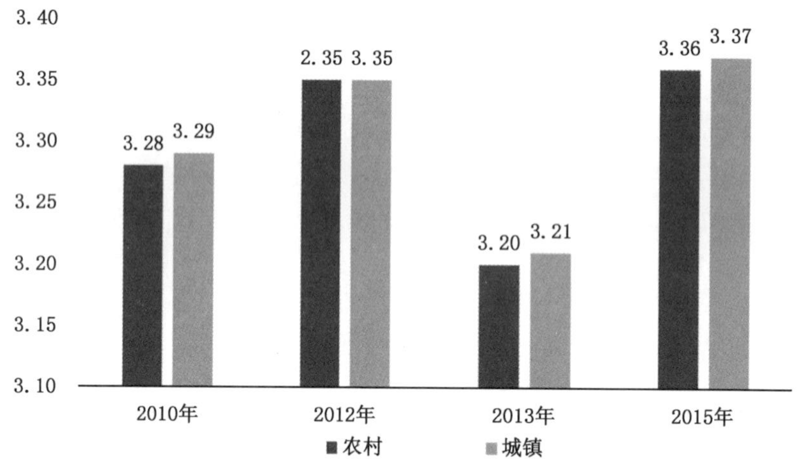

图 6—8　农村和城镇社会信任指数

最后，将样本按照微观受访者的地理位置进行分类并计算平均信任指数以比较样本期间信任的地区差异。如图 6—9 所示，东部地区、中部地区与西部地区的信任指数与总体样本走势一致，除 2013 年外，信任指数呈现上升趋势。纵向比较来看各地区的信任指数相差不大，中部地区和西部地区的信任指数略高于东部地区，说明中部地区和西部地区的社会信任水平略好于东部地区的社会信任水平。

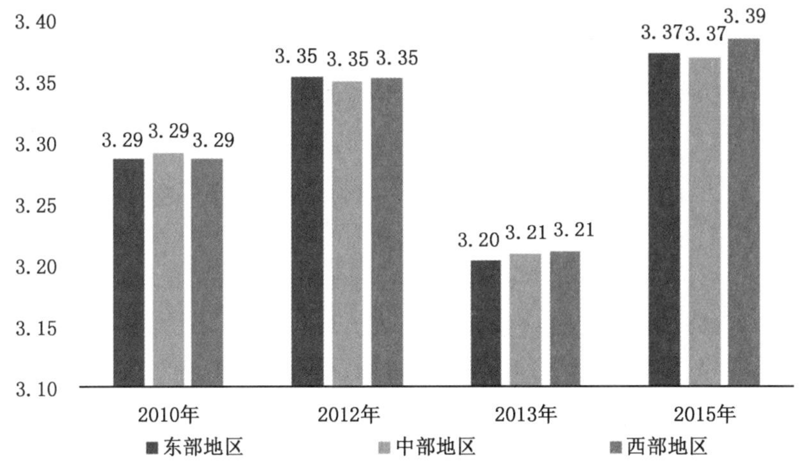

图 6—9　东部、中部和西部地区社会信任指数

三、我国信任与家庭股市参与度

基于中国社会调查(CGSS)数据的信任与家庭股市参与度的相关调查得出结论:我国家庭股市参与率保持在较低水平,其中城镇家庭股市参与率远高于农村家庭股市参与率,东部地区的家庭股市参与率远高于中部地区和西部地区的家庭股市参与率。图 6—10 为总体样本信任指数与家庭股市参与率的走势图,从图 6—10 中,我们可以看出两者的走势存在一致性;图 6—11 展示了农村家庭股市参与率与信任指数两者之间的走势,两者变化趋势也具备一致性;图 6—12 展示了城镇家庭股市参与率与信任指数之间变动趋势,但发现两者变动趋势不再具有一致性。

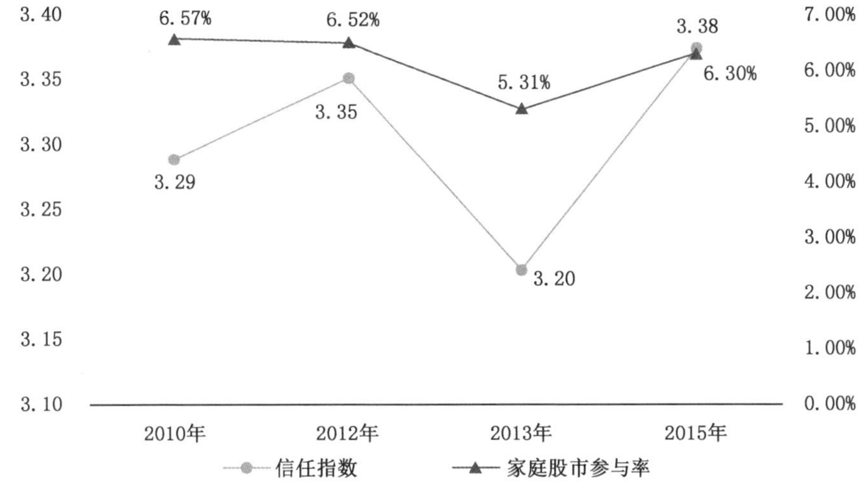

图 6—10　我国家庭股市参与率与信任指数均值变化趋势

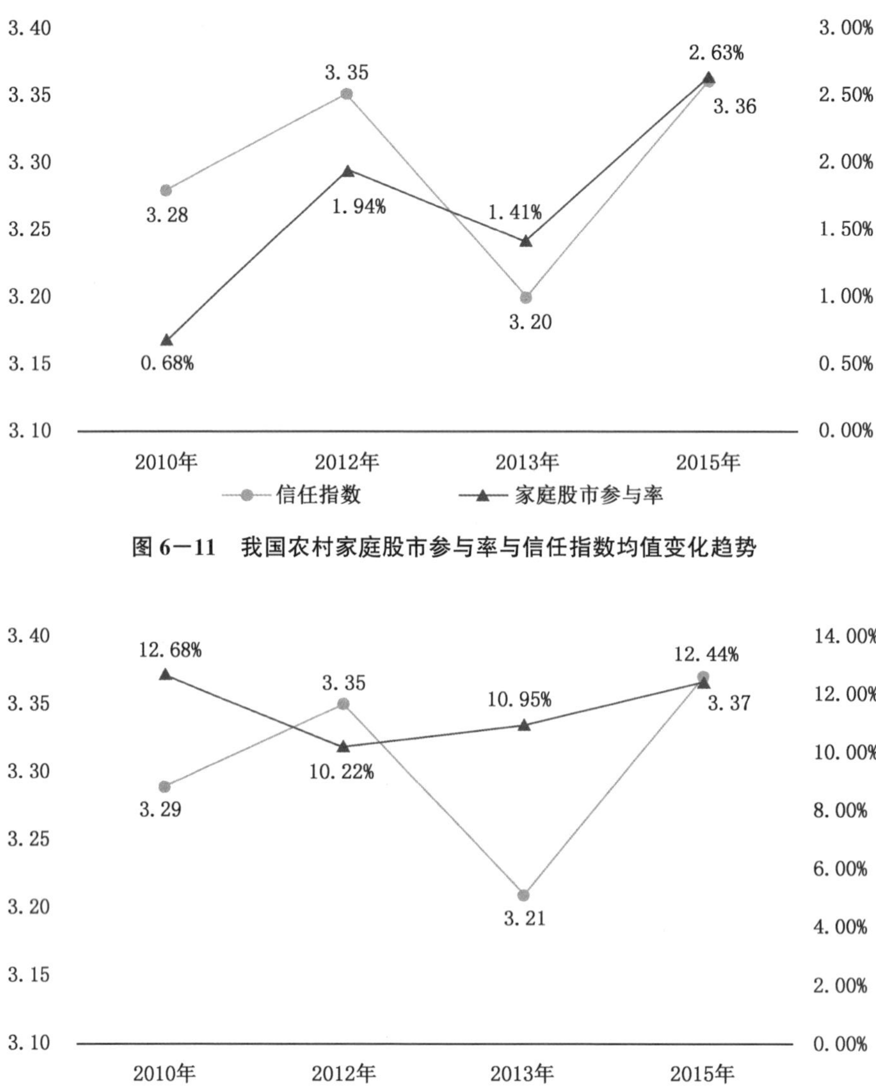

图 6—11　我国农村家庭股市参与率与信任指数均值变化趋势

图 6—12　我国城镇家庭股市参与率与信任指数均值变化趋势

如图 6—13 至图 6—15 所示，我国家庭股市参与率与信任指数变化趋势在各地区也略有不同。东部地区，家庭股市参与率与信任指数变化趋势完全一致；中部地区，家庭股市参与率与信任指数变化趋势大体一致；西部地区，家庭股市参与率与信任指数变化趋势完全不一致。

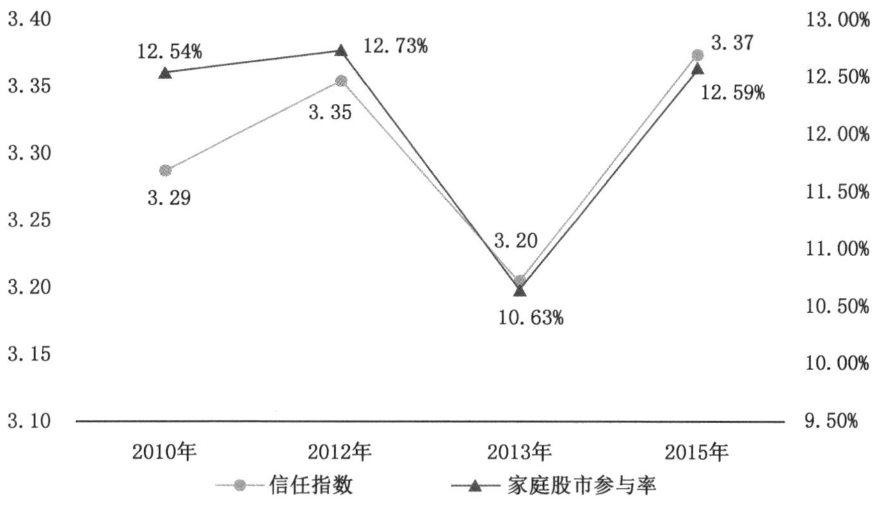

图6—13　我国东部地区家庭股市参与率与信任指数均值变化趋势

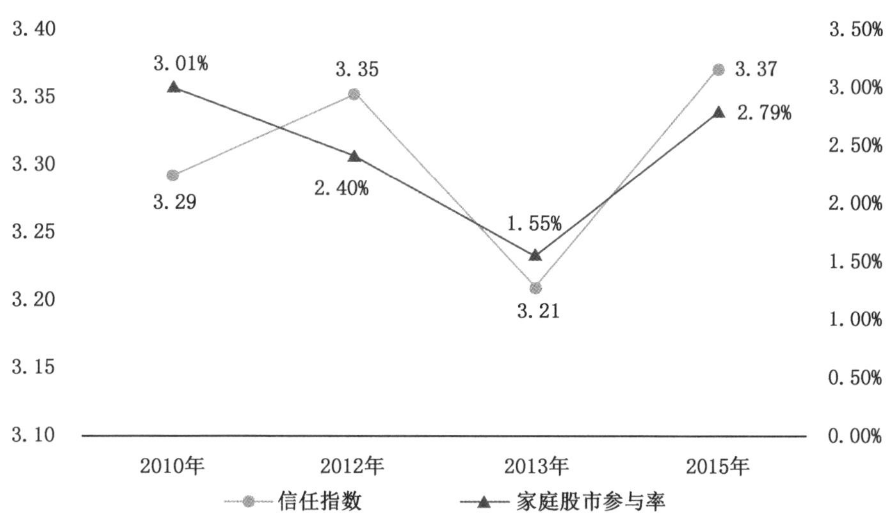

图6—14　我国中部地区家庭股市参与率与信任指数均值变化趋势

根据总体样本来看,随着信任度的提升或下降,家庭股市参与率同样呈现相同方向的变化,表明我国家庭股市参与和社会信任水平呈现正相关关系,但是,正相关关系并不一定能意味着因果关系,我国社会信任水平是否显著提高了家庭股市参与还有待进一步实证研究得出结论。

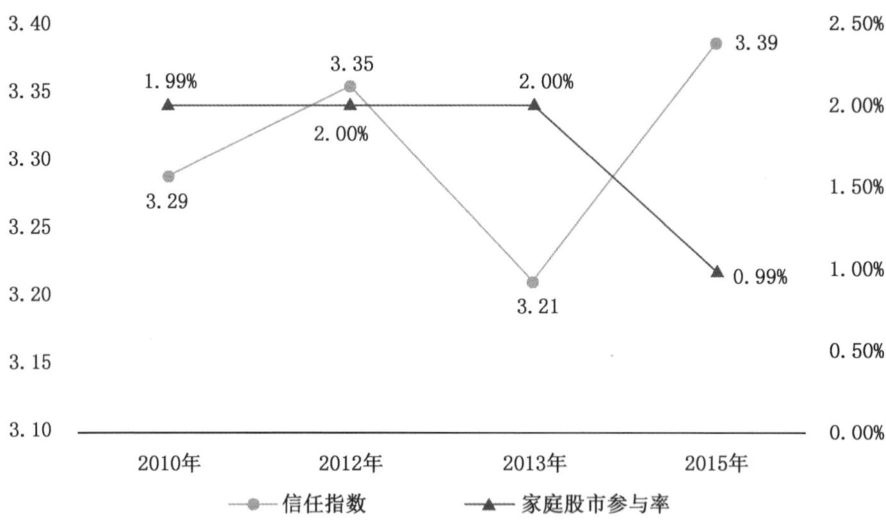

图 6—15　我国西部地区家庭股市参与率与信任指数均值变化趋势

第五节　数据来源与样本说明

本书采用的家庭微观调查数据来自 2010 年、2012 年、2013 年和 2015 年的《中国综合社会调查(CGSS)》项目。CGSS 项目是由中国人民大学社会学系与香港科技大学调查研究中心合作开展的全国性大规模抽样调查项目，访问对象是根据随机抽取的方法，在全国抽取家庭户，然后在被抽取到的家庭户中随机选取 1 人作为被访问者。其中 2002—2008 年为项目第一期，问卷设置内容较少，而最近公布的数据截止到 2015 年，2011 年和 2014 年因未涉及本章研究内容，故选取 2010 年、2012 年、2013 年和 2015 年的调查数据作为本章的样本。

从样本的时间分布来看，2010 年、2012 年、2013 年、2015 年样本量分别占比 24.11％、25.92％、25.39％和 24.57％；从样本的地区分布来看，西部地区（四川、重庆、贵州、云南、西藏、陕西、甘肃、青海、宁夏、新疆）占比 21％，中部地区（山西、吉林、内蒙古、黑龙江、安徽、广西、江西、河南、湖北、湖南）占比 39％，东部地区（上海、江苏、浙江、福建、山东、广东、海南、辽宁、河北、天津、北京）占比 40％。

第六节　研究设计

一、基准模型

由于被解释变量家庭股市参与(Participant)是一个虚拟变量,赋值 0 表示没有参与股票市场,赋值 1 表示参与了股票市场,所以拟采用 Logit 模型进行回归。

$$P(Participant=1|x)=\frac{\exp(\beta_0+\alpha Trust+\beta_1 x_1+\cdots\beta_k x_k)}{1+\exp(\beta_0+\alpha Trust+\beta_1 x_1+\cdots\beta_k x_k)}+\varepsilon$$

上述回归方程中,解释变量信任(Trust)使用 CGSS 数据库中对微观个体的调查结果,x_k 包括被已有研究所证实的、对家庭股市参与产生影响的变量体系。ε 为随机扰动项。控制变量均用于控制其他因素对被解释变量家庭股市参与的影响。

二、变量设置及解释

1. 被解释变量

家庭股市参与(Participant)。本书采用受访者在接受调查时被问到“你家目前是否从事下列投资活动?”中“股票”这一选项的回答作为家庭股市参与的指标,回答为“是”的赋值为 1,回答为“否”的赋值为 0。为保护受访者的隐私,CGSS 数据只对外披露样本的省级单位,因此本章所采用的数据统一为我国省级单位。

2. 解释变量

信任(Trust)。选取中国综合社会调查(Chinese General Social Survey, CGSS)中有关信任的调查问题:“总的来说,您同不同意在这个社会上,绝大多数人都是可以信任的?”回答按照 1—5 分别分为“非常不同意、比较不同意、说不上同意不同意(部分年份设置为‘一般’)、比较同意和非常同意”,其中 1 代表非常不同意,5 代表非常同意,得分越高表示越认同绝大多数人都是可以信任的,也就是信任程度越高。

3. 控制变量

(1)微观控制变量。主要选取被已有研究证实的、能够影响家庭股市参与的个体特征变量体系。具体包括性别(sex)、受教育年限(edu)、政治面貌(politics)、乐观情绪(optimism)、婚姻状况(marriage)、家庭收入状况(lnhin)、房产情况(house)以及是否来自农村(rural)等变量,具体变量及含义详见表 6—4。

(2)宏观控制变量。由于家庭股市参与不仅受到微观个体因素的影响,同时受到其所在城市宏观环境的影响,为避免宏观指标与同类别的微观指标或高度关联的其他宏观指标产生多重共线性,仅选取部分变量作为衡量上述宏观因素的指标。包括人均 GDP(lnagdp)、储蓄率(save)和居民消费水平(consumption)。表 6—4

列举了本书各控制变量及其具体含义和数据来源。

表 6—4　　控制变量及其含义

变量名称	变量具体含义
性别(sex)	男性=1、女性=0
受教育程度(edu)	没有受过任何教育=1、私塾=2、小学=3、初中=4、职业高中=5、普通高中=6、中专=7、技校=8、大学专科(成人高等教育)=9、大学专科(正规高等教育)=10、大学本科(成人高等教育)=11、大学本科(正规高等教育)=12、研究生及以上=13
政治面貌(politics)	中共党员=1、非中共党员=0
乐观情绪(optimism)	非常不幸福=1、不幸福=2、一般=3、幸福=4、非常幸福=5
房产数(house)	以居民在调查年份所持房产数量来表示
婚姻状况(mariage)	已婚=1(包括初婚和再婚有配偶)、其他情况=0
家庭收入(lnhin)	居民在所调查年份家庭总收入的自然对数
农村虚拟变量(rural)	农村=1、城镇=0
人均 GDP(Inagdp)	以受访者所在省市当年的人均 GDP 的自然对数来表示
储蓄率(save)	以(固定资产形成总额+存货变动)/GDP 来表示
居民消费水平(consumption)	各地区居民消费指数年度数据，来源：wind 数据库(国家统计局)

三、各变量描述性统计分析

从表 6—5 中可以看出，我国家庭股市参与的均值约为 0.0625，即参与股市投资的家庭约占我国总家庭数的 6.25%，我国信任度从最低(赋值 1)至最高(赋值 5)，均值约为 3.34，说明近年来我国社会信任水平处于接近“说不上同意不同意”的水平，而且逐年较为稳定，未出现过于异常的年份。

微观控制变量中，农村地区虚拟变量为 1 表示该样本来自农村地区，均值大于 0.5 表示样本中农村家庭的数量多于城镇家庭的数量；调查者中男性比例为 49.60%，女性比例为 50.40%，性别比例十分均匀；人均受教育水平居于初中与高中之间，偏向高中；中共党员占比为 11.47%；乐观情绪方面，25.71%的受访者认为自己“非常不幸福”或“不幸福”或“一般”，认为自己“幸福”或“非常幸福”的占比达 74.29%，样本期间各省市受访者乐观情绪处于“一般”与“幸福”之间，偏向于“幸福”；房产数量方面，受访者最少拥有 0 套房产，最多的拥有 30 套房产，平均拥有 1.1 套房产，说明家庭拥有房产数差距过大；婚姻状况方面，80.37%的受访者处于有配偶的状态，剩余 19.67%的受访者处于未婚、离异或丧偶等状态；家庭收入水平的自然对数 lnhin 差异较大，最高收入是最低收入的 3.5 倍，表明家庭间收入不平等现象较为严重。以上的数据统计分析结果与现有相关研究基本一致。

表 6－5　　　　　　　　**各变量描述性统计结果**

变量	N	极小值	极大值	均值	标准差
sex	35 687	0	1	0.496 0	0.500 0
edu	35 687	0	13	4.912 8	3.006 1
politics	35 687	0	1	0.114 7	0.318 6
optimism	35 687	1	5	3.783 3	0.827 5
house	35 687	0	30	1.102 2	0.581 9
marriage	35 687	0	1	0.803 7	0.397 2
lnhin	35 687	4.605 2	16.118 2	10.364 2	1.087 4
rural	35 687	0	1	0.608 4	0.488 1
Inagdp	35 687	9.481 8	11.589 5	10.670 0	0.457 8
save	35 687	0.368 9	1.396 0	0.591 5	0.144 6
consumption	35 687	103.8	118.7	109.721 8	2.648 9

注:为保持前后一致性,本书统一采用省市级数据。

宏观控制变量中,人均 GDP 对数的平均数达 10.6700,最高值为 11.5895,最小值为 9.4818,可见样本期间我国 31 个省市人均收入差距较大,体现出收入不均的社会现象;样本期间储蓄率的均值为 59.15%,最大值为 139.60%,最小值为 36.89%,储蓄率大于 100%表示该省市固定资产形成的总额与存货变动之和大于该省市 GDP,该情况均出现于青海省、西藏自治区和宁夏回族自治区等西部地区省份;居民消费指数的均值为 109.721 8,最大值为 118.7,最小值为 103.8,说明样本期间内居民消费水平存在较大差异。表 6－6 汇报了各变量的相关系数矩阵。

表 6－6(1)　　　　　　　　**各变量相关系数矩阵**

	participate	trust	sex	edu	politics	optimism	house
participate	1.0000						
trust	0.0658	1.0000					
sex	0.0123	0.0152	1.0000				
edu	0.2817	0.0041	0.1116	1.0000			
politics	0.1039	0.0525	0.1707	0.2939	1.0000		
optimism	0.0471	0.1358	－0.0145	0.1119	0.0818	1.0000	

续表

	participate	trust	sex	edu	politics	optimism	house
house	0.1167	0.0332	0.0274	0.0824	0.0650	0.1052	1.0000
marriage	−0.0037	0.0327	0.0148	−0.0892	0.0517	0.0795	0.0374
lnhin	0.2546	−0.0149	0.0295	0.4730	0.1574	0.2084	0.1907
rural	0.1916	−0.0559	−0.0087	0.4071	0.1511	0.0408	−0.0133
Inagdp	0.1939	−0.0188	−0.0015	0.2648	0.0614	0.0808	0.0241
save	−0.1590	−0.0373	−0.0022	−0.1354	−0.0371	−0.0137	−0.0328
consumption	−0.1024	0.0024	−0.0103	−0.1154	−0.0178	−0.0227	−0.0012

表 6—6(2)　　各变量相关系数矩阵

	marriage	lnhin	rural	Inagdp	save	consumption
marriage	1.0000					
lnhin	0.0821	1.0000				
rural	−0.0669	0.3878	1.0000			
Inagdp	−0.552	0.3687	0.3184	1.0000		
save	0.0196	−0.2096	−0.2059	−0.3752	1.0000	
consumption	0.0283	−0.2036	−0.1151	−0.3910	0.2391	1.0000

第七节　实证结果

一、信任与家庭股市的参与初步实证过程

回归模型(1)只做了信任(trust)和家庭股市参与(participate)的回归，回归结果显示信任的回归系数在1%的显著性水平上显著，表明信任与家庭股市参与存在正相关关系。回归模型(2)在模型(1)的基础上加入了控制变量然后进行了混合回归，结果显示信任的回归系数依旧在1%的显著性水平上，就各个控制变量而言，性别(sex)、居民消费水平(consumption)在10%的显著性水平下不显著，其余控制变量均显著。回归模型(3)则控制了年度固定效应和地区固定效应。如表6—7所示。

表 6—7　　全样本回归结果

	(1) participate	(2) participate 混合回归	(3) participate 固定效应
trust	0.3382*** (0.0275)	0.3556*** (0.0294)	0.3483*** (0.0301)
sex		−0.0422 (0.0491)	−0.0354 (0.0505)
edu		0.1569*** (0.0082)	0.1525*** (0.0086)
politics		0.1015* (0.0618)	0.0718 (0.0637)
optimism		−0.0736** (0.0342)	−0.0403 (0.0352)
house		0.2757*** (0.0333)	0.2607*** (0.0346)
marriage		0.1483** (0.0621)	0.1752** (0.0639)
lnhin		0.6538*** (0.0344)	0.6499*** (0.0362)
rural		1.9494*** (0.1311)	1.7696*** (0.1335)
Inagdp		0.3972*** (0.0653)	−1.1695* (0.6249)
save		2.0245*** (0.2156)	0.1151 (0.7341)
consumption		−0.0065 (0.0108)	0.0434** (0.0178)
_cons	−3.8767*** (0.1006)	−16.3674*** (1.6079)	−3.9192 (6.9178)
N	35687	35687	35687
R^2	0.0101	0.2652	0.3018

注：***、**、*分别表示在 1%、5%和 10%的显著性水平上显著；括号中数值为回归系数估计量的稳健性标准差

回归结果显示，在我国，信任（trust）对家庭股市参与（participate）的回归系数显著为正，表明我国信任水平能够显著提高家庭股市参与度。

本书进一步运用 F 检验来确定最优的估计模型，本次固定效应模型的 P 值为 0.0000，表明在 1%的显著性水平上拒绝原假设（混合回归模型更有效），即证明采用固定效应模型更有效。

就固定效应模型而言，信任的回归系数在 1%的显著性水平下显著，表明信任能够显著促进家庭股市参与。具体而言，信任每增加一个单位，家庭股市参与的概率将增加 0.348 3 个单位。

（二）异质性检验

为检验我国信任对家庭股市参与的影响是否与受教育程度或家庭收入相关，我们拟对全样本进行分群估计。首先，我们以全样本家庭收入的自然对数平均值 10.364 2 为分割点将全样本划分为高收入组（大于平均值）和中低收入组（等于或低于平均值）两个子样本分别回归，结果汇报在表 6—8。

表 6—8　　分收入水平样本回归结果

	participate 中低收入	participate 高收入
trust	0.4282*** (0.09612)	0.3375*** (0.0316)
sex	−0.2430 (0.1577)	−0.0107 (0.0533)
edu	0.2510*** (0.0277)	0.1424*** (0.0090)
politics	0.2452 (0.2244)	0.0423 (0.0661)
optimism	−0.0144 (0.0924)	−0.0550 (0.0382)
house	0.2255* (0.1186)	0.2712 (0.0363)
marriage	−0.0084 (0.1741)	0.2419*** (0.0698)
lnhin	0.4334** (0.1671)	0.6004*** (0.0442)
rural	2.2299*** (0.3289)	1.5309*** (0.14663)
lnagdp	−3.3000* (1.7965)	−1.2913* (0.6794)
save	1.2260 (1.9445)	−0.1106 (0.8023)
consumption	0.0581 (0.0485)	0.0401** (0.0196)
_cons	19.2539 (20.1549)	−1.2265 (7.5257)
N	15876	18714
R^2	0.2615	0.2229

结果显示，信任（trust）系数在高收入样本和中低收入样本中均在 1%的显著性水平上显著为正，高收入家庭样本的回归系数略低于中低收入家庭样本的回归系数，表明信任水平对不同收入家庭的股市参与均产生显著的正向影响，尤其是对于中低收入人群而言。这可能是由于高收入家庭相较于中低收入家庭能够获得信息与资源的途径更多。

其次，为检验信任水平对家庭股市参与的影响是否与受教育水平有关，本章将全样本按照是否接受过高等教育进行划分，分为高知组（受教育水平大于等于 9）和非高知组（受教育水平小于 9），并对两个子样本分别进行回归，结果汇报在表 6—9。

表 6—9　　分受教育水平样本回归结果

	participate 高知家庭	participate 非高知家庭
trust	0.3044*** (0.0428)	0.3841*** (0.0420)
sex	−0.0357 (0.0731)	−0.0526 (0.0698)
edu	0.0431 (0.0293)	0.2727*** (0.0228)
politics	−0.0116 (0.0800)	0.2262** (0.1002)
optimism	−0.0661 (0.0547)	−0.0455116 (0.0464)
house	0.3358*** (0.0496)	0.1949*** (0.0489)
marriage	0.1621* (0.0853)	0.1685* (0.0966)
lnhin	0.5058*** (0.0553)	0.7913*** (0.0491)
rural	1.1813*** (0.2694)	1.6427*** (0.1565)
lnagdg	−1.6153* (0.9000)	−0.6817 (0.8787)
save	0.2098 (1.0296)	−0.2791 (1.0890)
consumption	0.0076 (0.0261)	0.0847*** (0.02482)
_cons	8.1628 (9.8948)	−15.4838 (9.8225)

续表

	participate 高知家庭	participate 非高知家庭
N	5733	28356
R^2	0.1469	0.2837

注：***、**、*分别表示在1%、5%和10%的显著性水平上显著；括号中数值为回归系数估计量的稳健性标准差

结果显示，信任(trust)系数在高知家庭样本和非高知家庭样本中均在1%的显著性水平上显著为正，高知家庭样本的回归系数略低于非高知家庭样本的回归系数，表明信任水平对不同教育背景家庭的股市参与均产生显著的正向影响，这种影响对于教育背景较低的家庭而言更为明显。

（三）内生性检验

尽管本书的模型中已经加入了诸多可能影响家庭股市参与的变量，但面板数据的回归结果可能仍难以确定信任对家庭股市参与影响的因果关系，家庭股市参与可能对信任产生影响，即产生"反向因果"。此外，由于一些不可观测的因素可能同时影响信任和家庭股市参与，从而可能对信任的估计系数产生"遗漏变量误差"，同时我们在构造衡量地区信任水平的指标时本身存在"测量误差"，可能会低估或高估信任对家庭股市参与的影响。以上因素可能导致模型产生内生性问题，因此我们通过工具变量法来检验模型的内生性问题。

本书使用宗教信仰这一外生变量作为信任的工具变量，运用"两步法"对模型的内生性进行检验。之所以选择宗教信仰作为解释变量信任的工具变量，是因为一方面，霍鹏、严如贺、阮荣平(2018)的研究表明在我国由于社会互动过程中的感知、频率以及观念距离等方面的原因，宗教信仰对居民普遍信任有着显著的负向影响，满足工具变量的相关性；另一方面，现有对家庭股市参与的研究中没有证明宗教信仰显著影响家庭股市参与，故满足工具变量的外生性。表6—10汇报了以宗教信仰为工具变量的"两步法"的回归结果。

表6—10　　　　工具变量及两步法回归结果

	trust	participate
trust		0.8691* (0.5614)
religion	−0.0500*** (0.0105)	
_cons	4.0414*** (0.2958)	−11.6295*** (2.4352)

续表

	trust	participate
N	35687	35687
R^2		0.0305
F		93.46***

注:***、**、*分别表示在1%、5%和10%的显著性水平上显著

结果表明使用宗教信仰作为工具变量后回归结果仍然显著,即表示信任对家庭股票市场参与的影响仍然是显著的。这表明在克服变量的内生性问题后,信任对家庭股市参与具有显著的正向影响,验证了本章结果的可靠性。

本章小结

家庭股市参与一直是经济学和金融学共同关注的话题。从宏观层次来看,随着我国资本市场的不断发展,需要有更多的投资者参与其中以此带动股票市场的流动性,不断完善我国资本市场的建设,以推动我国金融市场的现代化建设。从微观角度来看,随着我国经济的发展,我国家庭收入有明显的增加,家庭财富积累到一定层次就出现家庭资产配置的难题,面对众多金融市场和投资标的,有些家庭选择参与股票市场,而有些家庭则不愿意参与其中,现有研究从不同角度探究了到底是哪些因素在影响着我国家庭是否参与股市。

本章采用CGSS2010、CGSS2012、CGSS2013和CGSS2015的数据,以家庭股票市场参与的调查数据为被解释变量,评估了我国信任水平对家庭股市参与的影响,在理论分析的基础上,通过实证分析发现:(1)我国的信任水平整体上对家庭股市参与产生显著的正向影响。具体地,如果样本地区的信任水平提高1个单位,家庭股市参与的概率将上升0.348 3个单位。(2)信任对家庭股市参与的影响存在异质性。对不同收入水平和不同教育背景的家庭而言,信任对家庭股市参与的影响的程度不同。具体而言,中低收入和低教育背景的家庭受信任影响程度更深,其原因可能是由于这部分的家庭通过其他途径获得的信息和社会资源相较于高收入和高教育背景的家庭而言比较有限。此外,还通过工具变量法检验了模型的内生性,验证了本章结果的可靠性。

第七章 询价对象的意见分歧与 IPO 定价效率的研究

股票市场功能的发挥在很大程度上取决于 IPO 的定价是否合理，IPO 定价方式也是股票发行制度的重要内容。为优化我国股票市场的 IPO 定价效率，监管层不断对新股发行体制进行调整、完善。由于我国新兴资本市场的特征，新股高初始收益率、IPO“三高”等问题一直困扰了我国股票市场的发展进程。在此背景下，课题研究将意见分歧资产定价理论应用于我国股票发行市场，就询价对象的意见分歧对 IPO 相对价格、发行市盈率和超募率的影响进行研究，旨在以意见分歧假说解释我国股票市场存在的“三高”现象，并进一步将视野延伸到新股上市后的长期市场表现，研究了意见分歧对股票长期回报的影响。本章还利用 2014 年 6 月监管层同时对超募率、老股转让和发行市盈率进行窗口指导作为自然实验，研究了行政干预前后，询价对象的意见分歧对 IPO 定价效率影响的变化，发现询价对象的意见分歧能够解释 2014 年 6 月以前我国股票市场出现的“三高”现象，而且行政干预弱化了意见分歧对 IPO 定价的影响，询价制下的 IPO 定价机制受到扭曲，不再发挥其市场化定价作用。

第一节 引 言

首次公开发行(Initial Public Offerings，IPO)是直接融资手段中的重要一种，具有举足轻重的意义。对实体经济而言，IPO 为其提供了资金支持的通道，能够引导社会经济资源的配置，从而影响实体经济的运行效率；对股票市场而言，IPO 能够为市场输送源源不断的新股，提供投资标的，增强市场活力，是股票市场的基础和源泉；对企业而言，IPO 不仅是一种融资手段，还有利于企业树立品牌效应，扩大影响力，能够明晰产权关系，规范治理结构，有利于提高企业的经营管理水平，促进企业进一步做大做强。IPO 定价是否合理关系到 IPO 的诸多作用能否发挥。

从微观层面来看，在 IPO 的过程中，涉及多方利益，包括发行人及其原股东、承销商、机构投资者和个人投资者等，IPO 定价是否合理则关系到各相关方的利益是否能够得到平衡。若 IPO 定价过高，则利益向发行人和承销商过度倾斜，投资者利益受到侵害，若 IPO 定价过低，尽管投资者能够从 IPO 股票获得高初始收益率，但损害了发行人及原股东的利益。正因为 IPO 的定价关系到资源是否得到有效配置及多方利益的平衡，所以对 IPO 股票进行合理定价具有重要的意义，建立和完善合适的制度能够对 IPO 定价起到基础性的作用。

我国股票市场自 20 世纪九十年代初正式建立以来，在规模、制度建设等方面都取得了长足的进步。新股发行制度也历经多次改革，改革的主要方向是由完全行政化逐步向市场化迈进，在定价机制方面，在经历了固定价格定价、网上定价等定价机制后，2004 年 12 月 7 日，证监会下发《关于首次公开发行股票试行询价制度若干问题的通知》，规定发行人及其保荐机构应通过向询价对象询价的方式确定股票发行价格，这标志着我国新股定价机制迈出了市场化改革的重要一步。

询价制实施以后，随着越来越多的机构投资者参与询价，我国 IPO 定价的市场化程度得到了提升，但也出现了各种问题，其中最为突出的是 IPO 首日超高回报现象，2005—2008 年，新股上市首日平均涨跌幅高达 138.60%，市场上大规模资金囤积参与“打新”以获取低风险甚至无风险的高额初始收益。此外，由于对参与询价的机构投资者约束不足，出现了大量高报不买和低报高买的现象。

为了解决这些问题，监管层对询价制度做了修改与完善，于 2009 年 6 月开启了实施询价制度以来的第一次发行体制改革。第一次改革遏制了高报不买和低报高买现象，去除了对新股发行市盈率的窗口指导，但随之而来的是新股出现“高发行价、高发行市盈率、高超募资金”现象，出现新股破发，其后的第二次和第三次改革也未能遏制“三高”现象，其中，海普瑞(002399. SZ)发行价高达 148 元，沃森生物(300142. SZ)发行市盈率达 133.8 倍。2013 年 11 月 30 日，证监会发布《关于进一步推进新股发行体制改革的意见》，推行第四次改革，此次改革的主要目的是以老股转让的方式治理超募问题，但在实施的过程中，出现了老股转让套现等严重问题。其后，监管层实质上恢复了窗口指导，新股超高初始回报问题再度出现。

我国新股发行询价制度以及实施过程中出现的种种问题引起了学者们的广泛关注，不少国内学者从不同角度对 IPO 的定价机制进行了研究。传统的对 IPO 定价机制研究中，一些学者从制度因素入手，研究了制度变迁下 IPO 定价效率的变化(曹凤岐、董秀良，2006)，还有学者研究了不同利益相关者的行为对 IPO 定价效率的影响，例如过度包装、承销商声誉(黄顺武、胡贵平，2013)、投资者情绪(江洪波，2007)、媒体报道(熊艳等，2014)及风险投资持股(龚光明、田源，2016)等。

我国询价制度实施过程中，询价对象的报价往往存在较大的差异性，例如，2011 年 1 月 7 日发行上市的神雾环保(300156. SZ)所公布的询价明细数据显示，全国社会保障基金理事会给出的最高报价达 83 元，北京富邦资产管理有限公司报价则仅为 10 元，最高报价是最低报价的 8 倍，事实上，2014 年之前询价对象的最高报价普遍达到最低报价的两倍以上。同质预期是经典资产定价理论的基本假设之一，而询价明细数据显示具备丰富投资经验和良好定价能力的询价对象对同样的股权存在不同的估值，即意见分歧。Miller(1977)的假说将意见分歧与卖空限制联系在一起，而股票发行市场存在严格的卖空限制。那么意见分歧对我国 IPO 定价效率和股票上市后二级市场的表现有何影响？意见分歧是否可以解释我国股票市场出现的“三高”和高初始收益率等异象？本章对这些问题进行了研究。同时，我们注意到由于第四次发行体制改革带来的诸多问题，监管层在此之后恢复了窗口指导，以行政干预的手段治理相关问题，我们以行政干预作为自然实验，分析行政干预前后询价对象的意见分歧以及意见分歧对IPO定价影响机制的变化。

本章主要采用实证分析的方法对我国询价制度下的IPO定价效率展开研究。利用2010年11月23日到2016年12月31日在中小板和创业板挂牌上市的670家IPO公司作为样本，以IPO定价效率作为被解释变量，以公司规模、盈利能力和资本结构等财务指标，国有持股、经营年限等非财务指标以及承销商声誉、市场因素、行业等作为控制变量进行多元回归，以探究询价对象的意见分歧对IPO定价效率的影响。

2010年10月的第二次发行体制改革要求IPO公司披露询价对象的报价明细数据，这一信息披露要求提供了进一步研究询价对象的报价行为、直接衡量询价对象意见分歧的机会。本章以询价对象全部报价的标准差作为意见分歧变量，通过寻找配对样本构造IPO相对价格指标，分别以IPO相对价格、发行市盈率、超募率和IPO长期的表现作为衡量IPO定价效率的指标，能够较为全面地评价IPO定价效率。利用2014年监管层恢复对发行定价的窗口指导作为自然实验，分析行政干预前后询价对象意见分歧的变化以及意见分歧对IPO定价影响的变化。最后，在实证研究的基础上对我国发行体制的进一步完善提出了政策建议。

本研究具有重要的理论意义。首先，我们从Miller(1977)的意见分歧假说出发，将意见分歧资产定价理论应用于IPO市场，研究了较长时间区间里，在我国股票市场上意见分歧对IPO定价和IPO股票二级市场表现的影响。其次，本章以询价对象全部报价的标准差作为意见分歧的代理变量，相对于其他意见分歧代理变量更为直观地反映了一级市场投资者的意见分歧，通过寻找配对样本构造了IPO相对价格指标衡量IPO定价效率，相对于传统的IPO抑价率衡量指标，该指标能够避免二级市场过度炒作的影响。最后，本章对IPO定价的研究不仅止于IPO上市后的短期表现，而是提前到询价对象的估值、报价行为，且进一步延展到对IPO长期表现的分析，较为系统、全面地分析了IPO的定价机制。

本书的研究还具有重要的现实意义。IPO涉及发行人及其原股东、承销商和投资者等的利益分配，且IPO能够起到优化社会资源配置，为实体经济提供资金支持的关键作用，利益分配是否均衡、IPO能否有效发挥其作用都有赖于IPO的合理定价，因此，对IPO定价机制进行研究具有重要意义。

我国新股发行体制仍在不断调整、完善之中，对我国股票市场上存在的“三高”、高初始收益率等异象进行分析解释，探析其中的深层原因，研究询价对象的行为，对历次改革效果的得失进行评估，有助于为新股发行体制的下一步调整、为新股发行注册制改革提供的基于实证研究的政策建议。

第二节　文献综述

IPO 问题长期以来是国内外学者研究的热点问题，本部分内容对 IPO 定价效率及其影响因素、投资者意见分歧、我国询价制度实施效果等方面的已有的研究做出梳理和总结。首先，对国外学者 IPO 抑价的经典假说和我国学者结合我国国情尝试解释我国 IPO 定价情况的研究做了整理；然后，整理了国内外意见分歧资产定价理论相关的研究；由于我国定价机制的实施情况与国外有所不同，很多国内学者研究了制度因素对我国 IPO 定价的影响，本书对国内关于发行体制改革、行政管制影响 IPO 定价效率的研究进行了总结；最后，对这些领域当前的研究现状做了总结。

一、IPO 定价效率的相关研究

IPO 抑价现象在各国资本市场上广泛存在，国内外学者对 IPO 定价效率的研究早期主要集中在对 IPO 抑价的研究，并且常以 IPO 抑价率（IPO 上市首日收益率）作为衡量 IPO 定价效率的标准。对 IPO 抑价长期存在的原因，国外学者从信息不对称、行为金融等角度提出了几种经典假说。

Baron（1982）基于发行人和承销商的信息不对称，提出了承销商理论，该假说认为承销商比发行人拥有更多市场和发行定价方面的信息，为了降低发行风险，同时建立自身良好声誉，承销商倾向于以较低的价格发行股票。Rock（1986）认为投资者之间也存在信息不对称，拥有信息优势的投资者只会申购优质公司股票，而不知情的投资者则是随机购买新股，为补偿不知情的投资者，IPO 将抑价发行。Benveniste 和 Spindt（1989）提出了信息收集理论，他们认为承销商为了从投资者处获取真实的股票需求信息，以 IPO 抑价作为对投资者报出需求的补偿。Welch（1989）、Allen 和 Faulhaber（1989）提出了信号传递理论，该理论认为 IPO 抑价是优质公司向市场自证的一种信号，因为优质公司上市后的价格最终会回到真实估值附近，未来可以通过增发新股弥补抑价发行的损失，而劣质公司则无法承担这种损失。

Welch（1992）基于行为方法提出了信息瀑布理论，他认为投资者在做出投资决定时，不仅仅依据自身获取的信息，还会关注其他投资者的行为，发行人通过抑价发行首先吸引少数投资者购买，其后产生瀑布效应，吸引大量投资者跟随加入。Booth 和 Smith（1986）认为承销商为防止发行人可能存在的不利信息对自身声誉的伤害，会选择抑价发行以维护声誉。

以上这些理论都是从一级市场的角度出发来解释 IPO 抑价。Ritter（1991）发现这些对二级市场并非完全有效，一级市场折价不能很好地解释 IPO 抑价的一些异常现象。一些学者转向从二级市场的角度解释 IPO 抑价。Ruud(1993)认为 IPO 抑价可能来源于承销商的托市行为，当新股上市表现不好时，承销商就买入该股支撑其价格，从而导致 IPO 抑价。Derrien(2005)发现发行人和承销商会利用投资者的乐观情绪进行定价，大量个人投资者的需求，会导致 IPO 定价偏高的同时有较高的初始收益，但股票长期表现弱势。

国内关于 IPO 定价效率的研究部分是采用我国市场数据对国外 IPO 抑价理论进行检验，也有很多是基于我国市场的实际状况对 IPO 定价及其影响因素进行研究。

江洪波(2007)认为信息不对称理论不适合解释 A 股 IPO 定价，二级市场的乐观情绪和新股投机才是 IPO 抑价的主要决定因素。郑红梅、赵红岩(2010)采用随机前沿方法对创业板首批 28 家企业进行研究，发现创业板 IPO 高抑价并非由于发行定价偏低，而有可能是由于二级市场引起的。陈训波、贺炎林(2013)以随机前沿函数派生出的 EFF 值和 IPO 抑价率两项指标度量 IPO 定价效率，发现 IPO 定价效率不高的原因不在于一级市场低价发行，而在于二级市场的追捧，且我国 IPO 定价效率未随时间提高。赵俊强等(2006)以香港创业板 IPO 定价效率为研究对象，发现 IPO 企业的经营年限、价值不确定性及 IPO 发行时信息处理效率等变量对其有显著影响。龚光明和田源(2016)采用创业板 2009—2015 年的公司数据进行实证检验，发现风险资本持股比例能显著削弱 IPO 定价效率，而高声誉的承销商能够减弱这一负相关关系。黄顺武和胡贵平(2013)认为过度包装是 IPO 定价效率低的主要原因，且保荐人声誉不会提高 IPO 定价效率。熊艳等(2014)认为媒体报道能够降低询价过程中的信息不对称程度从而提升 IPO 定价效率，并且这种影响随着询价机制的完善进一步加强。

二、意见分歧的相关研究

意见分歧是指不同投资者对相同股权的价值估计存在差异。Miller(1977)最早将意见分歧与卖空限制联系在一起，他认为在存在卖空限制的情况下，股票价格将只反映乐观投资者的估值，但不反映悲观投资者的，这是因为悲观投资者无法通过卖空参与市场表达意见。因此，即使整个市场的估值是无偏的，股票价格却是偏高的。由此可以推断，乐观投资者和悲观投资者的意见分歧越大，则价格被高估的程度越高。Diether(2002)、Chen 等(2002)使用不同的意见分歧代理指标通过实证检验证实了这个假说。Houge 等(2001)以 IPO 首日相关交易指标作为意见分歧代理变量，研究发现意见分歧能够有效解释 IPO 的表现。Gao 等(2006)发现早期市场收益波动(作为意见分歧的代理变量)与 IPO 长期超额收益呈负相关的关系，同样与 Miller(1977)的假说相符合。

国内学者对意见分歧资产定价理论进行了实证检验。储一昀、仓勇涛(2008)对分析师定价预测的意见分歧进行了研究,认为若公司市场化程度低,例如新上市公司,则分析师的意见分歧应作为风险的替代指标,若是市场化程度较高的公司,分析师的意见分歧应作为投资者意见分歧的替代指标。在 IPO 定价方面,汪宜霞、张辉(2009)以分析师对 IPO 上市首日价格预测的离散程度和上市首日的换手率衡量投资者的意见分歧,研究表明意见分歧越严重,IPO 溢价程度越高。邹高峰等(2012)在研究询价制下 IPO 长期表现时发现,以 IPO 公司上市后的股票超额波动率作为意见分歧的代理变量,卖空限制下的意见分歧推高了新股价格,也导致了 IPO 长期弱势的现象。李冬昕等(2014)以询价机构的报价差异作为投资者意见分歧的衡量指标,研究发现意见分歧越严重,IPO 定价过高问题越突出,IPO 首日收益率越低,长期投资的回报也越低。俞红海等(2015)以分析师预测的差异性来刻画投资者的意见分歧程度,发现意见分歧对 IPO 首日的回报有显著正向影响,但对长期的回报没有影响。南晓莉(2015)以东方财富网股票论坛相关变量构造了意见分歧衡量指标,发现网络投资者意见分歧与 IPO 溢价显著正相关。

还有一些学者对二级市场的意见分歧问题进行了研究。史永东、李凤羽(2012)研究了 A 股市场上盈余公告对投资者意见分歧的影响,发现上市公司年报会降低投资者的意见分歧程度。陈国进等(2008)对意见分歧与盈余惯性的关系进行了研究,以意外成交量作为意见分歧的代理变量,投资者意见分歧程度越高,盈余公告后续的累计超额收益就越小。冯旭南(2016)采用分析师的意见分歧、换手率和个股波动率 3 个指标衡量意见分歧,得到类似的结论。

三、制度安排对 IPO 定价效率影响的相关研究

我国资本市场与发达国家相比发展时间不长,仍处于摸索成长当中,监管层面的各项制度安排也仍在不断地调整、完善。由于我国资本市场的独特性,我国学者在研究 IPO 定价效率时,常常将其与制度的改革及变迁联系在一起。

邓召明(2001)对我国新股发行的行政化定价方式和市场化定价方式的效率进行了比较研究,研究结果表明市场化的定价方式可提高新股发行的定价效率。蒋顺才等(2006)使用 1991—2005 年在沪深两地上市的 IPO 样本,按照发行审核制度变迁的划分对新股首日收益率进行研究,发现制度变迁是影响我国新股首日收益率的主要因素。曹凤岐、董秀良(2006)采用主成分分析法研究了我国 IPO 定价效率,并检验了发行定价制度改革的效果,研究结果表明我国 IPO 抑价水平高的主要原因是由于二级市场价格虚高,市场化改革未取得理想的效果可能是由于时机问题,而非市场化改革本身。周孝华等(2006)使用 1995—1999 年和 2001—2005 年 A 股的 IPO 数据,利用相对效率标准对审批制和核准制两种制度下的 IPO 定价效率进行了比较研究,结果发现核准制下新股的发行价反映了更多的影响因素,因而定价效率更高。翟立宏、

徐志高(2009)比较分析了通道制和保荐制下的 IPO 定价效率，认为保荐制下定价效率更高，且承销商的声誉能够显著影响 IPO 定价效率。

2005 年询价制度正式推出，我国发行的定价制度与国际接轨，询价制下 IPO 定价效率成为学术讨论的热点。毕子男和孙珏(2007)使用 1996—2006 年 A 股 IPO 数据，发现机构投资者参与询价和发行配售，显著降低了 IPO 抑价率，而行政管制、发行制度市场化程度不高是 IPO 高抑价的根本原因。刘晓峰、李梅(2007)采用基于重复博弈的理论模型对询价制在美国市场成功运行但在我国并未取得理想效果、IPO 抑价率高居不下的问题进行了研究，结果表明关键在于承销商是否拥有配股权。赵铁成、韩夷(2007)对实行询价制度前后的新股定价影响因素进行了对比，发现我国新股发行定价有一定的合理性，但询价制的实施并未显著改变定价影响因素的含量和结构。张剑、李后建(2017)利用双边随机前沿模型和异质性随机前沿模型对 IPO 定价效率进行研究，发现由于严格的发行价格管制，一级市场和二级市场的投资者都不能对新股价格充分地发表意见，询价制还未能解决信息不对称问题。

在实施询价制以后，监管层又对发行体制实施了一系列改革，国内学者也对询价制改革的效果进行了研究。

刘志远等(2011)对询价制度第一阶段改革的效果进行了研究，结果表明改革提高了询价对象之间的竞争程度，从而提高了新股定价效率。俞红海等(2013)研究发现 2009 年改革后，询价机构投资者之间的过度竞争导致 IPO 价格过高，并同时产生了“三高”问题，长期股票跌破发行价的概率也会提高。唐炳南(2016)发现 2009 年以后，IPO 价格的信息覆盖广度有所改善，但信息覆盖广度提升的主要原因是发行人和承销商提高了对风险因素和市场状况的重视程度，且 2009 年以后，新股定价的信息使用效率较 2009 年以前下降，由于两个维度的变动方向不一致，并不能对 2009 年的改革是否提高了 IPO 定价效率得到明确结论。彭家生等(2015)使用 2009—2012 年的创业板数据，研究发现由二阶询价转变为一阶询价提升了 IPO 定价效率，网下配售率的提高也能够提升 IPO 定价效率，在一阶询价阶段，机构投资者报价家数与 IPO 定价效率呈倒“U”形。

我国资本市场仍存在比较多的受行政干预影响的情况。刘煜辉、熊鹏(2005)研究发现我国 IPO 抑价程度极高的根本原因是政府高度管制导致的寻租行为提高了一级市场投资者的成本，因此要求高抑价。李志文、修世宇(2006)以 2004 年 6 月以前上市的 A 股为样本，研究发现严格的市盈率管制是 IPO 首日超额收益的主要原因。严小洋(2008)认为监管层对股票发行价格的上限管制使得一级市场未能实现价格发现，由于发行价格不能有效调节供需，导致了高额的市场租金。于富生、王成方(2012)研究发现国有股权影响 IPO 抑价的重要途径是通过对政府定价管制的影响。徐妍、郑冠群(2016)认为由于行政干预，使询价机构的意见分歧与 IPO 定价之间的关系弱化。

四、文献评述

上述文献通过构建理论模型和实证检验的方法在 IPO 定价效率及其影响因素、投资者的意见分歧和我国询价制度的实施效果等方面取得了很多有价值的研究成果，无论是对进一步开展研究，还是对完善我国新股发行定价机制以提高资本市场资源配置效率都提供了有益的借鉴。通过对现有文献的整理，可对这些领域当前的研究现状得出以下结论。

第一，已有的研究中 IPO 定价效率的标准并不是统一的，这可能是研究结论有差异的原因，也使得研究成果之间难以比较。目前使用比较多的标准包括 IPO 首日收益率、IPO 定价的信息效率这两种，但这两种标准是不是合适的度量标准，仍有待讨论。

第二，国内以意见分歧资产定价理论解释股票市场现象的文献仍有限，在衡量意见分歧时，常常采用换手率、超额波动率等指标作为代理变量，但这些指标除包含投资者的意见分歧以外，还包含大量的其他信息，作为意见分歧代理变量可能带来的偏差。

第三，国外对 IPO 定价效率进行解释的经典理论，并不能有力解释我国 IPO 定价情况，很多国内学者的研究表明，制度因素是影响我国 IPO 定价效率的根本因素。

第四，国内对询价制下 IPO 定价效率的研究，样本时间集中在第一次发行体制改革前后，在此之后，我国发行体制又进行了频繁的变动，有必要对研究的样本时间进行更新，更加全面深入地研究我国询价制下的 IPO 定价机制。

第三节　IPO 定价及意见分歧对其影响的理论分析

一、我国 IPO 询价制度及其历次改革

1. 我国 IPO 询价制度的演进历程

自 20 世纪 90 年代初，我国股票市场建立以来，新股发行制度历经多次改革，改革的主要方向是由完全行政化逐步向市场化迈进。我国新股发行制度包括发行审核制度、定价机制和发行方式三个方面，现行的发行制度是保荐制、询价制、网下配售和网上发行相结合的制度。定价机制是股票发行制度的重要组成部分，同时也是股票一级市场的核心。定价机制直接影响股票 IPO 价格是否合理，而 IPO 价格合理与否将直接左右股票市场的资源配置。

我国新股定价机制也经历了从行政化到市场化的不断演进。2004 年 12 月 7 日，证监会下发《关于首次公开发行股票试行询价制度若干问题的通知》，规定发行

人及其保荐机构应通过向询价对象询价的方式确定股票发行价格，这标志着我国新股定价机制迈出了市场化改革的重要一步。但在询价制度实施过程中，也出现了一些问题，此后询价制度实施了六次改革，因此询价制度在不断试错中前行。

2005 年我国新股发行首次引入询价制度，我国实行的询价制度分为初步询价和累计投标询价两个阶段，初步询价阶段确定发行价格区间，累计投标询价阶段确定发行价格，然后在网下向询价对象配售，最后将其余股票在网上发行。在这一阶段，参与新股发行询价的机构投资者数量逐年攀升，由于越来越多具备专业定价能力的机构投资者参与到新股定价过程中来，新股定价与过去相比更加市场化。但仍存在对新股发行市盈率的窗口指导和对募集资金数量的严格限制，由此，导致新股定价仍然偏低，上市后新股价格普遍上涨，2005—2008 年，新股上市首日平均涨跌幅高达 138.60%，通过打新可获取低风险甚至无风险的超高收益。如图 7—1 所示。

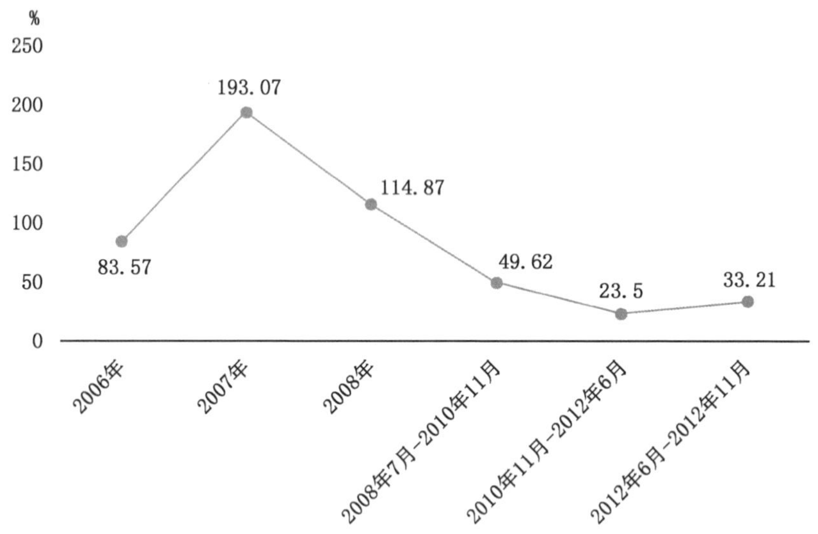

资料来源：Choice 金融终端。

图 7—1 IPO 首日收益率

因此，为了进一步完善新股发行机制、提高新股发行效率，证监会于 2009 年 6 月公布了《关于进一步改革和完善新股发行体制的指导意见》，开启了实施询价制度以来的第一次发行体制改革。改革的主要内容包括：完善询价和申购的报价约束机制，淡化行政指导，形成进一步市场化的价格形成机制；网下网上申购参与对象分开，网上单个申购账户上限原则上不超过网上发行股数的千分之一，网下采取比例配售方式。此次改革取得了一定成效，高报不买和低报高买的问题得到遏制，巨额资金申购新股的情况得到缓解，中小投资者的参与度提升，新股上市首日涨幅明显下降，此次改革后至 2010 年第二次改革间，新股上市首日平均涨跌幅下降至

49.62%，但同时也催生了新股“高发行价、高发行市盈率、高超募资金”的“三高”问题。第一次发行体制改革到第二次改革间，IPO 平均超募比例高达 167.64%，平均发行市盈率达到 55.19。如图 7—2 所示。

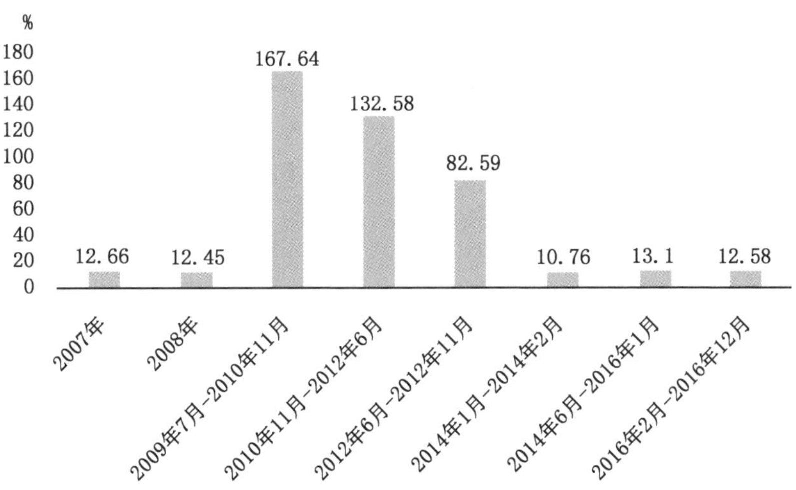

资料来源：Choice 金融终端。

图 7—2　IPO 平均超募比例

刘志远(2011)、俞红海(2013)和唐炳南(2016)等学者均对第一次发行体制改革的实施效果进行了研究，结果不一。刘志远等(2011)认为第一次改革后询价对象的竞争程度能够提高 IPO 定价效率。俞红海等(2013)认为第一次改革后询价对象之间的过度竞争导致 IPO 价格过高，并导致了“三高”问题。唐炳南(2016)以信息效率模型研究改革的效果，认为以不同模型衡量改革的效果会得出不同的结论。

“三高”问题成为此后几轮改革的重点关注问题，同时也是为了解决比例配售模式带来的搭便车问题，激励投资者在询价时要准确、认真报价。2010 年证监会推出了第二次发行体制改革。此次改革是在第一次改革的基础上进一步向纵深推进，同第一次改革一样强调不以行政手段干预，而是以市场化方式调节，改革内容包括扩大询价对象的范围以促进竞争，完善回拨和中止发行机制，加大定价者责任等。此次改革还规定了首次发行的股票在中小企业板、创业板上市的，发行人及其主承销商可以根据初步询价结果确定发行价格，不再进行累计投标询价。

但此后的 2011 年，新股开始出现较大面积的破发情形，同时出现了由于询价对象的数量不足而导致的发行中止案例。二级市场同样出现次新股大面积跌破发行价的局面，“三高”问题仍未得到解决。在此背景下，证监会于 2012 年实施了发行体制的第三次改革。此次改革将询价对象的范围进一步扩大到投资经验比较丰富的个人投资者，提高了向网下投资者的配售比例，取消了原锁定期三个月的条款，上市首日网下发行的部分新股可流通。而此次改革最主要的特点在于提出发行市盈率高于同行业25%时，触发进一步披露信息的机制，为规避25%的规则红线，产生了行政管制的效果。此次改革在短期内取得了一定积极效果，但长期来看，行政干预并不有利于我国股票市场的长期发展，新股上市首日超高回报的问题再次出现，其中，浙江世宝(002703.SZ)上市首日涨幅达到惊人的626.74%。

在党的十八届三中全会明确要求推进股票发行注册制改革的背景下，2013年11月30日，证监会发布《关于进一步推进新股发行体制改革的意见》，推行第四次改革，明确了改革的方向是逐步推进股票发行从核准制向以信息披露为核心的注册制过渡，这次改革提出了很多创新的市场化举措。其一，取消新股定价中的行政限价手段，加强自主定价、协商定价，强调信息充分披露；其二，赋予发行人和承销商更多的权利，引入主承销商自主配售机制，网下发行的新股，由主承销商在提供有效报价的投资者中自主选择投资者进行配售，并将发行批文的有效期由6个月延长至12个月；其三，推出老股转让制度，解决超募问题。但此次改革在实际实施中，出现了重大问题。第一，老股东通过转股套现的现象普遍出现，其中，奥赛康2014年1月9日公开发行5 546.6万股，控股股东一次性实现老股转让4 360.35万股，套现金额高达31.8亿元，引发广泛质疑，此后奥赛康与承销商出于审慎考虑经协商决定暂缓本次发行；第二，配售原则含糊不清引起了市场对利益输送的质疑；第三，由于首日涨跌幅44%的限制出台，新股首日交易出现"秒停"现象，新股实际交易时间短，交易投机性高，市场定价功能遭到破坏。此次改革旨在建立一个市场化的定价平衡机制，但这些重大问题的出现，反而导致了定价的失衡。

由于这些问题的存在，相隔不到半年，证监会于2014年第五次推行新股改革，第五次改革是对第四次改革的微调完善，进一步优化老股转让制度，规范网下询价和定价行为，进一步满足中小投资者的认购需求，强化对配售行为的监管，进一步加强事中事后监管。受此次改革的影响，新股"三高"问题得到一定程度的遏制，但由于行政干预的加强，价值研究失去意义，新股定价与市场价值存在偏离，新股连续涨停的现象不断出现，通过"打新"可获取低风险甚至无风险收益。

2016年1月，新股发行迎来第六次改革，按照新的制度，公开发行股票的数量在2 000万股(含)以下且无老股转让计划的直接定价发行，发行审核将会更加注重信息披露要求，发行企业和保荐机构需要为保护投资者的合法权益承担更多的义务和责任。

2. 我国上市新股的市场表现

我们对询价制实施以来上市新股的市场表现进行统计。中国股票市场自2005年起实施询价制度，2005年4月29日《关于上市公司股权分置改革试点有关问题的通知》公布，IPO再度停止，为股权分置改革创造环境。2006年6月5日，中工国际招股，IPO重启。因此，对选取自2006年6月19日至2016年12月31日在 A 股上市的除金融业以外的所有股票进行统计。

在新股发行体制第四次改革后，自 2014 年 1 月起，新股首日股价最高涨跌幅为发行价的 44%，而新股“秒停”的状况比比皆是，本章取新股上市 5 个交易日后的收盘价计算得到的收益率衡量上市新股短期的市场表现。另外，本章选取上市后 1 个月、3 个月和 6 个月的收盘价计算得到长期收益率度量上市新股的长期市场表现。使用市场指数收益对个股绝对收益进行了调整。

通过此前对历次发行体制改革措施进行梳理发现，第一次和第四次的改革措施力度较大，而其他几次改革更多是在这两次改革的基础上进行调整、完善，因此本章也以这两次改革作为时间节点考察上市新股市场表现在改革前后的变化。

表 7—1 是对三个阶段的短期超额收益进行描述性统计和参数检验的结果。从表 7—1 中的结果可以看出，自 2006—2016 年三个阶段的新股上市 5 个交易日后超额收益均在 1%水平上显著大于 0，分别为 1.349 1、0.312 3 和 1.244 7，即在 IPO 股票上市后的短期内，股票价格并未围绕发行价波动，而是显著高于发行价格，说明发行价格偏低。

表 7—1　　新股上市短期(5 个交易日)超额收益

	时间段	N	均值	最小值	最大值	标准差
上市后 5 个交易日	2006.06.19—2008.09.25	252	1.3491*** (21.361)	−0.0266	5.1106	1.0026
	2009.07.10—2012.11.02	869	0.3126*** (22.950)	−0.3554	4.354	0.4015
	2014.01.17—2016.12.31	557	1.2447*** (133.504)	0.0379	1.5049	0.2200
改革前后差值	第一次发行体制改革	−1.0365*** (−16.043)				
	第四次发行体制改革	0.9321*** (56.470)				

注：括号内为 t 值，***、**、* 分别表示 1%、5%和 10%水平上显著。

对第一次和第四次发行体制改革前后的 IPO 股票超额收益率进行比较研究发现，第一次发行体制改革后，短期超额收益率均值下降了 1.036 5，且该结果在 1%水平上显著，第四次发行体制改革后，短期超额收益率上升了 0.932 1，且该结果在 1%水平上显著。尽管第一次改革后短期超额收益显著下降，但并不能据此说明改革提升了 IPO 定价效率。事实上，在第一次发行体制改革后，尽管新股发行首日超高回报的问题有所解决，但同时也催生了新股“高发行价、高发行市盈率、高超募资金”的“三高”问题。本章进一步对 IPO 股票的长期表现进行研究，结果如表 7—2 所示。

表 7—2　　新股上市长期(1 个月、3 个月、6 个月)超额收益

	时间段	N	均值	最小值	最大值	标准差
上市后 1 个月	2006.06.19—2008.09.25	252	1.2743*** (20.415)	—0.1908	5.1572	0.9909
	2009.07.10—2012.11.02	869	0.3031*** (20.286)	—0.4090	3.7843	0.4405
	2014.01.17—2016.12.31	557	3.4893*** (33.308)	0.0737	11.8771	2.4723
改革前后差值	第一次发行体制改革		—0.9712*** (—15.131)			
	第四次发行体制改革		3.1861*** (30.110)			
上市后 3 个月	2006.06.19—2008.09.25	252	1.1279*** (20.972)	—0.3322	4.4494	0.8537495
	2009.07.10—2012.11.02	869	0.2683*** (18.131)	—0.5945	4.9164	0.4362494
	2014.01.17—2016.12.31	557	3.3006*** (28.520)			
改革前后差值	第一次发行体制改革		—0.8596*** (—15.411)			
	第四次发行体制改革		3.0323*** (25.990)			
上市后 6 个月	2006.06.19—2008.09.25	252	1.0581*** (15.840)	—0.4608	5.8824	1.0604
	2009.07.10—2012.11.02	869	0.2103*** (12.799)	—0.7394	4 1607	0.4852
	2014.01.17—2016.12.31	557	3.0584*** (28.559)	—0.4239	21.9891	2.5275
改革前后差值	第一次发行体制改革		—0.8477*** (—12.322)			
	第四次发行体制改革		2.8480*** (26.286)			

注：括号内为 t 值，***、**、* 分别表示 1%、5%和 10%水平上显著

表 7—2 的结果与表 7—1 类似，以第一次和第四次发行体制改革所划分的三个阶段，新股上市长期(1 个月、3 个月、6 个月)超额收益均在 1%水平上显著大于 0，说明发行价格偏低。且第一次发行体制改革后，新股长期超额收益显著下降，而在第四次发行体制改革后，新股长期超额收益显著上升。与对短期超额收益进行比较所得出的结论相似，该结果并不能说明第一次发行体制改革提升了 IPO 定价效率，而第四次发行体制改革降低了 IPO 定价效率。

无论是从新股上市的短期超额收益还是从长期超额收益来看，经历了六次发行体制改革后，我国 IPO 股票定价效率依然偏低，股票短期或长期的交易价格均偏离发行价格，IPO 询价、定价的过程中未能有效识别 IPO 股票的真实价值。

二、意见分歧对 IPO 定价效率的影响

1. 意见分歧对 IPO 定价的影响

由于对非上市公司没有严格的信息披露要求，在公司上市前，外部投资者很难获取有用的公司信息，从而也难以对公司进行可靠估值。在询价报价过程中，询价对象进行 IPO 估值时，所获取的信息量是不同的，并且每个投资者所具备的专业能力和估值手段也有所不同，对信息的解读也不会完全相同，因此对 IPO 股票的估值会存在意见分歧。询价制度正是收集不同投资者的估值意见，通过市场合力决定 IPO 价格的制度，询价对象意见分歧的存在是询价制度发挥定价作用的基础。

根据 Miller(1977)的假说，在存在卖空限制的情况下，由于悲观投资者无法通过卖空参与市场表达意见，股票价格将只反映乐观投资者的估值，不反映悲观投资者的估值意见。因此，乐观投资者和悲观投资者的意见分歧越大，则价格被高估的程度越高。IPO 市场存在严格的卖空限制，因此投资者的意见分歧越大，IPO 定价则越高。

在询价报价和网下发行过程中，只有高于发行价的报价才能获得配售，所以对 IPO 股票有较高估值的投资者更有动机参与询价，这些投资者会进一步提高意见分歧程度，并推高新股发行价格。Houge 等(2001)认为 IPO 上市后的早期市场依然不会反映大部分悲观投资者的估值意见，因此上市之初的二级市场的股票价格依然高于其公允估值。特别是在我国，新股普涨使得二级市场对新股存在浓厚的炒作情绪，导致二级市场溢价。Scheinkman 和 Xiong(2003)提出再售期权价值理论，认为投资者买入资产并非仅基于自身对资产的估值，他们会以超过自身估值的价格购买资产是由于相信未来会有别的投资者以更高的价格买入该项资产。询价对象在进行 IPO 估值和报价时会将二级市场的再售期权价值纳入考虑范围，从而进一步提高估值。

以意见分歧资产定价理论解释我国 IPO 定价有现实的可行性。首先，投资者之间确实存在意见分歧，从 IPO 公司披露的报价明细数据来看，2014 年之前询价对象的最高报价普遍达到最低报价的两倍以上，询价对象的报价往往存在较大的差异性。其次，IPO 市场存在严格的卖空限制，我国市场则在 2010 年以前都缺乏做空手段，即使是在 2010 年之后，我国融券余额在总市值中的占比也较境外成熟市场低，说明我国二级市场仍存在卖空限制。

基于以上理论分析提出研究假说 H1。

H1：询价对象的意见分歧越大，则 IPO 定价越高，“三高”问题越严重。在以上分析的基础上对上市新股长期的表现进行分析。短期内投资者的意见分

歧程度越高，资产定价则越高，但随着时间的推移，信息不对称得到缓解，意见分歧程度减弱，价格最终会回调。对上市的新股而言，则表现为 IPO 的长期表现弱势。根据以上分析，提出研究假说 H2。

H2：询价对象的意见分歧越大，则 IPO 长期收益率越低。

2. 行政干预对意见分歧的影响

由于在第四次新股发行体制改革的实际操作中出现了大量老股转让套现等问题，监管层很快再度对制度内容做出了调整，规定老股转让数量不得超过自愿限售 12 个月及以上的投资者获配股份的数量。另外，还规定了 IPO 价格对应的市盈率高于同行业上市公司二级市场平均市盈率时应在网上申购前三周内连续发布投资风险特别公告。监管层实质上恢复了对超募、老股转让和发行市盈率的强制性窗口指导。

按照第四次新股发行体制改革的规定，募集资金不得超过资金需求，但可以通过转让老股调整供需，从而使募集资金不超过资金需求。但对超募和老股转让同时进行限制，则拟募集资金加上发行费用，再除以发行数量，就可以直接得出发行价格。同时，对发行市盈率的限制也对发行价格有所制约。询价对象为了不被剔除出有效报价范围，获得配售，只能在以上的价格限制下报价，而为了收益最大化，只能在此限制下尽可能高地报价，而不再是基于自身获取的公司信息和价值判断进行报价，询价对象的报价表现出无差异的特征，意见分歧消失。IPO 定价过程中的承销商出具投资价值分析报告、路演推介和询价等流程均失去意义。此前改革的各项市场化措施也成为一纸空文。

通过以上对行政干预影响意见分歧的分析，我们提出假说 H3。

H3：行政干预措施导致市场化的询价机制失效，询价对象意见分歧与 IPO 价格的联系消失。

第四节　IPO 定价及意见分歧对其影响的实证检验

一、研究设计

1. 样本选取与数据来源

本书选取自 2010 年 11 月 23 日至 2016 年 12 月 31 日在中小板和创业板挂牌上市的、除金融业以外的 670 家上市公司作为样本。选取这些样本是因为：其一，2010 年 10 月的第二次新股发行体制改革要求发行人及承销商公布询价对象的全

部报价明细数据，考虑到数据的可得性，以 2010 年 11 月 23 日以后的 IPO 公司为样本；其二，2010 年修订的《证券发行与承销管理办法》规定在中小板、创业板首发上市的股票，发行人和承销商可以根据初步询价结果定价，不再进行累计投标询价，而同一时期在沪市主板上市的股票仍需进行两阶段询价。彭家生等（2015）的研究表明询价次数变更对 IPO 定价效率有影响，此外，在沪市主板上市的以传统行业公司为主，与中小板、创业板上市的公司存在明显的差异，估值方法也可能存在不同，因此选择中小板、创业板上市的公司作为样本；其三，由于金融企业财务报表的特殊性，选取的样本中剔除了金融行业上市公司的股票。

相关数据主要来源于 Choice 金融终端和国泰安 CSMAR 数据库，缺失数据通过查阅公司的公告获得。询价的报价明细数据为手工收集。

2. 变量选取

本章以 IPO 定价效率作为被解释变量，以公司规模、盈利能力和资本结构等财务指标，国有持股、经营年限等非财务指标以及承销商声誉、市场因素、行业等作为控制变量进行多元回归，以探究询价对象的意见分歧对 IPO 定价效率的影响。

（1）IPO 定价效率变量

①IPO 相对价格

区别于使用超额收益率基于新股上市后的市场表现评估 IPO 定价效率，我们借鉴 Purnanandam 等（2004）的思路，对 IPO 公司及其配对样本进行比较来衡量 IPO 定价效率。以股票超额收益率度量 IPO 定价效率是使用绝对价格效率标准的一种方法，其不足之处在于受到 IPO 上市后二级市场炒作的影响较大，若超额收益率偏高，无法区分是一级市场 IPO 定价效率较低导致抑价还是二级市场炒作造成溢价。基于配对样本构造的相对价格效率标准可以较好地隔绝 IPO 股票二级市场炒作对度量 IPO 定价效率的影响。

由于 ST 公司股价的表现与其他公司有所不同，对每一个 IPO 公司初始样本，我们在剔除了 ST 公司的已上市公司中选择其配对样本，选择标准包括：（1）上市时间超过三年；由于上市时间较长，股票价格已较好地反映了公司基本面信息，价格较为合理，能较好地反映公司内在价值。（2）与初始样本同行业；以证监会行业分类为标准划分行业，其他行业划分至门类，由于制造业公司数量较多，进一步划分为四类，剔除金融类企业，共 21 个行业；限制同一行业是因为同行业公司有相似的经营风险、盈利能力和成长前景。（3）配对样本与初始样本在综合考虑营业总收入和 EBIT/营业总收入两项特征总体上最为接近；营业总收入反映公司规模，EBIT/营业总收入反映公司盈利能力，且相对于其他盈利能力指标更稳健，综合考虑这两项特征既能使初始样本与配对样本公司有尽可能相似的基本面，同时避免了由于配对维数太多，导致难以找到配对公司的问题。

选择配对公司的方法是，首先剔除上市时间不足三年的公司、ST 公司和金融行业公司，提取所有样本在初始样本上市上一年度的营业总收入和 EBIT/营业总收入数据，然后对同一年同一行业的所有样本分别按照营业总收入和 EBIT/营业总收入排序，每一个样本根据排序得到一个二维坐标，与初始样本欧氏距离最近的样本即为配对样本。

在寻找到所有初始样本 IPO 公司的配对公司后，我们构造一个相对价格效率标准度量 IPO 定价效率——IPO 相对价格，即以配对公司在 IPO 公司上市当日的市盈率作为比较基准，与 IPO 公司的发行市盈率进行比较，具体定义如下。

$$Price\_r=\frac{P}{V}=\frac{(P/E)_{IPO}}{(P/E)_{match}} \tag{7.1}$$

其中，$(P/E)IPO$ 为 IPO 公司的发行市盈率，$(P/E)match$ 为配对样本在 IPO 公司发行当日的市盈率。

②发行市盈率

发行市盈率指股票发行价格和每股收益的比值，根据发行后的总股本用全面摊薄方法计算的数值。本章以 PE 表示。

③超募率

高超募资金是我国股票发行中存在的问题之一，本章也以超募率作为衡量 IPO 定价效率的指标之一。

$$超募率=\frac{世纪募集资金总额-拟募集资金总额}{拟募集资金总额} \tag{7.2}$$

本书以 Super_raise 表示超募率。

④累计超额收益率

累计超额收益率（Cumulative abnormal return，CAR）的计算方法有市场调整模型、常数均值模型、市场模型等，不同方法计算出的结果在数值上存在一定差异，但在方向和显著性判断方面并无较大差异。我们采用市场调整模型，计算公式如下。

$$CAR_{i,t}=\sum\nolimits_{1}^{t}AR_{i,x}=\sum\nolimits_{1}^{t}(R_{i,x}-R_{m,x}) \tag{7.3}$$

其中，$R_{i,x}$ 表示股票 i 在 x 日的收益率，$R_{m,x}$ 表示市场指数在 x 日的收益率，为排除新股上市首日高收益率的影响，累计收益率自 t=1 日起计算。我们以长期收益率为衡量 IPO 定价效率的指标之一，t 分别取 1 个月、3 个月和 6 个月，R_m 取深证成指的指数收益率。

（2）意见分歧变量

在已有的研究中，学者通常使用 IPO 首日的换手率、股票超额波动率和分析师的价格预测标准差等指标作为询价对象意见分歧的代理变量。使用这些变量作为代理变量仍存在片面性，不能精确刻画投资者的意见分歧。

2010 年第二次新股发行体制改革规定“发行人及主承销商须披露参与询价的

机构的具体报价情况”,因此可利用股票询价时询价对象所有报价的标准差衡量意见分歧。相对于其他代理变量,询价对象报价的标准差是真正参与新股申购的投资者对 IPO 股票估值意见的直接反映,使用该变量对意见分歧进行刻画更为直观和准确。我们以 Divergence 表示。

(3)控制变量

公司规模 LnSize:公司规模为 IPO 公司上市前一年末资产总额(单位:百万元)求自然对数的结果。

净资产收益率 ROE:净资产收益率为 IPO 公司上市前一年度公司净利润与公司净资产的比值。

资产负债率 Lev:资产负债率反映公司资本结构,指 IPO 公司上一年末公司总负债与总资产的比值。

经营年限 Age:经营年限指 IPO 公司自成立之日起至上市当日止的日数除以 365 日。

国有持股 SOE:国有持股指 IPO 公司上市前国家持股和国有法人持股在总股本中的占比。

网上超额认购倍数 OverSub:网上超额认购倍数为投资者网上申购股数与网上发行数量的比值。

承销商声誉 Reputation:承销商声誉以 IPO 的主承销商上市当年所承销的 IPO 募集资金在全年总 IPO 募集资金中的占比衡量。

上市前市场指数表现 SecMkt:上市前市场指数表现指的是深证成指自上市前 30 个交易日至上市前一日的平均指数收益率。

所在行业 Ind:虚拟变量。本书按照证监会行业分类划分行业,其他行业划分至门类,由于制造业公司数量较多,进一步划分为四类。

所在改革轮次 Reform:虚拟变量。本书还对 IPO 公司所处的发行体制改革轮次进行了控制。

3. 实证模型设定

首先,为了检验意见分歧对 IPO 定价效率的影响,以 IPO 相对价格、发行市盈率、超募率为被解释变量,考察意见分歧程度的提高是否会导致高发行价、高市盈率、高超募资金。因此我们构建以下模型来检验假说 H1。

$$Price\_r = \beta_0 + \beta_1 Dviergence + \sum \beta_i Control_i + \varepsilon \tag{7.4}$$

$$PE = \beta_0 + \beta_1 Dviergence + \sum \beta_i Control_i + \varepsilon \tag{7.5}$$

$$Super\_raise = \beta_0 + \beta_1 Dviergence + \sum \beta_i Control_i + \varepsilon \tag{7.6}$$

其中,$Control_i$ 表示变量选取中所设定的控制变量。

为了进一步研究意见分歧对上市新股长期市场表现的影响,以 1 个月、3 个月和6个月的累计超额收益率为被解释变量，检验假说H2，我们构建以下模型。

$$CAR\_1m = \beta_0 + \beta_1 Dviergence + \sum \beta_i Control_i + \varepsilon \quad (7.7)$$

$$CAR\_3m = \beta_0 + \beta_1 Dviergence + \sum \beta_i Control_i + \varepsilon \quad (7.8)$$

$$CAR\_6m = \beta_0 + \beta_1 Dviergence + \sum \beta_i Control_i + \varepsilon \quad (7.9)$$

为了考察监管层行政干预后，意见分歧对IPO定价的影响机制是否发生改变，以IPO相对价格和发行市盈率作为被解释变量，对样本按照行政干预（2014年6月）前后进行分组回归，并引入行政干预虚拟变量与意见分歧的交叉项作为解释变量，对全样本进行回归，检验假说H3。

$$Price_r = \beta_0 + \beta_1 Dviergence + \beta_2 Dviergence \times Intervention + \sum \beta_i Control_i + \varepsilon \quad (7.10)$$

$$PE = \beta_0 + \beta_1 Dviergence + \beta_2 Dviergence \times Intervention + \sum \beta_i Control_i + \varepsilon \quad (7.11)$$

其中 *Intervention* 为行政干预的虚拟变量，干预前取值为0，干预后取值为1。

二、描述性统计

1. 意见分歧变量

实证检验使用的样本为自2010年11月23日至2016年12月31日在中小板和创业板上市发行的A股，这一样本期间涵盖了第二次到第六次新股发行体制改革的主要区间。图7—3描绘了这一期间所有样本公司询价对象的意见分歧。可以看出，2014年6月IPO重启后，询价对象意见分歧程度明显下降，并且此后一直维持在较低水平。

对询价对象的意见分歧进行描述性统计，在2014年6月前，报价标准差的均值为3.588 2，中位数为3.047 8，而在2014年6月后，均值和中位数均大幅降低至0.394 1和0.140 7。对2014年6月前后的报价标准差进行威尔科克森秩和检验发现，差异性在1%水平上显著，结果如表7—3所示。

表7—3　行政干预前后意见分歧描述性统计及非参数检验

	N	均值	中位数	最小值	最大值
2014年6月前	438	3.5882	3.0478	0.7023	13.9600
2014年6月后	232	0.3941	0.1407	0.0000	6.4154
Wilcoxon	0.000***				

注：Wilcoxon栏目列示了检验的p值，*** 表示1%水平上显著。

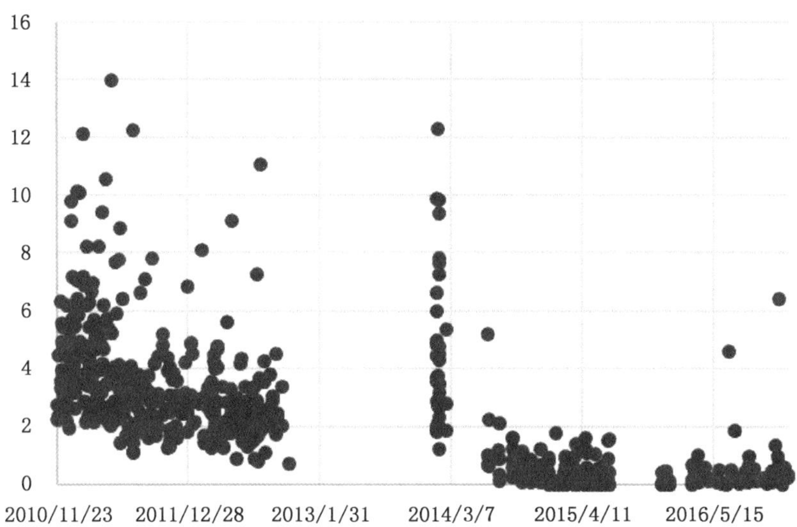

图7—3　询价对象报价的意见分歧

2. 控制变量

对控制变量的描述性统计结果表7—4所示。考虑到这些变量可能存在高度共线性，计算其方差膨胀因子(VIF)列示于表7—4的最后一列。从表7—4的结果可知所有变量的VIF的均值为1.28，且均远小于10，经验判断解释变量间不存在严重共线性问题。

表7—4　　主要解释变量描述性统计

变量名	样本数	均值	标准差	最小值	最大值	VIF
Divergence	670	2.482	2.272	0.000	13.960	1.72
LnSize	670	6.322	0.759	4.571	10.877	1.44
ROE	670	28.521	12.476	0.000	94.200	1.46
Lev	670	41.609	16.487	1.779	98.203	1.39
Age	670	11.376	4.948	1.019	34.488	1.08
SOE	670	0.039	0.140	0.000	1.000	1.02
OverSub	670	438.547	875.606	1.530	4708.594	1.18
Reputation	670	4.263	4.349	0.084	20.408	1.05
SecMkt	670	0.036	0.303	−0.638	0.918	1.22

（三）实证结果及其分析

1. 意见分歧对 IPO 定价效率的影响

利用公式(7.4)(7.5)(7.6)对干预前子样本进行实证检验，分析意见分歧对 IPO 定价效率的影响，结果如表 7—5 所示。

表 7—5　　意见分歧对 IPO 定价效率的影响

	(1) Price_r	(2) PE	(3) Super_raise
	干预前子样本	干预前子样本	干预前子样本
Divergence	0.066*** (3.03)	5.369*** (6.83)	0.209*** (4.93)
LnSize	−0.007 (−0.15)	−4.938*** (−3.01)	−0.053 (−0.52)
ROE	−0.008*** (−2.76)	−0.580*** (−7.57)	0.001 (0.17)
Lev	0.0003 (0.13)	0.032 (0.4)	−0.007 (−1.48)
Age	−0.001 (−0.14)	−0.515*** (−3.45)	−0.009 (−0.99)
SOE	−0.147 (−0.65)	1.558 (0.26)	0.230 (0.62)
OverSub	0.001 (1.32)	0.008 (0.76)	−0.001* (−1.81)
Reputation	−0.016*** (−2.9)	−0.263* (−1.77)	−0.021** (−2.55)
SecMkt	−0.567*** (−4.03)	−6.536* (−1.81)	0.245 (1.25)
Ind	控制	控制	控制
Reform	控制	控制	控制
N	438	438	438
Adj-R^2	0.3121	0.3627	0.3281

注：括号内为异方差稳健的 t 值，*、**、*** 分别表示 1%、5%和 10%水平上显著。

从表 7—5 中的实证结果可以看到，意见分歧对 IPO 相对价格有正向的影响，且通过了 1%的显著性检验，意见分歧每增加 1 个单位，则 IPO 相对价格提高 0.066。以发行市盈率为被解释变量，发现意见分歧对发行市盈率也有显著为正的影响，意见分歧每增加 1 个单位，则发行市盈率提高 5.369。再从超募的角度分析 IPO 定价效率，发现意见分歧与超募率同样在 1%的显著性水平上正相关，意见分歧每增加 1 个单位,则超募率提升 0.209。意见分歧程度的提升,不仅推高了 IPO 发行价格和发行市盈率,也使得超募资金增加,证明了本章提出的假说 H1。

2. 意见分歧对上市新股长期市场表现的影响

表 7—6　　意见分歧对上市新股长期市场表现的影响

	(1) CAR_1m	(2) CAR_3m	(3) CAR_6m
	干预前子样本	干预前子样本	干预前子样本
Divergence	0.051 (0.07)	−1.012 (−1.4)	−1.127 (−1.31)
LnSize	−2.676** (−2.17)	−5.719*** (−3.73)	−5.266** (−2.26)
ROE	−0.094 (−1.32)	−0.049 (−0.47)	−0.118 (−0.95)
Lev0.077* (1.66)	−0.049 (−0.47)	−0.118 (−0.95)	
Age	0.125(0.76)	0.192*** (2.88)	0.073 (0.76)
SOE	0.004 (0)	3.260 (0.44)	4.936 (−0.44)
OverSub	−0.040*** (−3.94)	−0.069*** (−5.16)	−0.107*** (−5.76)
Reputation	0.136 (0.77)	0.248 (0.99)	0.097 (0.32)
SecMkt	10.716*** (3.02)	−4.785 (−1.02)	8.406 (1.39)
Ind	控制	控制	控制
Reform	控制	控制	控制
N	438	438	438
Adj-R^2	0.4212	0.2261	0.2673

注:括号内为异方差稳健的 t 值,*、**、*** 分别表示 1%、5%和 10%水平上显著。

表 7—6 报告了利用公式(7.7)、(7.8)和(7.9)进行回归分析的结果。从结果来看,无论是 1 个月、3 个月还是 6 个月的 IPO 股票长期回报都与意见分歧不存在显著的相关性,这与本章的假说 H2 不相符合。这可能是由于一级市场意见分歧大的股票到二级市场依然表现出类似特征,对其进行准确估值的难度较大,因此对其的投机情绪较浓,价格仍然偏高,从而询价对象的意见分歧并未表现出对股票长期回报的负向影响。我们还注意到,尽管显著性水平不高,但意见分歧变量系数符号随着股票上市时间变长的由正变负,且绝对值变大。这可能说明在股票上市初

期(如1个月),仍存在较强的卖空限制,且信息不对称较严重,关于新股的信息仍未被广泛知晓,因此,股价仍由乐观投资者主导,意见分歧的存在使得股价被高估。随着时间的推移,股票上市的时间变长,卖空限制减弱,更多投资者对公司信息有所了解,因此股价回调,而在上市之初由于意见分歧程度较高,所以价格被严重高估的股票,股价回调幅度更大。

3. 行政干预下意见分歧影响IPO定价效率机制的变化

在描述性统计中,我们注意到了询价对象的意见分歧程度在2014年6月IPO重启后不寻常的明显下降。在2014年6月IPO重启前,对公司发行上市披露信息的要求并没有提高,因此询价对象所能获取的信息量不会显著提高,也没有证据表明询价对象的估值技术在此期间迅速提高,或是询价对象对公司信息的解读突然一致。导致询价对象意见分歧突然下降最可能的原因是由于行政干预:监管层实质上恢复了对超募、老股转让和发行市盈率的强制性窗口指导。事实上,自2014年6月起,所有样本中仅有富邦股份(300387.SZ)一家公司发行市盈率超过23倍,仅为23.01倍,23倍发行市盈率成为IPO定价的隐形红线。

监管层对IPO定价的窗口指导,使得询价对象可以直接通过计算得到最优报价,而不是基于所获取的公司信息,运用估值技术得到报价,因此所有询价对象的报价都趋于一致,询价对象报价的差异性消失。

为了研究行政干预前后意见分歧对IPO定价的影响机制是否发生了变化,利用公式(7.4)和(7.5)对干预前后子样本进行回归分析,利用公式(7.10)和(7.11)对全样本进行回归分析。实证分析的结果如表7—7所示。

表7—7　　行政干预下意见分歧影响IPO定价效率机制的变化

	(1) Price_r		(2) Price_r	(3) PE		(4) PE
	干预前子样本	干预前子样本	全样本	干预前子样本	干预后子样本	全样本
Divergence	0.066*** (3.03)	0.031 (1.65)	0.103*** (5.26)	5.369*** (6.83)	−0.520 (−1.01)	5.178* (7.84)
Divergence * Intervention			−0.159*** (−4.83)			−6.36*** (−9.02)
LnSize	−0.007 (−0.15)	0.002 (0.09)	−0.116*** (−3.4)	−4.938*** (−3.01)	−0.308 (−0.95)	−5.524*** (−4.85)
ROE	−0.008*** (−2.76)	−0.003* (−1.92)	−0.003 (−1.01)	−0.580*** (−7.57)	−0.103*** (−4.08)	−0.318*** (−4.52)
Lev	0.0003 (0.13)	0.0008 (0.71)	0.004** (2.4)	0.032 (0.4)	0.024** (2.09)	0.120** (2.14)
Age	−0.001 (−0.14)	−0.001 (−0.5)	−0.008* (−1.73)	−0.515*** (−3.45)	−0.044 (−1.43)	−0.486*** (−4.46)

续表

	(1) Price_r		(2) Price_r	(3) PE		(4) PE
	干预前子样本	干预前子样本	全样本	干预前子样本	干预后子样本	全样本
SOE	−0.147 (−0.65)	−0.089 (−0.99)	−0.020 (−0.13)	1.558 (0.26)	−0.982 (−0.68)	1.690 (0.48)
OverSub	0.001 (1.32)	−0.00005 (−1.52)	−0.0001*** (−5.34)	0.008 (0.76)	−0.0002 (−0.46)	−0.0005 (−1.13)
Reputation	−0.016*** (−2.9)	0.008* (1.91)	−0.006 (−1.15)	−0.263* (−1.77)	0.0367 (1.23)	−0.218 (−1.62)
SecMkt	−567*** (−4.03)	−0.139** (−2.33)	−0.633*** (−8.23)	−6.536* (−1.81)	0.356 (0.57)	−1.285 (−0.65)
Ind	控制	控制	控制	控制	控制	控制
Reform	控制	控制	不控制	控制	控制	不控制
N	438	232	670	438	232	670
Adj-R2	0.3121	0.4327	0.4213	0.3627	0.1616	0.4245

注:括号内为异方差稳健的 t 值,***、**、* 分别表示 1%、5%和 10%水平上显著。

从 IPO 相对价格的角度分析,在 2014 年 6 月行政干预前,报价差异性对 IPO 相对价格有显著为正的影响,这一结果说明在 2014 年 6 月以前,我国询价制度确实起到了收集投资者估值意见、以市场合力决定发行价格的市场化定价作用。而对 2014 年 6 月以后的子样本进行回归后发现,意见分歧变量的系数较干预前减小,且未通过显著性检验,这意味着投资者的意见分歧对 IPO 定价不再有显著的正向作用。在回归模型中引入意见分歧和行政干预虚拟变量的交叉项,对全样本进行回归,发现交叉项的系数估计值为负值,且通过了 1%水平的显著性检验,这意味着行政干预使得意见分歧对 IPO 定价的正向影响被削弱。

从发行市盈率的角度分析,干预前子样本的回归结果显示,意见分歧对发行市盈率有显著为正的影响,意见分歧每提高 1 单位,则发行市盈率就提高 5.369;行政干预以后,意见分歧变量的系数估计值转为负数,且未通过显著性检验,意见分歧对发行市盈率不再有显著的正向影响;引入交叉项对全样本回归分析,交叉项的系数估计值为−6.536,通过了 1%的显著性检验,说明行政干预弱化了意见分歧和发行市盈率的正向关系,该结果与以 IPO 相对价格为被解释变量的结果类似,证明了本章的假说 H3。

本章小结

企业IPO承担着优化社会资源配置，助力实体经济发展的关键性作用，IPO实际上就是资本市场以资金对企业“投票”，通过这种资金的分配达到社会经济资源合理配置的目的。因此，IPO的合理定价至关重要，也是一级市场的核心问题。

正因如此，监管层对新股发行体制的优化完善从未停止。在经历了固定价格定价、网上定价等定价机制后，2005年监管层推出了询价制度，与海外成熟资本市场接轨，并在其后又不断求变，进行了多轮改革，旨在促进IPO的合理定价。但我国的资本市场仍是一个新兴市场，在制度设计等方面不可避免存在一些问题，也由此引发了新股高初始收益率、巨额打新资金囤积和IPO“三高”等现象。

针对这些问题，本章从Miller(1977)提出的意见分歧假说出发，采用实证分析的方法从询价对象意见分歧的角度对IPO定价进行了研究。2010年10月的第二次新股发行体制改革要求IPO公司披露询价对象的报价明细数据，这一信息披露要求提供了进一步研究询价对象的报价行为、直接衡量询价对象意见分歧的机会。本章以2010年11月23日到2016年12月31日在中小板和创业板挂牌上市的670家IPO公司作为样本，利用报价明细数据计算询价对象全部报价的标准差作为意见分歧变量，采用配对的方法构建IPO相对价格指标衡量IPO定价效率，同时也以其他“三高”指标，即发行市盈率和超募率衡量IPO定价效率，分析了意见分歧对IPO定价效率的影响。本章进一步将视角延伸到上市新股的长期市场表现，使用多元回归模型检验了意见分歧对1个月、3个月和6个月的累计超额收益率的影响。此外，本章还利用2014年监管层恢复对新股发行定价的窗口指导作为自然实验，分析行政干预前后询价对象意见分歧的变化以及意见分歧对IPO定价影响的变化。经过以上实证分析，我们得出了以下结论。

第一，在询价报价过程中，由于各询价对象所获取的信息量有差异，估值技术和对公司信息的解读也存在差异，因此报价的意见分歧应当是固有的，意见分歧也是询价制发挥股票价格职能的基石。以询价对象全部报价的标准差为意见分歧变量，对其进行描述性统计发现，在2014年6月以前，我国询价对象的报价差异性较大，表明询价对象对新股价格存在较大的意见分歧。但在2014年6月IPO重启后，意见分歧程度骤然下降，甚至表现为无分歧，我们认为这是由于监管层同时对超募、老股转让和市盈率进行窗口指导的结果。

第二，2014年6月以前，意见分歧假说能够很好解释我国IPO市场存在的“三高”现象。以意见分歧为主要解释变量，控制公司规模、盈利能力、资本结构、国有持股、经营年限以及承销商声誉、市场整体表现、行业等变量，对IPO相对价格、发行市盈率、超募率进行回归分析，发现意见分歧程度的提高会导致IPO定价的显著提高，同时，意见分歧也对发行市盈率和超募率有显著的正向影响，这说明意见分歧越严重，"三高"现象也越突出。

第三，询价对象意见分歧对新股长期市场表现的影响并不显著。根据理论分析，随着股票上市时间变长，信息逐步扩散，市场对股票的估值意见渐趋统一，前期由于意见分歧被高估的股价回调，即意见分歧与新股长期表现应呈现负的相关性，但我们实证研究发现，这一关系并不显著。分析其原因，可能是由于一级市场意见分歧大的股票，二级市场对其的投机情绪较浓，价格仍然偏高，从而询价对象的意见分歧并未表现出对股票长期回报的负向影响。

第四，就行政干预前后意见分歧对IPO定价的影响是否发生变化进行了研究，发现行政干预以后，意见分歧与IPO价格、发行市盈率的正向关系消失，行政干预弱化了意见分歧对IPO定价的影响，询价制下的IPO定价机制受到扭曲，不再发挥其市场化定价机制。

第八章　定向增发、资产注入与上市公司绩效的实证研究

在我国定向增发的实践中，控股股东参与的程度普遍较高，出现了许多控股股东资产注入的情形，引起了资本市场的广泛关注。国内学者对于控股股东定向增发与资产注入存在“支持”还是“挖空”两种截然不同的观点，我们则根据控股权性质对控股股东做了区分，来探讨控股股东这一行为对上市公司是支持还是掏空。

我们以我国资本市场包含资产注入的定向增发事件为样本进行了实证研究，发现：(1)长期绩效表现上，国有企业的长期绩效趋于上升，民营企业的长期绩效下滑。(2)除了控股权性质以外，上市公司定向增发资产注入后长期绩效的影响因素还有是否存在股权质押行为、注入资产的比重与盈余管理的程度。因此，从控股股东拿出未上市的资产注入上市的公司的动机来看，国有企业与民营企业存在着不同的动机。特别重要的是，由于民企控股股东受到更多的融资约束，因此在定向增发资产注入中存在一种监管套利行为：即与直接将未上市的资产质押融资相比，通过将未上市的资产注入上市公司换取股份，再将换取的限售流通股份质押融资的行为。

第一节　引　言

定向增发是股权分置改革之后正式实施的股权再融资方式，至今已有超过十年的历史。同公开增发相比，定向增发的发行条件宽松，并无明确的盈利要求。近两年来，出现了上市公司定向增发的热潮，平均每天有近两家公司实施了定向增发，而同一时间内，公开增发这一再融资方式已经无人问津。表8－1给出了我国A股市场股权再融资的统计情况。

表8－1　　2008—2016年我国A股市场股权再融资统计

年份	A股市场股权再融资(亿元)					
	公开增发	定向增发(现金)	定向增发(资产)	配股	合计	定增(资产)占
2008	1 063.29	361.13	668.32	151.57	2 244.31	29.78%
2009	255.86	1 614.83	1 149.24	105.97	3 125.91	36.76%
2010	377.15	2 172.68	656.87	1 438.25	4 644.95	14.14%

续表

年份	A 股市场股权再融资(亿元)					
	公开增发	定向增发(现金)	定向增发(资产)	配股	合计	定增(资产)占
2011	132.05	1 664.50	2 868.82	421.96	5 087.33	56.39%
2012	104.74	1 867.48	1 760.25	121.00	3 853.47	45.68%
2013	80.42	2 246.59	1 345.15	475.75	4 147.91	32.43%
2014	18.26	4 031.30	2 634.43	137.98	6 821.97	38.62%
2015	0.00	6 709.48	3 853.12	42.33	10 604.93	36.33%
2016	0.00	16 978.28*		298.51	17 276.79	不适用

* 注:2016 年统计口径调整后不再区分定向增发(现金)与定向增发(资产),数据依中国证监会官网 (wwwcsre. gov. cn) 统计数据整理而成。

与国外私募发行中认购方多掏出“真金白银”的现金认购不同,我国的定向增发中有相当一部分的资产认购,其中又有一部分是控股股东以未上市的资产认购上市公司股份的情形。截至 2014 年底实施的 1 637 例定向增发中,有 159 例是控股股东定向增发资产注入,共实现资产注入 4 536.50 亿元。在这 159 例定向增发的资产注入中,国有企业 112 例,共资产注入 3 754.66 亿元,平均每例资产注入 33.52 亿元;民营企业 47 例,共资产注入 781.84 亿元,平均每例资产注入 16.63 亿元。

国内学者对这一问题的研究更多的是将定向增发的资产注入作为一种控股股东认购的情形,并没有对定向增发资产注入的动机、不同细分样本下定向增发资产注入的绩效表现做深入的研究。

与国外不同,我国定向增发中出现了许多控股股东资产认购的情形,即本章所研究的定向增发资产注入的情形。国内学者对这一问题的研究主要将所有的定向增发资产注入当做一个整体类型去研究,有学者认为整体绩效的下滑则体现了定向增发资产注入是控股股东对上市公司的掏空行为。事实上,不同细分样本下的定向增发资产注入后上市公司的绩效表现不一,国有企业定向增发资产注入后长期的绩效好于民营企业。且国内文献研究多集中于 2010 年前后,这一时期样本并不充分,且在研究时在样本的选取上过于随意。

本章通过对定向增发资产注入的详细研究,揭示了不同控股权性质下的定向增发资产注入后上市公司长期绩效的表现存在差异,丰富了定向增发资产注入的理论。在实践上,有利于规范上市公司定向增发的行为,对定向增发政策和监管提供一定的依据和启示;有利于我国资本市场的健康发展,也为正处于逐步规范的新兴市场的相关研究提供经验证据。

本章利用我国市场自定向增发实施以来的所有定向增发资产注入样本,研究了不同细分样本下的绩效表现差异。首先从理论的角度出发,探讨定向增发资产注入的三大要素：动机、股份定价和资产定价，从理论上提出了一种监管套利的可能性。然后分析了上市公司定向增发资产注入后长期绩效的影响因素。

一个朴素的思想是，如果定向增发的资产注入中的资产质量较好，上市公司的长期绩效将上升，反之，资产质量较差将导致长期绩效下降。通过对长期绩效指标的观察，来讨论控股股东对上市公司是掏空还是支持。

此外，本章还采用标准的事件研究法对定向增发资产注入的短期绩效进行了实证研究，综合比对不同控股权性质的样本在长短期绩效表现的差异。

第二节　文献综述

一、国外研究文献综述

我国定向增发类似于美、英等国家的私募发行(Private Placement)，国外私募发行起步较早，相关学者对私募发行的研究较多也更为成熟，主要侧重于定向增发中的要素研究：即定向增发的动机与定向增发的定价。因此，本章从要素研究的角度对国外的研究进行文献综述。

1. 定向增发的动机

国外学者主要从股东控制权、市场择时与风险程度等三个方面研究了定向增发的动机。股权集中度的高低对上市公司再融资方式的选择产生深刻影响。最早由 Wruck(1989)的研究发现，家族企业为了避免家族控股权被稀释，更倾向于进行配股而非外部的定向增发；而 Cronqvist 等(2005)的研究则从另一个角度讨论了股权集中度的问题，文中指出家族企业可能为了进一步争夺股权集中度而选择内部的定向增发。

另一个关于定向增发动机的考虑则是从市场环境的角度出发，但关于这一领域的研究并不常见。关于公开增发的市场择时理论(Market Timing Hypothesis)最早由 stein(1996)在论文中提出，该理论基于资本市场参与者非理性而上市公司管理层理性的前提下，认为在资本市场因非理性导致公司股价被高估时，理性的管理者会利用该有利的窗口机会多发行股票筹集资金。Baker 等(2002)的研究表明，美国市场存在增发机会之窗，Helwege 和 Liang(2004)的研究发现，上市公司的增发集中在证券市场牛市时，即出现了热发的现象。

最后一个研究定向增发动机的角度则是从上市公司本身的风险因素出发，Renneboog 等(2007)对英国股票市场中上市公司股权再融资方式选择的因素进行了研究，认为风险程度是影响上市公司股权再融资方式的重要因素，风险较大估值偏低的上市公司，更偏好选择定向增发。他对此的解释是，定向增发中的新股认购者通常是实力较为强劲的机构投资者或是资金实力强的个人投资者，具备一定的资本实力和风险承受能力，愿意投资也敢于投资那些风险较大却回报可观的企业。

2. 定向增发的折价

定向增发的定价问题饱受国内外学者的关注，研究发现，大部分国家和地区的定向增发都采用折价发行，且折价率普遍高于公开增发。在美国，定向增发折价率为15%左右。Beak等(2006)讨论了不同认购对象折价率的区别，发现面向控股股东的定向增发折价率高于面向非控股股东的定向增发折价率，这种更高的折价率使得控股股东能够获得更多的股票，从而实现对中小股东权益的稀释，侵害了中小股东的利益。此外，Dyck和Zingales(2004)对超过30个国家的数据进行了实证分析，发现定向增发中控股股东的收益率高达50%，而与此对应的平均收益率仅有20%，容易看出存在控股股东操纵利益行为。

对于定向增发中的折价现象，国外学者提出了信息挖掘成本理论、监督成本补偿理论与流动性补偿理论。信息挖掘成本理论是在信息不对称理论的基础上提出的，由于内外部信息的不对称，外部投资者需要花费一定的成本来了解公司潜在的投资潜力，因此定向增发的折价是对该成本的补偿。Hertzel和Smith(1993)研究了1980年至1987年美国106家上市公司，发现折价与调查成本的代理变量显著正相关，调查成本越高，折价就越高。

监督成本补偿理论又称基于代理理论的利益协同说，Wruck(1989)认为，定向增发中由于股票限售期的限制和较高金额的认购，使得投资者面临较高的风险，因此他们更有监督上市公司的动力。而在信息不对称的情形下，外部投资者的监督成本高于内部投资者，理应获得更高的折价补偿，又将此解释为基于代理理论的利益协同说。然而，在内外部投资者谁应该获得更高补偿的问题上，存在着不一致的看法。Wu(2004)提出了对立的观点，认为内部投资者获得高折价是因为付出了更多的监督成本，他的实证结果表明，对于美国高科技企业，那些派遣了董事的定向增发认购者，付出了更多的监督成本，同时享受了更多的折价。

流动性补偿理论认为，定向增发的折价是对股票在禁售期内不能出售的一种补偿。Krishnamurthy(2005)对1983年至1992年美国391家上市公司进行了分析，发现有禁售期的定向增发折价率为32%，显著高于样本总体折价率的18%；在Elizabeth(2009)对1993年至2005年加拿大资本市场821家上市公司的研究中发现，有禁售期的平均折价率约为17%，显著高于无禁售期的平均折价率的8%，说明了定向增发折价在一定程度上是对流动性的补偿。

3. 股权再融资中的盈余管理研究

盈余管理(Earnings Management)是上市公司在遵循会计准则的基础上，通过对财务报告的调整，以误导利益相关者对公司业绩的理解或者影响以报告盈余为基础的合约。国外大量研究表明，上市公司在配股、公开增发等股权再融资前存在进行盈余管理的行为。Teoh等(1998)，DuCharme等(2004)等认为，上市公司在公开增发新股前会进行利润操纵，即通过进行盈余管理来合理地调高财务报告中的绩效业绩，目的是提高发行股票的价格。

二、国内研究文献综述

我国定向增发起步较晚，证监会 2006 年 5 月颁布的《上市公司证券发行管理办法》标志着定向增发正式成为我国上市公司股权再融资方式（Seasoned Equity Offering，SEO）之一。我国学者利用我国数据对定向增发中的经典领域折价和盈余管理做了许多研究。何贤杰（2009）对我国 2006—2008 年 286 家定向增发的公司进行了研究，发现信息不对称程度与折价显著正相关。

在股权再融资盈余管理范畴的研究上，蒋义宏和魏刚（1998）对我国上市公司实证研究发现，我国 A 股上市公司存在配股前进行盈余管理来操纵公司业绩的行为，使上市公司的业绩达到监管部门的标准；陈小悦等（2000）发现在所有配股上市公司之中，刚达到配股资格的上市公司盈余管理程度较高；凌春华和陈龙水（2002）同样发现我国上市公司在公开增发上存在盈余管理行为的证据。可见，我国上市公司通过盈余管理来获得配股资格。

章卫东（2010a）对定向增发中盈余管理进行了详细的分析，通过对定向增发认购对象分类后的分析得出，向控股股东定向增发时，上市公司会在发行前实施负向盈余管理；向机构投资者定向增发时，上市公司会在发行前实施正向盈余管理。其动机是降低对控股股东的增发价格而提高对机构投资者的增发价格。田昆儒、王晓亮（2014）对 2008 年至 2009 年我国上市公司定向增发样本的研究得出了同样的结论，即存在定向增发前盈余管理的行为。王晓亮（2016）则提出，这种盈余管理将导致上市公司定向增发之后股票的流动性下降。

我国学者在上述研究的基础上对定向增发的公告效应及定向增发后的上市公司绩效做了较多研究，并且将折价与盈余管理作为解释变量来讨论定向增发的公告效应及定向增发后的长期绩效，因此下面从定向增发的公告效应及定向增发后的长期绩效来对国内研究进行文献综述。

1. 定向增发的公告效应

国内外的研究表明，定向增发事件日附近购买股票能获得正的超常回报，即定向增发存在正的公告效应。Wruck（1989）对 1980 年至 1988 年美国资本市场定向增发进行了实证研究，发现预案公告日当天，超常收益均值为 1.9%，总的超常收益均值为 4.5%。其他国家和地区的资本市场相类似，定向增发中同样广泛存在正的公告效应：新加坡为 6.27%（Tan 等，2002）；中国香港为 1.97%（Wu 等，2005）；新西兰是 3.94（Anderson 等，2006）。国内关于定向增发公告效应的研究也很多，如徐寿福（2010）对 2006 年至 2008 年我国资本市场定向增发的研究发现，预案公告前一周内累计超额收益率约为 7.6%。

传统的观点认为，定向增发中引入了积极投资者对公司进行监管，从而降低了公司的代理成本，因此容易得到市场的认可。此外，定向增发的行为向市场传递了公司管理层认为股价被低估的信息，市场会改善对公司价值的看法。

顾海峰（2014）对公告效应的因素进行了研究，认为增发目的是影响公告效应的因素之一，重组类的定向增发具有更显著的正公告效应。胡李鹏（2016）则对定向增发与公开增发的公告效应进行了比较，发现我国定向增发的公告效应为正，公开增发的公告效应为负。

2. 定向增发与上市公司长期绩效

传统的股权再融资研究发现，上市公司长期绩效一般都会出现下滑或恶化的现象（Loughran、Ritter，1995；Spiess、Affleck-Graves；Rangan，1998；Teoh 等，1998；Kang 等，1999；Brav 等，2000；Ho 等，2005；Andrikopoulos，2009），称为“股权再融资后的绩效下降之谜”。定向增发后长期绩效是否会出现同样的恶化现象呢？Hertzel 等（2002）对 1980 年至 1996 年美国资本市场 619 家定向增发的样本进行了研究，定向增发同公开增发相比，长期经营绩效的表现更差。Chou 等（2009）的研究发现，高托宾 q 的上市公司定向增发后长期绩效出现恶化，而低托宾 q 的上市公司定向增发后长期绩效恶化并不显著。

耿建新等（2011）通过对 2006—2007 年我国资本市场 163 家定向增发的样本进行研究后发现，定向增发后经行业调整的市场业绩和经营业绩均呈现下滑态势。夏培培（2016）对我国 2010—2012 年上市公司定向增发样本进行了研究，同样发现长期经营绩效下降。

国内选择对国内市场上定向增发长期绩效的影响因素做了研究，主要研究了发行对象和盈余管理程度两个因素。在发行对象的研究范畴上，徐寿福（2011）发现，机构投资者的引入对上市公司长期绩效产生积极的影响，从长期来看，引入新的机构投资者的上市公司较未引入的上市公司绩效更好。黄晓薇、文熠（2014）的研究表明，与控股股东未参与的定向增发相比，控股股东参与的定向增发后的长期绩效更差。

此外，由于盈余管理直接影响上市公司绩效的表现，因此经常被考虑为绩效下滑的影响因素之一。上市公司的盈余管理行为造成了市场参与者不能准确认识到上市公司的实际经营状况，出现了错误的投资决策，这些失真的盈余信息欺骗了外部投资者，导致了外部投资者财富的损失，实质是对中小股东利益的一种侵害。田昆儒和王晓亮（2014）的研究也同样发现，盈余管理程度是影响我国上市公司定向增发后长期绩效的因素之一。

三、文献评述

国外发达国家资本市场的定向增发起步较早、更加成熟，相关理论的研究也更为丰富。国外学者对定向增发中的经典领域——定向增发的动机、定向增发的折价及定向增发与盈余管理等问题做了许多研究，并提出了许多理论解释。在定向增发后的短期绩效即公告效应与长期绩效上，外国学者发现在各个资本市场普遍存在正的公告效应与长期绩效下滑。

而我国定向增发起步较晚，国内学者在国外研究的基础上利用我国资本市场的数据进行了实证研究。除了研究传统的定向增发折价、盈余管理之外，也逐渐研究了定向增发的公告效应、定向增发后的长期绩效。国内的实证结果表明，国内市场上定向增发的公告效应同样为正，但是定向增发后的长期绩效根据不同类型的样本出现了不同的表现。国内学者对定向增发后的长短期绩效影响因素做了许多研究，尤其研究了定向增发的折价率、定向增发的盈余管理程度等因素对定向增发后的长期绩效的影响情况。

可以说，在定向增发的传统领域即定向增发的折价等问题上，我国学者更多是借鉴了国外的研究；而在定向增发后的长短期绩效的影响因素研究上，我国的学术成果则比国外更加全面和充分。这些影响因素的研究为我国定向增发领域开拓了新的研究范围，同时也为我国不断完善的监管环境提供了理论和实证上的证据，以促进我国资本市场的和谐健康发展。

我国定向增发的相关研究扎堆出现在2010年前后，这一时期研究成果丰富，呈现出“井喷”的态势。但是，这一时期的研究可利用的样本数量有限，在2010年之后定向增发的案例更多，而相关研究并没有跟上样本的丰富。此外，国内学者在研究定向增发后的长期绩效的影响因素上，很少有对不同类型的定向增发样本进行区分，例如，对于控股股东定向增发资产注入的样本中，很少有研究对控股股东的企业性质是国企还是民企进行区分。

事实上，国企和民企在定向增发的动机、可注入资产的规模以及资产注入后的绩效表现都呈现出差异性，对这一问题的讨论具有理论和实际意义。随着我国资本市场的不断发展壮大、金融监管体系的完善以及时间跨度的加大，后续的研究能够更加清晰准确地利用我国的实际数据，理解我国特色的定向增发资产注入现状。我们将结合最新样本对定向增发资产注入这一问题进行深入探讨，在丰富定向增发理论的同时，为我国资本市场的健康发展、市场行为有序、上市公司准确实施融资计划以及保护投资者利益等方面带来新的理解和启示。

第三节　定向增发与资产注入的理论分析

一、定向增发资产注入概述

1. 定向增发的分类与定向增发资产注入的界定

我们所讨论的定向增发资产注入指上市公司的控股股东或关联方将非其拥有

的未上市资产出售给其控制的上市公司的行为，即上市公司发行股份购买控股股东的资产。作为定向增发的一种类别，定向增发资产注入与其他类别有着相似与不同之处，不同文献对定向增发的分类有所不同，下面我们对定向增发的分类做具体的界定，并给出我们分类的理由。

定向增发的认购对象可分为控股股东（含控股股东关联方）、机构投资者和自然人，支付的对价为现金及资产。综合认购对象和支付对价，本书将定向增发分为以下四类：补充流动资金或项目融资类、定向增发资产收购、定向增发资产注入与壳资源重组。表8—2简要说明了各类定向增发的特征。

表8—2　　定向增发的分类及特征

类别	增发对象	对价	特征
项目融资类	控股股东、机构投资者、自然人	现金	具有具体的资金使用目的
定向增发资产收购	非控股股东及其关联方	资产	非关联方，主营业务不变
定向增发资产注入	控股股东或其关联方	资产	关联方资产，主营业务不变
壳资源重组	不限	资产	主营业务更变

(1)补充流动资金或项目融资类

此类定向增发是最为常见的定向增发，我国市场上约有七成定向增发属于这种类别。在这种类别的定向增发中，上市公司通常有资金需求的具体目的，例如补充流动资金或具体的项目融资需求。认购的对象为资金提供方，涵盖控股股东、机构投资者与自然人三类。此类定向增发的进程通常较快，且不涉及未上市资产的定价。例如，2012年光大证券(601788.SH)定向增发融资80亿元发展期货子公司规模等项目便属于此类。

(2)定向增发资产收购

定向增发资产收购即上市公司发行股份购买非控股股东资产的情形，与定向增发资产注入不同，定向增发资产收购不构成关联交易，通常发生在上市公司现金不足或者资产出让方对上市公司股票的认可时。定向增发资产收购不涉及控制权的转移，例如，2016年驰宏锌锗(600497.SH)为了加快决策速度，收购境内自然人持有的荣达矿业少数股权。

从方案上来看，定向增发资产收购又包括两种类型：一是上市公司发行股份购买非控股股东资产，该方案通常伴有配套融资；二是定向增发融资购买非控股股东资产。发行股份购买非控股股东资产即上市公司以股份为对价购买非控股股东资产，通常伴随不超过标的资产价格25%的配套融资。配套资金的用途可以是作为现金对价支付资产出让方或者留在上市公司体内进行具体的项目投向。通常见于购买的资产规模较大。

定向增发融资购买非控股股东资产的复杂之处在于除了上市公司和资产出让方外，还涉及资金的出让方。此类定向增发资产收购可以拆分为上市公司以股份为对价融资和以现金进行资产购买两部分，通常情况下不互为前提。最终资金出让方获得上市公司的股份，资产出让方获得现金，上市公司获得资产。

(3)定向增发资产注入

定向增发资产注入是另一种常见的定向增发类型，从体量上看约有三成的定向增发属于此类，也是本书的研究对象。此类定向增发是上市公司发行股份购买控股股东的未上市资产，或者说控股股东通过换取股份的方式将未上市资产注入了上市公司。在定向增发资产注入前后，上市公司主营业务基本不发生改变。注入的资产为原资产五倍以上的，文本视作第(4)类壳资源重组。

根据原有资产与注入资产的关系，可分为整体上市(关联资产注入)类和非关联资产注入类。无论从数量还是金额上看，整体上市类的定向增发资产注入都是更为常见的定向增发资产注入，当然这与我国分拆上市的历史背景是分不开的。

整体上市类的定向增发资产注入中，注入的资产和原有的资产通常存在同业竞争和关联交易，控股股东通过将这些非上市关联资产打包上市，能够减少上市公司关联交易，提高上市公司的抗风险能力、竞争能力和营业能力。例如，2011 年上汽集团(600104.SH)通过将汽车产业链相关资产注入上市公司，通过定向增发资产注入实现整车业务整体上市。

而非关联资产注入类的定向增发资产注入中，注入的资产与原有的资产不存在业务、资金上的关联往来。例如，2011 年控股股东将二甲醚业务注入新奥股份(600803.SH)，使得新奥股份进入煤化工领域，提升公司整体实力。根据注入资产业务和原有资产业务的关系，又可细分为纵向资产注入和横向资产注入。纵向资产注入即注入的资产与原有的资产业务上属于上下游的关系，通过资产注入实现上市公司业务纵向发展。横向资产注入即注入的资产与原有的资产属于不同行业，实现上市公司业务多元化发展。

(4)壳资源重组

由于 IPO 中存在“堰塞湖”的现象，上市资格是一种稀缺的资源。拟上市公司股东可以通过收购上市公司(壳公司、Shell)实现上市。具体的操作是，上市公司通过定向增发进行资产置换重组，将原有资产、负债置出并将新资产注入，置入置出的差额由发行股份支付对价。壳公司通常存在经营业绩较差、主营业务亏损等情形，市值较低。例如，2010 年广发证券(000776.SZ)借壳延边公路，实现借壳上市。

由于资产置换重组前后上市公司主体区别很大，通常主营业务、控股股东、证券名称都发会生变更。因此不属于本书所研究的定向增发资产注入的范畴。

2. 定向增发资产注入的背景与现状

在讨论定向增发资产注入的相关问题之前，我们首先需要结合其产生的具体背景。我国定向增发的引入，很大程度上是为了给控股股东注入未上市资产提供便利。以股权分置改革为界，我国资本市场股权再融资制度可分为股权分置改革之前和股权分置改革之后两个阶段。

股权分置改革之前，配股与公开增发是我国主要的股权再融资方式，且上市公司逐渐热衷于公开增发。2003 年年初至 2004 年年底，中国上市公司股权再融资合计 457.15 亿元，其中公开增发 275.85 亿元，占比 60.34%，配股 181.30 亿元，占比 39.66%。这一时期，我国存在广受诟病的“二元”股权结构，人为地将股份分为可上市流通的社会公众股和不可上市流通的国家股和法人股。流通股按市价挂牌交易，而非流通股则按每股净资产进行协议转让，出现了同股不同权也不同价。持有非流通股的控股股东并不专心于提高企业的盈利和市场竞争力，而是通过关联交易、资产占用及违规担保等手段进行利益输出，损害中小股东的利益。

股权发行制度总体上经历了从审批制到核准制的转变，但无论是审批制还是核准制，上市资源都非常稀缺，且有利润等具体的要求，为了满足上市条件，企业通常采用分拆优质资产的方式实现上市，即分拆上市。这时，原企业成为上市公司的母公司，拥有上市公司的经营权，而上市公司与母公司之间存在诸如关联交易、同业竞争和资金占用等问题，侵害中小股东的利益。吴敬琏(2002)指出，国有企业改制把核心资产分拆出来组建上市公司，而作为管理上市公司的控股股东的建立基础是非核心资产。由存续企业为基础的控股公司代表国有股行使上市公司股权，这样的安排使有竞争力的上市公司被非核心资产为基础的控股股东所控制，使得上市公司进一步改造成为有市场竞争力的上市公司受到了许多来自旧体制的约束，从而遇到许多不易克服的困难。

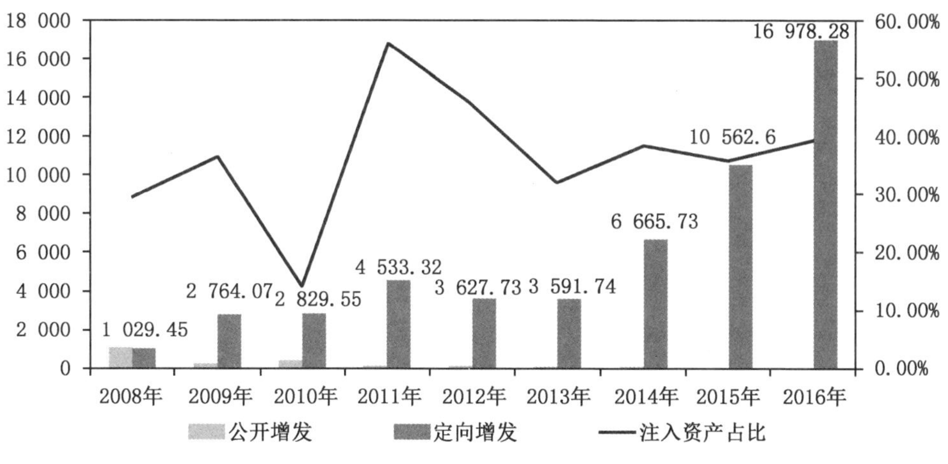

图 8-1　2008—2016 年我国 A 股市场定向增发统计

2006 年，我国资本市场股权分置改革取得阶段性成果，A 股市场开始进入了全流通时代。同年5月，证监会颁布的《上市公司证券发行管理办法》明确了定向增发可以作为我国上市公司股权再融资方式，其后，证监会颁布《上市公司非公开发行股票实施细则》与《上市公司重大资产重组管理办法》，对定向增发的相关细节问题作了具体的规定。图8—1展示了自2008—2016年我国定向增发的实施情况。

股权分置改革消灭了流通股与非流通股的区别，同股同权同价，所有股权利益趋于一致，控股股东有动力去关心企业的业绩。同时，控股股东为了表现他们股改的诚意，在股权分置改革的方案中承诺将自己盈利能力较强、与上市公司业务密切相关的资产注入上市公司，以提高上市公司的抗风险能力、竞争能力和营业能力。政策上，国企监管部门鼓励国有企业的控股股东向上市公司注入资产，提高上市公司质量，如证监会等五部委发布《关于上市公司股权分置改革的指导意见》，提到“支持绩优大型企业通过其控股的上市公司定向增发实现整体上市；支持上市公司以股份等多样化支付手段，推动上市公司做优做强”。自始，我国A股上市公司迈向整体上市的新阶段。

二、定向增发资产注入的要素分析

通常认为，定向增发具有两大要素：动机和股份定价。动机是隐形要素，虽然在预案公告中会披露定向增发交易的相关情况，但真实动机难以被外部人准确认识；定价是显性要素，所有市场参与者都能准确得到这一信息。

由于定向增发资产注入还涉及控股股东的资产评估，因此定向增发资产注入具有动机、股份定价和资产定价三大要素。市场参与者能够通过上市公司的公告来了解定向增发资产注入中的各项要素信息，并以此作为投资决策的依据。而在讨论定向增发资产注入的绩效表现时，通常也结合各种要素进行分析。下面我们就定向增发的动机、股份定价和资产定价做相关讨论。

1. 定向增发资产注入的动机

综观我国资本市场的进程可以看到，由于分拆上市，许多国有控股上市公司存在“小股份，大集团”的现象，即上市公司的资产规模较小，集团公司的资产规模较大。定向增发推出后，国家各部委积极推进国有企业整体上市。2006年12月，国务院同意了国资委提交的《关于推进国有资本调整和国有企业重组的指导意见》中提到“积极支持资产或主营业务优良的企业实现整体上市，鼓励已经上市的国有控股公司通过增资扩股、收购资产等方式，把主营业务资产全部注入上市公司”。

与国有企业定向增发资产注入是受政策上的支持不同，民营企业上市公司定向增发资产注入是一种纯粹的市场化行为。由于定向增发发行条件较为宽松，这就为控股股东注入劣质资产提供了寻租的空间。在实际中我们也可以看到一个有趣的现象，即民营企业的控股股东在定向增发资产注入后倾向于将股权质押融资。在本章研究的47家民营企业定向增发资产注入的样本中，有36家上市公司的控股股东将定向增发资产注入中换取的股份质押，质押比例为 76.60%；而 112 家国有企业样本中仅有 11 家出现了类似的股权质押现象，质押比例 9.82%。我们对股权质押这一现象能否反映资产注入的质量，进而影响上市公司的长期绩效非常感兴趣。

一种可能的监管套利理论是，相比于将未上市的资产抵押给银行进行贷款，控股股东将这些未上市的资产装入上市公司后，再将所换取的股份进行质押融资的方式无疑将受到更低的监管以及受到更多的资金。

这种方式规避了控股股东增发股份需要锁定三十六个月所受的流动性要求，控股股东可以通过股权质押的方式开展其他业务。根据上市公司的公告，控股股东定向增发资产注入通常质押其所获得的限售流通股五成以上，有的控股股东甚至质押了超过九成的股份。

国有企业与民营企业不同，无论上市还是未上市的国有资产，都受到严格的监督和审计，且国有股权质押行为也必须得到所在省级国资委批准后方可进行，因此较少出现这种定向增发资产注入后马上股权质押融资的行为。

从质押的交易对手看，股权质押的交易对手常见于信托和银行等机构，例如，海航集团下属的海南航空商业控股作为西安民生(000564.SZ)控股股东，在将未上市的百货业资产定向增发资产注入上市公司后，换取的 8 500 万上市公司限售流通股全部质押给中信信托进行融资回购，且逐年滚期；而卧龙电气(600580.SH)控股股东卧龙投资则在定向增发资产注入后将所持 20 000 万限售流通股质押给国开行以获得外汇资金的贷款。

在券商开始两融业务之后，交易对手开始出现了券商的身影。例如，信邦制药(002390.SZ)的控股股东自然人张观福先生则在将相关的医药资产注入上市公司后，将获得的上市公司限售流通股全部质押给国信证券进行融资回购，并逐年滚期。

这些机构在股权质押中获得了大量的上市公司限售的流通股，实质上存在着一定的爆仓风险，当上市公司的股价遭遇大幅下跌时，其控股股东有很高的违约风险，金融机构拿着这么多的现券却没有变现能力，可能影响金融机构的流动性，甚至说提高了整个金融系统的系统性风险。

2. 股份定价和资产定价

除了动机之外，定向增发资产注入中另一个投资者所关注的则是价格的确定。价格看似是公告中已经包含的明确信息，其背后却有许多“故事”。例如，朱红军等(2008)在驰宏锌锗的案例研究指出，尽管驰宏锌锗的控股股东强调本次定向增发是为了中小股东一致利益的考虑，但是由于没有合理的监管以确保定向增发过程中的公正性问题，容易受到控股股东的操纵从而侵害中小股东的利益。

近日，证监会对《上市公司非公开发行股票实施细则》进行修订，明确“定价基准日”为“发行期首日”，从制度上遏制了定向增发套利。但定向增发资产注入中不但涉及股份定价，还涉及资产定价，下面我们进行具体讨论。

定向增发资产注入可以看做是上市公司发行股份融资与支付现金购买两部分，实际中往往只确定一个对价，并不涉及具体的现金交易。但作为股份支付方的上市公司和资产出让方皆受上市公司控股股东控制，既涉及股份的定价，也涉及资产的定价，可以看作一种“双重关联交易”。这其中涉及内外部人员的信息不对称，即控股股东与上市公司掌握的信息比较充分，处于有利的地位，而中小股东与外部投资者缺乏信息，处于不利的地位。

从股份定价的角度看，我国面向控股股东的定向增发通常较机构投资者具有更高的折价，有学者将其解释为是对控股股东的股份锁定期(36 个月)较机构投资者的股份锁定期(12 个月)更高的一种流动性补偿。此外，控股股东作为内幕信息的知情者，愿意换取限售的流通股股份，也容易被市场解读为上市公司存在价值被低估的现象。

但也有学者对面向控股股东的折价提出了不同的观点。张鸣和郭思永(2009)认为，定向增发中的折价能够反映控股股东向自身转移财富的多少，而市场也会出现负面反馈，也留下了控股股东借助定向增发进行利益侵害的证据。吴育辉等(2013)的研究表明，不同对象之间的折价率存在差异是上市公司受其控股股东操纵的结果，从实践中看，我国上市公司在定向增发前通常存在长期的停牌行为，而复盘后股价高涨，但增发价格被早早锁定，从而节约了控股股东购买新股的成本。在定向增发资产注入中，控股股东具有绝对的权利优势，在是否进行、何时进行等事项上具有绝对控制权。控股股东为了维护自身的利益，股份定价中出现较高的折价其实是为投资者所预期的。

从资产定价的角度看，定向增发资产注入中对资产质量的审核并不严苛，具有典型的逆向选择的特征，即上市公司倾向于选择那些能够给出更高评估增值率的资产评估机构。因此，关于注入资产质量的信息不对称程度更大，颜淑姬(2013)认为控股股东具有强烈的动机将劣质资产装入上市公司。李姣姣和干胜道(2015)则对定向增发中资产出让方的类别进行了研究，发现收购非控股股东资产时评估增值率偏高，而收购控股股东资产时评估增值率偏低的现象，这就存在一种明显的监管套利行为。国内学者得出的结论普遍认为，控股股东在定向增发中利用自身的优势地位侵害了中小股东的利益。

三、定向增发资产注入与上市公司绩效

一种评价定向增发的思路是从本身的要素去评价，例如从折价的角度讨论定向增发的相关问题。另一种评价定向增发的思路则从定向增发后上市公司的绩效来评价，即讨论定向增发的公告效应与长期绩效。

在我国，项目融资等类别的定向增发通常较快，从预案公布到增发股份上市通常不超过一年，快的往往数月内即完成。定向增发资产注入则不同，通常属于上市公司的重大资产重组，而且国有企业还需获得发改委的审核等事项，从预案公布到股份上市通常在一年以上，慢的可能近两年。

国内学者对我国资本市场上定向增发后的上市公司的绩效做了许多研究，短期绩效主要考虑的是短期超常收益率，又称公告效应或短期财富效应，长期绩效则对市场绩效和经营绩效都有学者进行了研究。我们将延续这一思路，对定向增发资产注入中不同细分样本进行讨论，短期绩效仍然讨论公告效应，在长期绩效中研究长期经营绩效。

1. 定向增发资产注入的短期超常收益率

国内学者发现，我国资本市场中定向增发的短期超常收益率通常为正。章卫东和李海川(2010)对我国 2006—2008 年上市公司定向增发的样本进行了研究，发现定向增发后上市公司短期超常收益率为正，且向控股股东定向增发的样本优于向其他非控股股东定向增发的样本。丁璇(2015)则对 2009—2014 年上市公司定向增发后的超常收益率做了研究，同样发现正向的超常收益率。

在定向增发资产注入中，控股股东将未上市的资产注入上市公司，达到了资产证券化的目的，使得这部分未上市的资产获得了市场的定价以及流动性。同时，由于控股股东获得了上市公司的股份，这一信息也容易被视为对上市公司长期股价的看好，因此通常情况下能够得到资本市场的正向反应。

2. 上市公司长期绩效的影响因素

由于定向增发资产注入涉及资产、人员、业务的整合，因此长期绩效更能反映效果。除了短期的公告效应外，我们还将关注定向增发资产注入样本的长期绩效，并讨论长期绩效的影响因素。

(1)定向增发资产注入的动机与长期绩效的关系

我们在上一节中详细分析了国有企业与民营企业定向增发资产注入的不同动机。国有控股股东受国家政策的支持，将上市公司关联的资产整体注入上市公司，实现了整体上市。由于国有资产受到更多的监督和审计，同时国有企业管理人的政绩恰恰来源于上市公司的绩效，因此我们认为，国有上市公司定向增发资产注入后长期绩效上升，体现了国有控股股东对国有上市公司的支持。民营企业则不同，定向增发资产注入是一种纯粹的市场化行为。现在许多民营企业的控股股东都有许多未上市的资产，例如，旗下拥有多家上市公司的横店控股所涉及的业务则广泛分布于金融、信息、教育、卫生和房地产等行业。由于将资产出售给上市公司实质是将私有的未上市资产变成公众的上市资产，从动机来讲，民企的控股股东更有注入劣质资产的动机。

此外，民营企业的控股股东受到更多的融资约束，而股权质押行为能够体现出这一融资约束。由于定向增发中资产评估受到更低的监管，以及上市公司股份所享受的高溢价率，因此存在一种监管套利理论即将劣质资产注入上市公司后通过增发股份质押融资。这种行为的结果是作为公众公司的上市公司得到了劣质的资产，侵害了中小股东的利益，也从侧面反映了控股股东存在掏空上市公司的行为。因此，这种动机下上市公司的长期绩效将较差。

（2）定向增发资产注入与股权集中度、长期绩效的关系

我国资本市场的显著特征是股权集中，因此存在普遍的第二类代理问题，即控股股东对中小股东利益的侵害。定向增发资产注入中，控股股东获得了上市公司的股份，持股比例显著提高。这种控股比例的提高使得控股股东的利益与上市公司的利益更加趋同，其掏空（Tunneling）上市公司的动机将下降，转而支持（Propping）上市公司。因此，我们认为，注入的资产与原资产比值越高，控股股东增发后持股比例增加越大，则控股股东与上市公司的利益更加趋同，控股股东更有支持上市公司绩效的动机，上市公司的长期绩效会更好。

（3）定向增发资产注入与盈余管理、长期绩效的关系

国内学者发现，上市公司在定向增发前存在盈余管理的行为。在定向增发资产注入中，上市公司的控股股东将未上市的资产注入上市公司，换取了限售的流通股股份，我们认为，控股股东具备在定向增发资产注入前进行负向盈余管理的强烈动机，理由有三：其一，负向盈余管理可能会降低上市公司的股价，从而降低了控股股东的认购成本，同样的资产能够换取更多的上市公司股份；其二，与资产注入之前进行的红利分配相比，控股股东将利润留存后分配可以获得更多利润，具体则能多获得持股比例差额所对应的分红金额；其三，由于失去了将资产变现的能力，控股股东需要更多的现金来补偿其流动性。

由于应计利润的操纵需要在之后进行反向的调回，从实际中看，控股股东偏好在定向增发资产注入当年进行调回，并配合更高比例的分红。因此从绩效的变化来看，长期绩效表现出下滑，且这一下滑幅度与增发之前的负向盈余管理程度密切相关，即我们认为更高的负向的盈余管理水平将导致更多的长期绩效下滑。由于定向增发中股份定价影响的是换取股份数目，由于资产总额不会发生变化，因此在考虑长期绩效变动时不考虑股份定价因素。

四、研究假设的提出

根据本章的分析，我们提出如下假设。

假设1：不同控股权性质的上市公司定向增发资产注入后长期绩效的表现不同，国有上市公司的长期绩效趋于上升，民企上市公司的长期绩效下滑。

假设2：注入资产比重是上市公司定向增发资产注入后长期绩效的影响因素之一，资产注入比重越大，上市公司的长期绩效则越好。

假设 3:定向增发资产注入前的盈余管理程度与上市公司的长期绩效呈负相关,负向盈余管理程度越高,上市公司的长期绩效下滑越大。

第四节　定向增发资产注入与上市公司绩效的实证研究

一、样本选取与数据来源

1. 研究样本与行业控制组样本的选取

我们以上市公司将所增发的新股计入年报为标准,选取了定向增发实施以来我国 A 股市场成功实施的定向增发资产注入的案例为初筛样本。研究的样本依据以下标准进一步筛选:(1)剔除主营业务在定向增发资产注入前后显著改变的上市公司样本。(2)剔除所在行业家数过少上市公司的样本。(3)剔除金融业的上市公司样本。(4)剔除房地产业的上市公司样本。(5)剔除换股吸收合并的样本。(6)剔除 2015 年、2016 年实施的定向增发资产注入样本。

由于长期绩效需要一定的时间沉淀,因此剔除 2015 年、2016 年实施的样本;而房地产业整体借壳上市较多,且盈余管理程度高,因此也剔除房地产业。按照上述的标准,共得到 159 个研究样本(见附录 2),其分布统计情况如表 8—3 所示。

我们按照以下三个标准构建样本公司的行业控制组样本:(1)行业匹配:同行业业务稳定的上市公司,且在研究区间内无股权再融资的样本。(2)规模匹配:以定向增发当年年初总资产衡量企业规模,控制组年初总资产为样本公司的 70%—130%。(3)业绩匹配:以定向增发当年年初扣非净利润衡量企业业绩,对照组年初扣非净利润为样本公司的 80%—120%。采用控制组样本相关会计指标的中位数对样本公司同一会计指标进行调整,以消除行业因素对会计指标变化带来的影响。

2. 数据来源

我们所使用的定向增发要素数据来自万得(WIND)数据库、上海证券交易所和深圳证券交易所;财务数据来自国泰安 CSMAR 系列研究数据库,行业分类依据证监会行业分类指引(2012 年修订)。样本筛选通过手工收集整理巨潮资讯网中上市公司发布的《非公开发行报告书》及前后年份的年度报告等其他公开公告而成。

表 8—3　　定向增发资产注入样本公司的行业分布与时间分布情况

类别	06	07	08	09	10	11	12	13	14	合计
畜牧业								1		1
采矿业	1		1	4	1		1	2	1	11
化学制品制造业		1	1			1		1	2	6

续表

类别	06	07	08	09	10	11	12	13	14	合计
医药制造业		1	1		2	1	1	5	1	12
非金属矿物制造业			2	1	1	1		1		6
黑色金属冶炼	2	1	2	1	1			1	1	9
有色金属冶炼		5								5
专用设备制造业		1	1	2	1	1				6
汽车制造业	2	1	2			2	1		1	9
运输设备制造业			1			1	2	1		5
电气机械制造业		2			1	1	1	1	3	9
通信设备制造业			2				2	1	3	8
其他制造业		6	1	1	2		2	1		13
电力生产和供应		1	2	2	2	1	3		2	13
建筑业			1		1		3			5
批发业			1	1	2	1		1	3	9
零售业	1				1	1			1	4
交通运输业		3	3		2	3	3	1		15
信息技术服务业							2	1	2	5
商务服务业				1			2			3
公共设施管理业						2		1		3
新闻和出版业									2	2
合计	6	22	21	13	17	16	23	19	22	159

注：本表公司行业划分是按照中国证监会（CSRC）在2012年修订的行业分类方法统计的，制表时作者做了部分调整。

3. 指标的选取与计算

(1)长期绩效的度量指标

我们选取三个会计指标来度量上市公司的长期绩效，分别是：(1)总资产报酬率ROA：扣非净利润除以期初总资产与期末总资产的均值。(2)净资产收益率ROE：扣非净利润除以期初所有者权益与期末所有者权益的平均值。(3)每股收益EPS：净利润除以总股本。ROA和ROE是两个常用的经营业绩度量指标。EPS衡量了股东盈利能力，我们对EPS进行除权调整。

(2)短期超常收益率的估计

收益率的计算：

$$R_{i,t}=(P_{i,t}-P_{i,t-1})/P_{i,t-1} \quad (1)$$

$$R_{m,t}=(I_{i,t}-I_{i,t-1})/I_{i,t-1} \quad (2)$$

式中，$R_{i,t}$ 是 i 公司第 t 日收益率，$P_{i,t}$ 是 i 公司第 t 日的股票收盘价，$R_{m,t}$ 是沪市或深市第 t 日的市场收益率，$I_{i,t}$ 是上证综合指数(000001. SH)或深圳成份指数(399001. SZ)的收盘点位。

预期收益率与超常收益率：

$$\hat{R}_{i,t}=\alpha_i+\beta_i\cdot R_{m,t-1} \quad (3)$$

$$AR_{i,t}=R_{i,t}-\hat{R}_{i,t} \quad (4)$$

式中，$\hat{R}_{i,t}$ 是 i 公司第 t 日预期收益率，α 和 β 根据个股在估计期内其日收益率对所在市场的日收益率进行简单 OLS 回归所得。

(3)累计超常收益率、平均超常收益率和累计平均超常收益率

$$CAR_i(t_1,t_2)=\sum_{t=t_1}^{t_2}AR_{i,t} \quad (5)$$

$$AAR_t=\frac{1}{n}\sum_{i=1}^{n}AR_{i,t} \quad (6)$$

$$CAAR(t_1,t_2)=\frac{1}{n}\sum_{i=1}^{n}CAR_i(t_1,t_2) \quad (7)$$

式中，$CAR_i(t_1,t_2)$是 i 公司窗口期(t_1,t_2)内累计超常收益率，AAR_t 为样本公司超常收益率的均值，$CAAR(t_1,t_2)$是所有样本在(t_1,t_2)内累计平均超常收益率。

(3)盈余管理程度的估计

本书采用基于行业分类的横截面修正的 Jones 模型估计上市公司盈余管理程度，其具体的估计过程如下。

计算总应计利润(Total Accruals，TA)：

$$TA_{i,t}=NI_{i,t}-CFO_{i,t} \quad (8)$$

式中，$TA_{i,t}$ 是 i 公司第 t 年的总应计利润，$NI_{i,t}$ 是 i 公司第 t 年的净利润，$CFO_{i,t}$ 是 i 公司第 t 年的经营活动所产生的现金净流量。

计算非可操纵性应计利润(Non-discretionary accruals，NDA)：

$$NDA_{i,t}=\beta_0+\beta_1\frac{1}{A_{i,t-1}}+\beta_2\frac{\Delta REV_{i,t}-\Delta REC_{i,t}}{A_{i,t-1}}+\beta_3\frac{PPE_{i,t}}{A_{i,t-1}} \quad (9)$$

式中，$NDA_{i,t}$ 是 i 公司第 t 年的非可操纵应计利润，$\Delta REV_{i,t}$ 是 i 公司第 t 年营业收入增加额，$\Delta REC_{i,t}$ 是 i 公司第 t 年的应收账款增加额，$PPE_{i,t}$ 是 i 公司第 t 年年末的固定资产，$A_{i,t-1}$ 是 i 公司第 $t-1$ 年年末的总资产。

公式(9)中的参数 β_0、β_1、β_2、β_3 是使用行业截面数据通过下面公式估计得到

$$TA_{i,t}=b_0+b_1\frac{1}{A_{i,t-1}}+b_2\frac{\Delta REV_{i,t}-\Delta REC_{i,t}}{A_{i,t-1}}+b_3\frac{PPE_{i,t}}{A_{i,t-1}}+\varepsilon_{i,t} \quad (10)$$

式中，$TA_{i,t}$ 是经 $t-1$ 年年末总资产标准化处理的总应计利润，b_0、b_1、b_2 和 b_3 分别是参数 β_0、β_1、β_2 和 β_3 的估计值，是随机误差项。

计算可操纵性应计利润(Discretionary accruals，DA)：

将总应计利润(TA)减去非可操纵性应计利润(NDA)就可以得到可操纵性应计利润(DA)，我们以其作为上市公司盈余管理程度的衡量指标，即

$$DA_{i,t}=TA_{i,t}-NDA_{i,t} \tag{11}$$

二、定向增发资产注入与短期超常收益率

1. 事件日、事件窗口期与估计期的确定

与其他类别的定向增发不同，定向增发资产注入的周期通常较长，一般在一年左右，长的可能达到两年。上市公司在方案落地之前可能实施股票停牌，并随着方案的逐步明确而进行信息公告，通常包括预案公告、证监会核准公告、国资委批准公告(如有)、实施公告和发行结果公告。由于预案是公众投资者第一次获得有关资产注入的详细方案，因此将预案公告日选为事件日。

如图 8—2 所示，我们为考察定向增发资产注入预案公告的短期超常收益率，将预案前后 10 个交易日即[—10，10]设定为事件窗口期，将窗口期前 120 个交易日即[—130，—11]设定为事件估计期。在技术上，如果在事件估计期和窗口期存在股票停牌时，取该日前一个非停牌的交易日；当股票出现 20 天以上的长期停牌时，将此段时间内市场指数的波动视为零波动，并不列入和参数的估计。

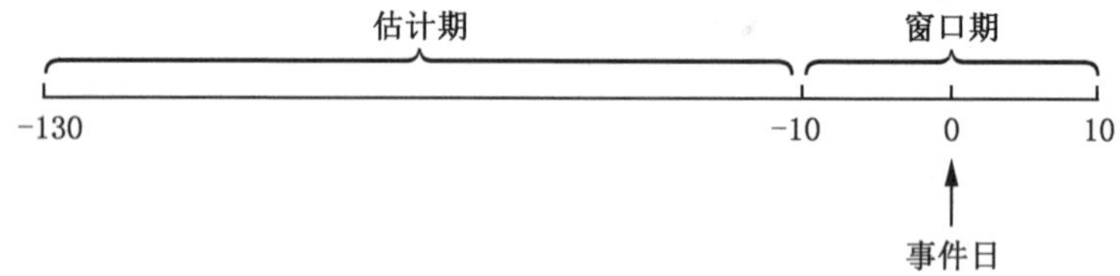

图 8—2 估计期与窗口期的确定

2. 定向增发资产注入的要素分析

在讨论绩效表现之前，我们首先对样本中定向增发资产注入的要素进行分析，下面我们来看样本中的定增所获折价率、资产评估增值率与注入前后的分红情况。

从表 8—4 可见，定向增发资产注入中普遍存在折价的情况，折价率的中位数和均值分别约为 20%和 15%，这同我们预期一致；而在资产评估方面，注入资产的估值普遍高于其资产的净值，平均增幅达到 80%，最大增幅甚至接近 150%；在分红层面，则呈现出上市公司在定向增发当年增加分红的现象，从统计上来说，约有 70%的上市公司在定向增发资产注入当年较前一年增加了分红比例。

从要素上看，控股股东普遍宣称注入了优质资产，因此理所应当地享受这样的

高折价率和高评估增值率。对定向增发当年的分红增进常常宣称是由优质资产的注入提高了上市公司的利润，但我们还应该结合长期绩效来判断控股股东是否注入了优质资产。

表 8—4　　定向增发资产注入要素的描述性统计

	样本数	均值	标准差	中位数	最小值	1/4 位数	3/4 位数	最大值
折价率 Discount	159	15.39%	18.65%	19.66%	−8.22%	6.86%	24.62%	31.01%
评估增值率	159	80.35%	55.89%	76.12%	30.58%	46.10%	107.1%	148.2%
派息比（t=−1）	159	0.07	0.09	0.06	0.00	0.00	0.10	0.35
派息比（t=0）	159	0.13	0.20	0.10	0.00	0.02	0.15	0.55
Δ派息比	159	0.06	0.14	0.01	−0.20	0.00	0.05	0.25

3. 短期超常收益率的分析

短期超常收益率可以看成是市场对上市公司定向增发资产注入这一事件的市场反应，也是上市公司股东的短期财富效应，表 8—5 给出了不同控股权性质的定向增发资产注入样本的短期超常收益率表现。

表 8—5　　平均超常收益率（AAR）t 检验结果与累计平均超常收益率（CAAR）

企业性质		国有企业		企业性质		国有企业	
样本数		112		样本数		47	
窗口日	AAR(%)	t 值	CAAR(%)	窗口日	AAR(%)	t 值	CAAR(%)
−10	0.27	1.32	0.27	−10	0.07	0.21	0.07
−9	0.27	1.11	0.54	−9	−0.24	−0.66	−0.17
−8	−0.25	1.02	0.29	−8	0.01	0.03	−0.16
−7	0.32	1.51	0.61	−7	−0.24	0.49	−0.40
−6	−0.26	1.06	0.35	−6	0.71	1.52	0.31
−5	0.34	1.48	0.69	−5	−0.41	−0.92	−0.10
−4	0.35	1.51	1.04	−4	0.42	1.21	0.32

续表

企业性质		国有企业		企业性质		国有企业	
样本数		112		样本数		47	
窗口日	AAR(%)	t值	CAAR(%)	窗口日	AAR(%)	t值	CAAR(%)
−3	0.50**	2.18	1.54	−3	0.60	1.25	0.92
−2	1.00***	3.63	2.54	−2	1.02***	3.14	1.94
−1	1.36***	4.13	3.90	−1	1.98*	3.04	3.92
0	4.62***	6.58	8.52	0	3.15***	3.60	7.07
1	2.03***	4.53	10.55	1	1.75**	2.44	8.82
2	1.60***	3.48	12.15	2	1.73**	2.60	10.55
3	1.19***	3.10	13.34	3	0.99*	1.73	11.54
4	0.29	1.01	13.63	4	0.59	1.14	12.13
5	0.19	0.44	13.82	5	0.43	0.92	12.56
6	−0.26	−0.95	13.56	6	0.33	0.68	12.89
7	0.05	0.20	13.61	7	−0.23	−0.50	12.66
8	−0.01	−0.04	13.60	8	−0.44	−1.17	12.22
9	0.09	0.27	13.69	9	−0.16	−0.46	12.06
10	−0.08	−0.30	13.61	10	0.75	1.51	12.81

注：*、**、*** 分别表示10%、5%、1%水平下显著。

可以看到，国有企业在21个窗口日内有16个窗口日AAR>0，占总考察天数的76.19%，其中在窗口日为−3至3之间连续7天内通过了显著性检验，在窗口期[−10,10]内累计平均超常收益率为13.61%。在考察的窗口期[−1,0]、[0,1]和[−1,1]内，累计超常收益率CAR>0的样本数占总样本数分别为76.79%、74.11%和80.36%。

民营企业在21个窗口日有15个窗口日AAR>0，占总考察天数的71.43%，其中在窗口日−2至2之间连续5天内通过了显著性检验，在窗口期[−10,10]内累计平均超常收益率为12.81%。在考察的窗口期[−1,0]、[0,1]和[−1,1]内，累计超常收益率CAR>0的样本数占总样本数分别为74.47%、72.34%和82.98%。

如图 8－3 所示，国有企业和民营企业出现相同趋势，在窗口期内绝大多数日子的平均超常收益率 AAR＞0，且在公告日附近显著大于零。其累计平均超常收益率则在窗口期内持续增加，且在公告日前后大幅增加。

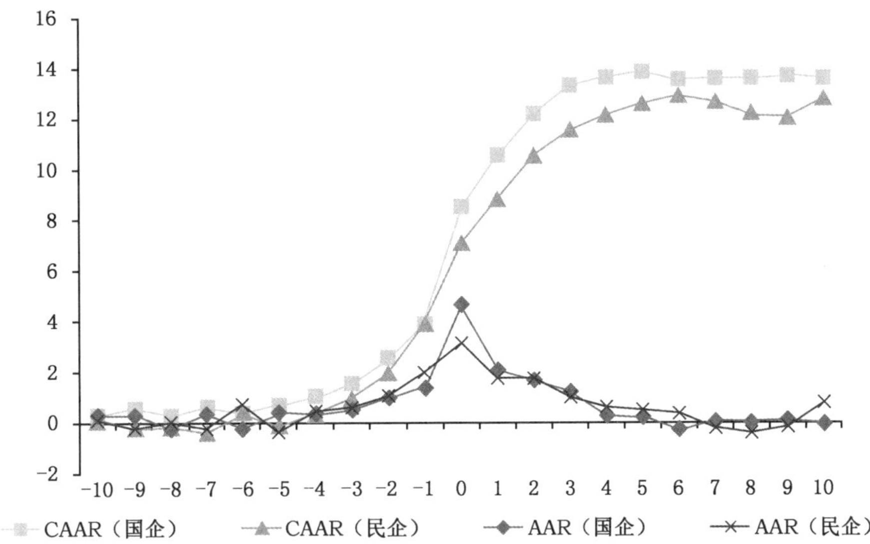

图 8－3　平均超常收益率（AAR）与累计平均超常收益率（CAAR）的趋势

表 8－6　　不同窗口期的累计超常收益率（CAR）t 检验结果

国有企业			民营企业		
窗口期	CAR 均值（%）	t 值	窗口期	CAR 均值（%）	t 值
[－10,0]	9.71***	6.31	[－10,0]	8.88***	4.22
[－5.0]	9.92***	6.91	[－5.0]	8.64***	3.74
[－1,0]	6.66***	7.36	[－1,0]	4.90***	3.89
[0,1]	5.98***	8.06	[0,1]	5.13***	4.65
[0,5]	8.16***	9.14	[0.5]	6.76***	5.24
[0,10]	9.51***	9.17	[0,10]	7.07***	4.60

注：*、**、*** 分别表示 10%、5%、1%水平下显著。

如表 8－6 所示，无论国有企业还是民营企业，在选取的[－10,0]等 6 个窗口期内，累计超常收益率 CAR 均显著大于 0。因此从短期绩效来看，我们得到了与其他研究相一致的结论，即存在正公告效应，下一节我们将研究不同控股权下上市公司定向增发资产注入后的长期绩效差异。

三、定向增发资产注入与上市公司长期绩效

1. 单指标分析

表8—7展示了上市公司定向增发资产注入当年至后三年（t=0,1,2,3）的ROA及其变化情况，在表的下半部分则将业绩指标根据行业中位数进行了调整。

以ROA为例，国有企业定向增发资产注入样本当年至后三年的ROA中位数分别为3.40%、3.75%、3.55%和4.30%，长期绩效处于上升趋势。定向增发资产注入后三年较定向增发资产注入当年相比，增幅大多为正，其增幅中位数为0.64%，且在中位数Z检验的1%水平下显著。

民营企业定向增发资产样本则出现了长期绩效下降的趋势，其注入当年至后三年的ROA中位数分别为4.60%、2.95%、2.90%和2.56%。且定向增发资产注入后三年内同当年相比出现了明显的下滑，分别为−0.47%、−0.56%和−1.19%，且均通过了1%水平的显著性检验，如图8—4所示。

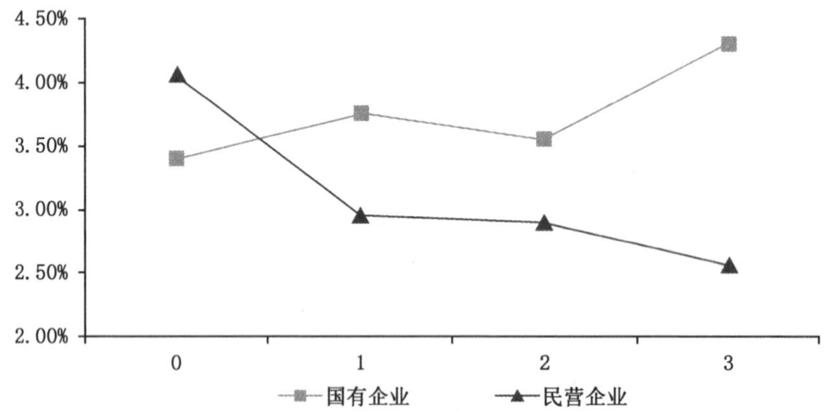

图8—4 定向增发资产注入样本ROA中位数变化趋势

从所有企业的样本来看，长期绩效出现略微下滑的趋势，这说明民营企业的较差业绩拖累了国有企业的较好业绩。在考虑了行业因素时，我们仍然可以得到相同的结论。具体如表8—7所示。

表8—7 上市公司定向增发资产注入后的长期绩效（ROA）

	国有企业		民营企业		所有样本	
Year	N	ROA中位数(%)	N	ROA中位数(%)	N	ROA中位数(%)
0	112	3.40***	47	4.06*	159	3.56***
1	112	3.75***	47	2.95***	159	3.72***

续表

	国有企业		民营企业		所有样本	
Year	N	ROA 中位数(%)	N	ROA 中位数(%)	N	ROA 中位数(%)
2	97	3.55***	40	2.90***	137	3.30***
3	84	4.30***	34	2.56***	118	3.29**
(0,1)	112	0.26**	47	−0.47***	159	0.11
(0,2)	97	0.08	40	−0.56***	137	−0.19
(0.3)	84	0.64***	34	−1.19***	118	−0.22*
(1,2)	97	−0.05	40	−0.05	137	−0.29
(1,3)	84	0.39**	34	−0.49*	118	−0.32**
(2,3)	84	0.43***	34	−0.43	118	−0.02

经行业中位数调整的绩效表现

Year	N	ROA 中位数(%)	N	ROA 中位数(%)	N	ROA 中位数(%)
0	112	0.81***	47	0.93***	159	0.85***
1	112	1.14 * *	47	0.82***	159	0.91***
2	97	0.96***	40	0.77***	137	0.86***
3	84	1.25***	34	0.64***	118	0.75*
(0,1)	112	0.24**	47	−0.12**	159	0.04
(0.2)	97	0.0 7	40	−0.22***	137	0.01
(0,3)	84	0.39***	34	−0.29***	118	−0.05
(1,2)	97	−0.08*	40	−0.09	137	−0.03
(1,3)	84	0.06	34	−0.13*	118	−0.10*
(2,3)	84	0.17*	34	−0.08	118	−0.06

注：*、**、** * 分别表示中位数 Z 检验在 10%、5%、1%水平下显著。

2. 回归分析

(1)回归模型的建立

单指标分析发现，国有企业的长期绩效出现上升的趋势，而民营企业的长期绩效出现了下降的趋势。因此有必要研究上市公司定向增发资产注入后长期绩效的影响因素，为此我们构建了下面的回归模型。

$$Performance_{t,t+n}=\alpha_0+\alpha_1 Firm+\alpha_2 Pledge+\alpha_3 Ratio+\alpha_4 DA_{t-1}+\alpha_5 Discount \\ +\alpha_6 LnSize_{t-1}+\alpha_7 Lev_{t-1}+\alpha_8 Growth_{t-1}+\varepsilon_{t,t+n} \quad (12)$$

表 8—8 给出了上式中各变量的意义及预期。其中，*Performance* 表示第 t 年增发的上市公司在增发 n 年后的 ROA、ROE 或 EPS 相对于上市公司增发当年的变化值，且经行业中位数调整；*Firm* 为控股权性质虚拟变量，民营企业取 1，国有企业取 0；*Pledge* 为股权质押行为虚拟变量，存在定向增发后将股份质押的样本取 1，不存在股权质押行为的样本取 0，反映了控股股东融资约束情况；由于评估增值率的偶然性较多且容易受到控股股东的操纵，因此不考虑在本章的回归模型之内；α_0 和 ε 分别为常数项和误差项。

表 8—8　　　　　　　　　　模型中变量的意义及预期

变量名称	变量类型	变量意义	预期符号
Performance	被解释变量	经行业中位数调整的 ROA、ROE 或 EPS 变化值	不适用
Firm	解释变量	虚拟变量。民营企业取 1；因有企业取 0	负
Pledge	解释变量	虚拟变量。股权质押样本取 1；否则取 0	负
Ratio	解释变量	定向增发注入资产占前一年上市公司总资产比值	正
DA	解释变量	定向增发资产注入前一年可操纵性应计利润	正
Discount	控制变量	定向增发资产注入的折价率	无预期
LnSize	控制变量	定向增发资产注入前一年上市公司总资产的对数	无预期
Lev	控制变量	定向增发资产注入前一年上市公司资产负债率	无预期
Growth	控制变量	定向增发资产注入前一年上市公司营收增长率	无预期

(2)变量的描述性统计

表 8—9 给出各变量的描述性统计。159 家定向增发资产注入样本中有 47 家民营企业，其中 36 家控股股东将定向增发资产注入中换取的股份质押，质押比例为 76.60%；有 112 家国有企业，其中有 11 家出现了同样股权质押行为，质押比例为 9.82%。股权质押的样本合计 47 家。

全部样本中，注入资产的比重占前一年总资产比重均值和标准差分别为 1.00 和 1.11，其中最少的是 2014 年和晶科技(300279.SZ)的定向增发资产注入，控股股东注入的资产约占 10%；最多的是 2008 年西飞国际(000768.SZ 现在的中航西飞)的定向增发资产注入，控股股东注入的资产比重超过了 4 倍。

我们用修正的 jones 模型估计了样本的盈余管理水平，超过八成的样本公司盈余管理程度的估计较为准确。数据上，样本公司定向增发资产注入前一年的盈余管理程度均值和标准差分别为—0.018 和 0.066，显示出一定的负向盈余管理水平。

此外，样本公司折扣率的均值和标准差分别为 0.15 和 0.19；前一年总资产的对数指标的均值和标准差分别为 21.72 和 1.27；前一年的资产负债率均值和标准差分别为 0.51 和 0.18，显示出一定的杠杆经营，定向增发资产注入后这一数值将大幅下降；前一年的营业收入增长率的均值和标准差分别为 0.34 和 1.20，显示出样本公司大多处于业绩上升的阶段。

表 8—9 变量的描述性分析

	样本数	均值	标准差	中位数	最小值	1/4 位数	3/4 位数	最大值
Firm	159	0.30	0.46	0	0	0	1	1
Pledge	159	0.30	0.46	0	0	0	1	1
Ratio	159	1.00	1.11	0.55	0.10	0.22	1.25	4.40
DA	159	−0.018	0.066	−0.020	−0.272	−0.059	0.021	0.176
Discount	159	0.15	0.19	0.20	−0.08	−0.07	0.25	0.31
LnSize	159	21.72	1.27	21.80	18.16	20.87	22.52	25.11
Lev	159	0.51	0.18	0.51	0.10	0.37	0.64	0.87
Growth	159	0.34	1.20	0.10	−0.98	0.00	0.26	8.82

表 8—10 给出了变量的相关系数矩阵，可以看到除了控股权性质虚拟变量与股权质押行为虚拟变量的相关系数(0.68)较高以外，相关系数的绝对值均不超过 0.3。可以认为回归变量间不存在自相关。由于我们研究的是截面模型，在回归之前进行了 White 检验，结果显示存在异方差，因此在回归时采用异方差稳健标准误法进行修正。

表 8—10 变量的相关系数矩阵

	Firm	Pledge	Ratio	DA	Discount	LnSize	Lev	Growth
Firm	1	0.68	−0.23	0.08	0.05	−0.21	−0.12	0.09
Pledge	0.68	1	−0.18	0.06	0.03	−0.15	−0.16	0.13
Ratio	−0.23	−0.18	1	0.12	0.10	−0.20	0.05	0.18
DA	0.08	0.06	0.12	1	−0.09	−0.14	0.17	−0.16
Discount	0.05	0.03	0.10	−0.09	1	0.07	0.02	−0.13
LnSize	−0.21	−0.15	−0.20	−0.14	0.07	1	0.22	0.06
Lev	−0.12	−0.16	0.05	0.17	0.02	0.22	1	−0.07
Growth	0.09	0.13	0.18	−0.16	−0.13	0.06	−0.07	1

(3)回归结果分析

表 8—11 给出了以 ΔROA 为被解释变量的回归结果，ΔROE 与 ΔEPS 的回归结果见附录 5。我们以行业中位数调整了经营绩效，控制了行业的因素。ΔROA

[0,1]表示上市公司定向增发资产注入后一年的总资产报酬率与增发当年总资产报酬率的变化值，其余以此类推。

表 8－11　　长期绩效（以为变量）的回归结果

	ΔROA		
Model	(1)	(2)	(3)
Dependent	[0,1]	[0,2]	[0,3]
intercept	−0.015 (0.070)	0.021 (0.042)	−0.006 (0.116)
Firm	−0.029 (0.021)	−0.068 (0.155)	−0.032** (0.014)
Pledge	−0.011 (0.019)	−0.008 (0.015)	−0.024** (0.011)
Ratio	0.005 (0.004)	0.008 (0.005)	0.012*** (0.004)
DA	0.047** (0.023)	0.065** (0.028)	0.111 (0.074)
Discount	−0.013 (0.009)	−0.016 (0.014)	−0.021 (0.018)
LnSize	0.001 (0.003)	−0.002 (0.004)	0.001 (0.005)
Lev	−0.044** (0.021)	−0.023 (0.027)	−0.041 (0.035)
Growth	−0.009* (0.005)	−0.008 (0.006)	−0.023** (0.009)
N	159	137	118
Adj_R^2	0.068	0.080	0.108
F	2.024*	2.974***	3.353***

注：*、**、*** 分别表示 10%、5%、1%水平下显著。

我们发现，虚拟变量 Firm 的系数全部为负，且在模型(3)和(4)中通过了 5%水平的显著性检验，可以认为，定向增发资产注入后民营企业长期绩效较国有企业更差；虚拟变量 Pledge 的系数多数为负，且在模型(3)中通过了 5%水平上的显著性检验，基本表明股权质押行为与上市公司长期绩效成负相关，即控股股东在资产注入后将股份质押传递了掏空的动机，这样的上市公司长期绩效更差。结合来看，有股权质押行为的民企上市公司控股股东将未上市的资产通过定向增发资产注入上市公司后，上市公司长期绩效更差，验证了假设 1。

从注入资产的量上看，Ratio 的系数全部为正，且在模型(3)(5)(6)和(9)中通过了显著性检验，表明控股股东注入的资产越多，上市公司的长期绩效则越好。也即控股股东与其上市公司之前有更多的利益一致性，这样的定向增发资产注入体现了控股股东对上市公司的支持，因此验证了我们的假设 2。

从盈余管理的上看，DA 的系数多数为正，且在模型(1)(2)(4)(5)和(7)中通过了显著性检验，表明定向增发资产注入前一年的负向盈余管理程度越高，长期绩效下降则越大。也即控股股东在定向增发之前留存了利润，在资产注入后将利润调回，以谋取更多的利润。从上期来看，业绩将出现下滑，也验证了我们的假设 3。

此外，以控股股东增发前后股权集中度的差额替代了注入的资产占总资产比例 Ratio，研究的变量均不存在变号的现象，表明结论存在稳健性。

3. 配对样本检验

我们研究发现，有股权质押行为的民企上市公司在定向增发资产注入后较国有上市公司的长期绩效更差，为此我们认为民企上市公司控股股东的股权质押行为反映了其存在掏空的动机。下面我们对这 36 家股权质押的民企样本进行配对样本检验，使该结论更加稳健。

我们依照下述标准构建这 36 家股权质押的民企样本的配对：(1)行业与行为匹配：选择同一行业的上市公司，在相近年份实施了定向增发融资，控股股东以现金认购上市公司股份的；(2)业绩匹配：定向增发当年年初的总资产及扣非净利润为样本公司相应数值的 70%—130%。

在回归模型上，我们构建了下面的 Difference in Difference 模型。

$$Performance_t = \alpha_0 + \alpha_1 Year + \alpha_2 Way + \alpha_3 Year \cdot Way + \alpha_4 Ratio + \alpha_5 Discount + \alpha_6 LnSize_{t-1} + \alpha_7 Lev_{t-1} + \alpha_8 Growth_{t-1} + \varepsilon_t \tag{13}$$

式中，$Performance_t$ 表示样本公司第 t 年的绩效水平，即 ROA、ROE 和 EPS。时间上我们选取增发当年与增发后第一年两期；*Year* 为年份虚拟变量，第三年取 1，当年取 0；*Way* 为增发方式虚拟变量，控股股东资产注入取 1、现金增发取 0；其他指标同前一次回归的意义相同，这里不再赘述。剔除盈余管理指标的原因是现金增发的样本考虑上市公司盈余管理可能无意义。

表 8－12 给出了增发后 1 年较增发当年的配对样本检验回归结果，为了节约篇幅省略了部分指标的数据。

虚拟变量 Way 的系数全部为负，且在 ROE 与 EPS 的回归模型中通过 5%的显著性检验，表明融资约束较大的股权质押样本的绩效较融资约束较小的现金注入样本差；交叉项 Year · Way 的系数全部为负，且在 ROA 的回归模型中通过了显著性检验，表明股权质押样本的绩效变化较差，出现了业绩下滑的现象。此外，由于 ROA 模型中虚拟变量 Year 的系数为正，侧面体现出股权质押样本的下滑幅度较高。

最后再来关注定向增发中注入的资产或现金的总额占增发前总资产比 Ratio，

Ratio 系数全部为正，反映了一定程度的控股股东与上市公司的利益协同效应，即控股股东注入的资产越多，将越支持上市公司的绩效向好。

表 8—12　　配对样本检验的回归结果

Performance	ROA	ROE	EPS
Year	0.006 (0.010)	−2.522 (2.270)	−0.016 (0.194)
Way	−0.010 (0.010)	−4.892** (2.270)	−0.396** (0.194)
Year · Way	−0.023* (0.013)	−1.610 (3.210)	−0.207 (0.274)
Ratio	0.003 (0.003)	0.387 (0.658)	0.056* (0.032)
Discount	−0.001 (0.003)	−0.076 (0.685)	−0.026 (0.058)
N	144	144	144
Adj_R^2	0.085	0.113	0.119
F	2.560**	3.393***	3.739***

注：*、**、*** 分别表示 10%、5%、1%水平下显著，此表省略了部分指标的数据。

本章小结

本章通过理论分析和实证研究的方法，对定向增发资产注入后上市公司的绩效进行了研究，并针对我国市场现状和监管环境对定向增发资产注入中存在的问题提出了相对应的政策建议。

主要结论如下。

(1)本书分析了不同性质控股权下定向增发资产注入的动机，即国有控股股东定向增发资产注入的行为主要是受到国家做大做强国有上市公司的相关政策支持的行为，实现了多个领域国有巨无霸企业的整体上市。这些未上市的资产大多具有良好的绩效表现，从而既减少了关联交易，又增厚了上市公司的利润；民营企业的控股股东将未上市的定向增发资产注入上市公司中是一种纯粹的市场化行为，由于定向增发中对资产质量的监管较少，可以获得较高的评估增值率，因此民营控股股东具有强烈的动机将劣质资产注入上市公司。这种将资产注入后通过获得股份实现“曲线质押融资”的行为，本质上是一种监管套利行为。

(2)对上市公司定向增发资产注入后的绩效实证研究后发现，从短期市场绩效看，国有企业与民营企业均出现了正公告效应。但从长期经营绩效来看，无论是单指标分析还是配对样本检验，民营企业的绩效表现均不及国有企业。股权质押因素能够作为一种融资约束的指标来反映上市公司长期绩效的好坏，即那些资产注入后又将股份质押融资的民营企业的控股股东，更多存在对上市公司的挖空的动机，因此长期来看上市公司的绩效较差。

(3)在对长期绩效影响因素进行回归后，发现控股股东在定向增发前的盈余管理程度与注入资产的量都是影响因素。控股股东偏好在定向增发资产注入之前留存利润，在增发当年调回留存利润，这一行为实质上侵害了中小股东的利益。另一个因素是，在定向增发资产注入中控股股东拿出更多资产时，更有动机做好上市公司的绩效，即体现了控股股东与上市公司的协同效应，体现了一种控股股东对上市公司的支持。可以认为，股改之后大量国有企业整体上市体现了对国有上市公司做大做强实实在在的支持。

针对我国定向增发热的市场现状与定向增发监管不足的环境，本章提出了以下的政策建议：在控股股东资产注入的审核中，要更多关注资产定价的公允性、适当性以及股份定价的公平性；在对于限售股进行质押时，可以考虑进行适当的限制，以避免此类监管套利行为的发生；继续鼓励国有企业将未上市的优质资产注入上市公司，让社会分享改革的红利。

就本章而言，作者试图通过理论分析上市公司定向增发资产注入中的动机，并结合上市公司绩效的表现来探讨控股股东这一行为是支持还是掏空，但仍存在不少局限，具体表现在以下几个方面。

(1)定向增发资产注入往往并不是纯粹的一种股权再融资行为，通常属于重大资产重组的范畴，涉及人员、业务和资产的整合，通常方案较为复杂。其绩效表现实质上只从一个角度反映了资产注入的效果，我们还可以从社会效应、市场份额等因素来讨论。

(2)在研究样本的选取以及控制组样本的选择上，都是由作者进行手工整理，对于一些不符合要求的样本进行剔除时，不一定非常客观和准确。而研究样本总共为 159 个，在数量上有一定的欠缺，因此说服力需要打一定的折扣。

(3)受制于长期绩效的表现需要时间的沉淀，在考虑一年期以上的绩效表现时，研究样本的数量又要进一步减少。随着时间跨度的延长，将有更多的数据可供研究，进而增加解释力和说服力。

近日，证监会修订了定向增发的相关规定，将定价基准日明确为发行期首日，堵住了股份定价上存在的漏洞。对于比较有中国特色的定向增发资产注入现象，也可以进一步完善现有制度，减少监管套利的行为。

在研究范畴上，从纵向角度来看，可以从注入资产与原有资产的相关性对定向增发资产注入样本进行进一步细分，以观察长期绩效的差异；抑或是进一步观察控股股东在限售股份解禁后的减持行为。从横向角度来看，我们可以研究融资收购其他资产中新增股东的行为表现以及借壳上市样本中控股股东在上市后的股权质押行为。

第九章 并购重组事件中信息披露质量的市场反应研究

信息披露制度是中国证券市场运行的核心制度，是促进上市公司规范自身行为和形成投资者信任的关键。为了规范上市公司信息披露行为，深交所自 2001 年起对上市公司进行信息披露质量评级。由于上市公司信息披露考评等级侧面反映着公司的治理风格和信息披露风格，只有将信息披露考评等级质量指标放入上市公司的某一类事件中，在剔除一系列控制变量的影响下，才能真正得到投资者对该上市公司信息披露考评等级中应有的市场反应。因此我们以 2010—2016 年深市同一上市公司发生两起并购重组事件时信息披露考评等级不同的公司为样本，以信息披露考评等级通过多元回归分析来解释并购重组后的超额累计收益率，从中分析出信息披露考评等级对市场反应的影响。

我们研究发现，即便是在并购重组实践中，投资者对上市公司的信息考评等级也不敏感，并不会因为上市公司信息披露考评等级的高低而改变投资策略；其次，虽然信息披露考评等级对市场反应无显著影响，但是信息披露考评等级的上升通过传递公司内部治理结构优化的信息，从而会给并购重组事件超额累计收益率的变化带来显著为正的影响。交易所对上市公司进行的信息披露考评不会直接引起市场反应，但上市公司的信息披露考评等级的变化反映了该上市公司的治理水平的变化，信息披露考评等级的变化实质是反映了新的信息，因此投资者会对新信息产生市场反应。深交所对上市公司实施信息披露考核评级具有积极的意义。

第一节 引 言

随着近年来中国经济增速走低，2015 年中央经济会议提出“去产能，调结构”的方案，并购成为中国上市公司做大做强、优化结构和走出国门的主要方式。相关统计显示，2016 年中国企业间的并购交易额为 2 532 亿美元，平均每个并购案的交易金额实现了连续增长。在巨量的并购事件背后，反映出并购重组两方面的特征。首先，并购方看好行业发展或公司发展，或是为了进行资源整合，这样的并购给并购双方带来未来强劲的发展空间，因此这样的并购会得到投资者的认可，参与并购的双方的股价会实现增长；其次，考虑到中国资本市场散户众多，且他们的专业能力有限和喜好追踪事件的特点，上市公司可能会将并购事件以次充好，对于没有甄别能力、盲目追热点的投资者，买入该股票后，将不会得到预期的收益率。一旦投资者认识到上市公司虚假炒作，投资者对上市公司的信任度就会降低。

在并购重组事件中，收购方或被收购方都必须及时披露交易的相关信息。上市公司披露的信息在传递给投资者时，要求做到真实、完整、无遗漏。在投资者接收到信息后，再根据专业知识与投资经验，合理做出交易策略。因此在证券市场信息传播的整个过程中，对于信息源头—上市公司的监管影响着整条传播路径。

2017 年金融工作会议召开，提出“强化监管，提高防范化解金融风险能力”，其中强化监管的一个方式就是加强信息披露。通过加强信息披露，投资者就能够更有效地收集上市公司的收购信息，从而做出合理的投资决策。上市公司的信息披露质量必须成为投资者对上市公司进行估值的一项重要指标。因此提高上市公司信息披露质量，防止“忽悠式”重组，将有利于防范证券市场的系统性风险。那么在近年来并购大爆发的背景下，投资者对不同信息披露质量等级的上市公司所披露的类似的信息（如同行业、同规模的收购）会做出什么样的反应？对于同一家上市公司历年的信息披露质量等级出现的变化，如果在该期间发生并购，投资者是否会对同一公司在不同信息披露质量等级的年份出现的并购事件做出不同的反应呢？

国内外学者对信息披露质量的研究较多的是从企业角度考虑，如信息披露质量对公司绩效、公司治理结构和公司股权融资成本等的影响。但对于投资者是否会关注上市公司的信息披露的研究较少。而对于上市公司并购信息的披露，研究者较为关注并购后的市场反应，通常选用的观察窗口期为并购后 3 个月—2 年不等。对中国证券市场来说，并购事件的信息通常都会在较短时间才有市场反应，因此我们将选用较短的窗口期，考虑投资者对不同信息披露等级的上市公司的并购信息会做出何种反应，以及投资者对信息披露等级变化后的上市公司是否区别对待。

本章将研究最近 7 年内深市上市公司实施并购行为后，投资者对并购信息披露的市场反应。剔除 ST 股票、金融股票和并购数据非正常的股票后，采用事件研究法计算各只股票的平均超额收益（AAR）和累计超额收益（CAR），进行统计显著检验，然后采用 CAR 与信息披露质量指标进行多元回归分析，考察投资者的市场反应，检验投资者对信息披露质量及其变化不同的上市公司并购重组事件的市场反应是否存在显著差异。

本章将采用深交所信息披露考核评级来衡量上市公司的信息披露质量。对于上市公司信息披露质量的总体考察，目前主要采用相关监管机构及协会发布的指标评价和学者自建的评分机制进行打分评价这两种方式。权威机构发布的指标评价较为全面，同时由于其评价的权威性和客观性，较学者自建评分的方式更受到认可。

深交所自 2001 年起开始每年公布上市公司的信息披露考核评级，考核范围为上市公司全年的信息披露行为，以及信息披露的质量。考虑到深圳证券交易所发布的信息披露质量等级具有官方性，对投资者的行为影响力较强，因此本章采用深交所信息披露考核评级指标来衡量上市公司的信息披露质量。然后再分析对于存在信息披露质量变化的同一家上市公司进行的历年收购,在控制其他变量后,考察投资者的反应有何异同。从而对上交所也是否应该设立上市公司信息披露考核指标、是否应该加强投资者对这一指标的接纳、如何规范上市公司“忽悠式”并购重组等制度的构建提出意见。

本章研究的理论意义在于,在对上市公司信息披露质量的研究中,目前国内外文献研究较多的主要是关于信息披露质量与上市公司系统风险、绩效、股权融资成本的影响关系。如 Grossman 和 Hart(1980)的柠檬市场理论认为资产方会为了赢得市场信任而主动披露信息;Patel 和 Dallas(2002)研究了信息披露与公司系统风险的关系,认为高信息披露质量的上市公司其市值会更大。乔旭东(2003)发现高质量的会计信息披露对公司运营的正向作用,而王斌、梁欣欣(2008)则认为信息披露质量与公司治理结构存在着重要的关系;汪炜、蒋高峰(2004),曾颖、陆正飞(2006)都认为上市公司的信息披露越充分,股权融资成本越低。另一方面,也有一部分学者研究信息披露的质量指标,如 Kothari(2009)等通过对不同的信息进行编码,对信息披露的内容进行分类,进而得到了信息披露的质量分数。一般来说,信息披露的质量常被以下指标替代:信息披露的数量(Botosan,1997)、股票的价格(Kim 和 Verrecchia,2001)、证券分析师的预测精准度(Lang 和 Lundholm,1996)。而对于本章将要研究的上市公司信息披露的质量与并购信息披露的市场反应,国外基本没有这方面的研究,国内研究涉及也比较少。在这方面国内常被引用的是张宗新(2007)、罗进辉(2014)等的两篇文章,分别就信息披露质量指标披露时的市场效应和影响深交所信息披露考核评级指标的因素进行了探究。本研究将论证投资者对上市公司信息披露质量的关注程度,得出结论后提出加强信息披露相关的政策建议。

本章研究的现实意义在于:自 2002 年起,深交所开始定期披露上市公司信息披露考评等级数据,每年对深市上市公司的信息披露进行考核。投资者根据上市公司信息披露考评等级的不同,是否会对上市公司的并购行为产生不同的反应。进而帮助投资者合理选择股票,避免投资到信息披露不实、公司行为经常违规的公司,以减少投资损失。同时,也检验深交所的该项考核评级办法是否有意义,并对整个沪深京市场上市公司的信息披露行为起到监督作用。

第二节 文献综述

一、信息披露质量与信源

在早期对上市公司披露的信息传播过程的研究中,主要集中在信息披露的质量对信源的影响上,包括上市公司的规模、盈利、负债和公司治理等方面。Diamond和Verrecchia(1991)的研究发现,提高信息披露质量有利于增加股票流动性,从而降低股权融资成本;Grossman和Hart(1980)的柠檬市场理论认为资产方会为了赢得市场信任而主动披露信息;Patel和Dallas(2002)研究了信息披露与公司系统风险的关系,认为高信息披露质量的上市公司其市值会更大;同时,国内学者也进行了大量关于上市公司信息披露质量与公司绩效、公司治理的研究。乔旭东(2003)发现高质量的会计信息披露对公司运营有正向作用,而王斌、梁欣欣(2008)则认为信息披露的质量与公司治理结构存在着重要的关系;汪炜、蒋高峰(2004),曾颖、陆正飞(2006)都认为上市公司的信息披露越充分,股权融资成本越低。综合上述研究文献看,国内外学者的研究普遍认为:信息披露是公司治理结构的重要组成部分,信息披露质量的提高,不仅可以改善上市公司的风险状况,还能促进内部治理结构的完善,当然也会降低融资成本。

但吴文峰等(2007)却得出了与汪炜、蒋高峰(2004),曾颖、陆正飞(2006)相反的观点。可能的解释是,这是因为我国投资者并未将信息披露的质量作为进行股票交易的一个影响因素。可见投资者关注上市公司的信息披露质量是国内进行信息披露的质量研究的前提,若信息披露的质量不会影响投资者的决策,则其也难影响公司的治理。

二、信息披露的质量与信宿

在关于信息披露的质量对信宿影响的研究中,国内外学者主要研究信宿(即投资者)的市场反应。由于证券市场存在信息不对称,因此就会产生逆向选择问题,加强信息披露的质量是有效应对该现象的重要手段。Elkington(1997)研究发现,上市公司把信息披露作为公共关系管理的工具,通过增加信息披露释放出公司价值较高的信号。Rahman(2002)研究信息披露与公司价值的关系,认为提高信息披露的质量能有效优化公司的治理结构,进而增加公司价值,产生市场效应。

对于信宿(投资者)的市场效应研究,主要集中在信息披露之后上市公司的收益率会如何变化,较为常用的研究方法是事件研究法。许多学者认为通过交易所对上市公司信息披露质量等级的定期发布,合理引导上市公司的信息披露行为,增加信息供给从而提升上市公司的价值。Healy(1999)通过增加信息披露,发现上市公司的股价会有显著的上涨,这表明信息披露带来了显著的市场效应。Gelb(2002)的研究发现,信息披露质量较高的上市公司的股价与同时期及未来盈利水平之间的相关度比信息披露质量低的上市公司的股价高;张宗新(2007)的研究是通过引入市场调整后的股票收益率(Jensen指数),考察上市公司信息披露的质量对投资者收益的影响。段盛华(2006)利用并购信息的披露,论证了首次信息披露的信息含量较高。而王玉春、冯存(2012)则发现发布的信息披露质量等级指标会立即影响投资者的判断。

三、信息披露的质量与信道

通过对第一节和第二节的梳理，发现国内外学者关于信息披露的质量对信宿（投资者）的影响研究方向集中于投资者对信息披露的市场反应。但在研究该方向的问题时，未考虑信道的作用。本节将论述以并购重组事件作为信道的合理性，整理相关文献的观点。在对并购重组的研究中，国内外学者尤为侧重对并购重组绩效的研究。有的综合研究各项指标与并购绩效的关系，如张绍基、杨胜渊（2001）以台湾上市公司为对象研究并购绩效的影响因素；再如李善民等（2004）的研究，根据代理成本假设、交易价格假设、相对规模假设和产业相关性假设，研究了并购交易中的各项因素对经营绩效的影响；有的通过现金指标研究收购兼并的财务绩效，如翟进步等（2010）通过设置现金收益指标（股权自由现金流/资产总市值），发现收购兼并能为股东带来财富效应；还有的研究某一单项指标（如企业文化）与并购绩效的关系，如王艳、阚铄（2014）对企业文化与长期收购绩效关系的研究。

四、理论及文献评述

通过对信息披露质量的国内外文献的回顾可以发现以下几个问题：首先，国内外关于信息披露的质量对信源的影响关注最多。国外主要通过自定义的信息披露指标来研究上市公司的信息披露与公司价值、公司融资成本和公司绩效的关系。其次，国内外学者关于信息披露的质量对信宿（投资者）的影响研究方向集中于投资者对信息披露的市场反应。但在研究该方向的问题时，未考虑信道的作用，有的直接研究投资者的市场反应，因此可能得出的结论不够准确。

不同于以往关于信宿（投资者）市场反应的研究，本章拟通过并购重组事件作为信道，来解释信息披露后信宿的市场反应。具体来说，即将深交所信息披露考评等级作为信息披露的质量指标，研究其对并购绩效的影响。一是检验信息传播过程中噪音对信息传播过程的影响，二是将信息披露考核评级的变化作为上市公司的本身情况（信源），研究传播过程中信源对信宿的影响。

第三节　我国上市公司信息披露的现状

信息披露即上市公司在证券市场上通过特定方式将其财务状况和经营成果等重要信息向投资者公开。国内外学者对信息披露的定义主要有两种：(1)狭义的信息披露，主要包括向投资者披露财务及经营状况、现金流量、风险情况以及公司基本治理层的定期报告；(2)广义的信息披露，主要包括涉及公司重大事项的信息公告和定期报告以及证券市场交易数据。由于我们引用的深交所对上市公司信息披露考评等级的数据涉及公司全面的信息披露内容，因此我们涉及的信息披露概念为广义的。

《上市公司信息披露管理办法》及其他相关法规规定了上市公司应披露能对投资者做出决策产生影响的信息，同时还规定了一系列上市公告、定期公告和非定期公告是上市公司进行信息披露的文件载体。其中招股说明书、募集说明书和上市公告书的信息披露较为详细，涉及上市公司的基本情况、业务与技术、董监高情况和募集资金运用等。

上市公司通过信息披露，向社会公众反映其经营业绩、财务状况等会计信息和公司行业情况、公司业务与技术情况等非财务信息。依据信息披露所反映的信息，投资者就可以及时、客观地评价该上市公司。而深交所对上市公司进行的信息披露质量考核评价等级判断也就反映了上市公司的信息披露质量，据此帮助投资者合理认识该上市公司。

一、我国信息披露的相关法规

我国上市公司信息披露的相关法规由国家及证券监管部门制定。从 2003 年至 2017 年，证监会相继颁布了《上市公司信息披露管理办法》《公开发行证券的公司信息披露内容与格式准则》系列法规和《公开发行证券的公司信息披露编报规则》系列法规。这些不断修订的准则和我国《证券法》《公司法》等一系列法律法规形成了我国上市公司信息披露的规范体系。具体如表 9—1 所示。

表 9—1　　我国信息披露相关法规

法规名称	发布机构	发布时间
《公司法》《证券法》	全国人大	1993 年（2014 年最后一次修订）
《企业会计准则》	财政部	2006 年颁布，2017 年修订了收入、政府补助、金融工具确认和计量等七项具体准则
《上市公司信息披露管理办法》	证监会	2007 年颁布，2017 年修订
20 个《公开发行证券信息披露内容与格式准则》	证监会	2003—2017 年
12 个《公开发行证券信息披露编报规则》	证监会	2002—2017 年
《深圳证券交易所上市公司信息披露工作考核办法》	深交所	2008 年颁布，2017 年修订

二、深交所信息披露考评体系

目前国际上有很多评价上市公司信息披露质量的方法，如 CIFAR 指数、AIMR 报告和 S&P 的“透明度与信息披露评级”等方法。但国内学者常引用的是深交所针对深市上市公司的信息披露质量考核指标。

为规范我国证券市场的信息披露制度，深交所和上交所分别发布了《深圳证券交易所上市公司信息披露考核办法》和《上海证券交易所上市公司信息披露工作核查办法》。虽然深交所不公开对深市上市公司的信息披露考评等级评价的过程，但由于其评价标准统一、考核较为全面，因此受到了大量学者的青睐。深交所对上市公司的信息披露考评分为 A、B、C、D 四个等级，而原始评分未披露。

据统计，深交所 A 股上市公司 2016 年信息披露考评等级分布为：评级为 A 的 375 家、评级为 B 的 1 218 家、评级为 C 的 213 家、评级为 D 的 52 家，比重分别为 20.18%、65.55%、11.46%和 2.80%。观察表 9—2 可以发现，评级为 B 的公司最多，其次为 A，评级为 C 或 D 的总体占比较少。同时，评级的尖峰(即评级 B)在逐渐下降，非 B 评级的比例在逐年提升，这可能是比照执行《深圳证券交易所上市公司信息披露工作考核办法(2017 年修订)》的结果。具体如表 9—3 和表 9—4 所示。

表 9—2　　深交所 A 股上市公司信息披露考评等级总体占比分布

	信披等级	2010 年	2011 年	2012 年	2013 年	2014 年	2015 年	2016 年
深交所A股上市公司	A	13.25%	16.49%	15.88%	19.29%	20.72%	20.70%	20.18%
	B	69.14%	69.91%	70.36%	69.39%	68.29%	65.05%	65.55%
	C	16.22%	12.02%	12.58%	10.27%	9.11%	11.94%	11.46%
	D	1.39%	1.38%	1.19%	1.05%	1.87%	2.31%	2.80%
	合计	100%	100%	100%	100%	100%	100%	100%

表 9—3　　深交所 A 股上市公司各版块信息披露考评等级数量分布

	信息披露等级	2010 年	2011 年	2012 年	2013 年	2014 年	2015 年	2016 年
深交所主板	A	51	53	54	67	85	83	82
	B	311	310	316	324	309	292	282
	C	88	86	81	65	58	72	65
	D	13	14	12	8	13	19	17
	合计	463	463	463	464	465	466	466
中小板	A	81	131	127	147	162	179	189
	B	369	456	493	480	498	512	531
	C	78	52	77	68	60	70	79
	D	3	7	4	6	12	15	23
	合计	631	646	701	701	732	776	822

续表

	信息披露等级	2010 年	2011 年	2012 年	2013 年	2014 年	2015 年	2016 年
创业板	A	70	45	60	79	85	97	104
	B	113	205	259	250	287	324	405
	C	20	29	33	23	28	65	49
	D	0	1	2	2	5	6	12
	合计	153	280	354	354	405	492	570

表 9—4　　　　深交所 A 股上市公司各版块信息披露考评等级比例分布

	信息披露等级	2010 年	2011 年	2012 年	2013 年	2014 年	2015 年	2016 年
深交所主板	A	11.02%	11.45%	11.66%	14.44%	18.28%	17.81%	17.60%
	B	67.17%	66.95%	68.25%	69.83%	66.45%	62.66%	60.52%
	C	19.01%	18.57%	17.49%	14.01%	12.47%	15.45%	18.24%
	D	2.81%	3.02%	2.59%	1.72%	2.90%	4.08%	3.65%
	合计	100.00%	100.00%	100.00%	100.00%	100.00%	100.00%	100.00%
中小板	A	15.25%	20.28%	18.12%	20.97%	22.13%	23.07%	22.99%
	B	69.49%	70.59%	70.33%	68.47%	68.03%	65.98%	64.60%
	C	14.69%	8.05%	10.98%	9.70%	8.20%	9.02%	9.61%
	D	0.56%	1.08%	0.67%	0.86%	1.64%	1.93%	2.80%
	合计	100.00%	100.00%	100.00%	100.00%	100.00%	100.00%	100.00%
创业板	A	13.07%	16.07%	16.95%	22.32%	20.99%	19.72%	18.25%
	B	73.86%	73.21%	73.16%	70.62%	70.86%	65.85%	71.05%
	C	13.07%	10.36%	9.32%	6.50%	6.91%	13.21%	8.60%
	D	0.00%	0.36%	0.56%	0.56%	1.23%	1.22%	2.11%
	合计	100.00%	100.00%	100.00%	100.00%	100.00%	100.00%	100.00%

第四节　实证分析

一、研究假设

1. 信息披露质量的噪音假设

根据上文信息披露的相关理论和信息传播过程的研究，我们发现在两种信息传播模式下噪音对信息传播过程都有一定程度的影响。深交所对市场发布的上市公司信息披露考核评级只能以噪音的身份通过并购重组这一信道影响投资者的行为决策。

在进行国内证券市场信息传播过程的研究中，大多文献认为噪音对证券市场信息的传播无显著影响。如吴文峰等(2007)对于信息披露质量考评等级与上市公司股权融资成本的研究。以及罗进辉(2014)的研究发现，投资者对信息披露考核评级不关注，深交所发布的这一指标不影响投资者对上市公司的估值。

目前，中国资本市场是否满足有效市场的假说仍然值得商榷，并购信息披露后的市场反应受多种因素影响，但由于投资者对信息披露考评等级这一指标的不关注，造成该指标对并购信息披露的市场反应影响力较弱。因此我们假设证券市场上噪音对信源(即上市公司)无影响，具体假设如下。

假设 1：并购信息披露的市场反应与信息披露考评等级无关。

2. 信息披露质量变化的信源假设

对香农—韦弗传播模式和香农—施拉姆模式进行分析后可知，信源在上市公司披露信息的传播中起着重要的作用。信源(信息发出者)，即上市公司的真实情况信息。在上市公司披露的信息传播过程中，上市公司的规模因素(Waymire，1985；Lev 和 Penman，1990；Lang 和 Lundolm，1993)、负债因素(Meek 等，1995)、董事会特征(Fama，1980)和公司内部治理特征(EL-Gazzar，1998；Jensen 和 Meckling，1976)都会影响信源。我们认为，虽然信息披露考核评级指标是由深交所发布，因此被视为信息传播过程中的外部噪音。但深交所对上市公司进行信息披露考评等级评价时，会综合考虑上市公司在一年内的融资事件披露、财务报表及审计报告披露情况等，因此该指标考虑的因素跟投资者是否买卖该公司股票拥有内在一致性。因此当上市公司信息披露考评等级发生变化时，代表着该公司的基本情况发生了变化，即信源(上市公司)向信宿(投资者)发送新的信息。

由于信源在信息传播过程中的作用非常重要，因此我们假设同一公司在不同时间发生的两起并购事件在剔除控制变量控制的行业、公司性质、并购规模和并购目的等因素后，其反映的由信息披露考评等级变化引起的并购信息披露的市场反应是不同的。具体假设如下。

假设 2：并购信息披露市场反应的变化与信息披露考评等级的变化有关。

二、研究设计

1. 事件研究法

事件研究法(event study)由 Ball 和 Brown(1968)开创，研究某一事件发生前后样本股票收益率的变化。其理论基础是有效市场假说，即股票价格反映所有已知公开信息。因此，在窗口期股票的实际收益剔除以市场贝塔估计的正常收益，就可以得到异常收益，最后累计窗口期的异常收益得出超额累计收益，进而评估该事件对市场的影响。

为了统计超额累计异常收益率(CAR)，首先需要根据CAPM模型计算个股的预期收益：

$$E(R_{it})=R_f+\beta_i(R_{Mkt}-R_f)$$

基于本章的应用考虑 R_f 为无风险利率(即3个月shibor收益率)R_{Mkt} 为深圳综合指数收益率，β_i 为个股beta。

超额收益率(Abnormal Return)：

$$AR_{it}=R_{it}-E(R_{it})$$

个股的超额累计异常收益率(CAR)：

$$CAR_i=\sum_{t=0}^{T}AR_{it}$$

由于本书不侭在于获得个股超额累计收益率数据以作为变量在回归方程中使用，因此对AR和CAR的计算和分析方法进行简化，不对事件期内的不同时间的CAR逐一对比(T=20)。

2. 多元回归分析

回归模型：本书为了研究投资者对上市公司并购信息披露的市场反应，主要考察上市公司信息披露考评等级及其变化对该股票投资者的市场反应有何影响，因此解释变量为信息披露考评等级和信息披露考评等级的变化，被解释变量为并购信息披露的市场反应和两次并购信息披露市场反应的变化。为了消除行业、交易规模、公司规模、资产负债率和现金流等因素的影响，因此使用控制变量将上述影响因子的作用纳入回归方程。模型设计如下。

根据假设一和变量的设计，有多元回归模型方程一：

$$\begin{aligned}CAR=&\alpha+\beta_1*DQ+\gamma1*\text{Company\_Size}+\gamma2*\text{Deal\_Size}+\gamma3*\text{MB}\\&+\gamma4*ALR+\gamma5*\text{PFLS}+\gamma6*OCF+\gamma7*\text{Ownership}\\&+\gamma8*\sum\text{Industry}+\gamma9*\sum\text{PMA}+\varepsilon\end{aligned}\tag{9.1}$$

根据假设二和变量的设计，有多元回归模型方程二：

$$\begin{aligned}\text{Delta\_}CAR=&\alpha+\beta1*\text{Delta\_DQ}+\gamma1*\text{Delta\_Company\_Size}\\&+\gamma2*\text{Delta\_Deal\_Size}+\gamma3*\text{Delta\_MB}\\&+\gamma4*\text{Delta\_ALR}+\gamma5*\text{Delta\_PFLS}\\&+\gamma6*\text{Delta\_OCF}+\gamma7*\text{Ownership}\\&+\gamma8*\sum\text{Industry}+\gamma9*\text{Delta\_PMA}+\varepsilon\end{aligned}\tag{9.2}$$

2. 变量定义与说明

(1)解释变量与被解释变量

解释变量：信息披露考评等级及其变化。本章为探究深交所对上市公司进行信息披露考评的意义所在，以及投资者是否关注深交所的信息披露考评。信息披露考评等级英文为 Disclosure Quality，符号为 DQ。同理，信息披露考评等级的变化符号为 Delta_DQ。将深交所对上市公司信息披露考评等级分类 A、B、C、D 分别定义为 4、3、2、1，而上市公司信息披露考评等级的变化即用对应数字相减。如福安药业 2014 年至 2015 年信息披露考评等级由 C 升至 A，则其信息披露考评等级的变化为＋2；首钢股份 2012 年至 2015 年信息披露考评等级由 B 降至 C，则其信息披露考评等级的变化为－1。

被解释变量：并购信息披露的市场反应和两次并购信息披露市场反应的变化。我们采用超额累计收益率（CAR）表示市场（投资者）对并购信息的反应，时点为并购公司董事会审议并购重组议案发布首次公告后，用符号 CAR 表示。针对某一家上市公司，使用其在观察期间（2010—2016 年）信息披露考评等级发生变化且发生两次并购重组的超额累计收益率，计算超额累计收益率的变化，用符号 Delta_CAR 表示。

（2）控制变量

以往研究表明，公司规模、交易规模、交易目的、资产负债率、收购方现金流占总资产的比例、第一大股东持股比例、公司属性和行业等特征都会影响企业的并购绩效（陈仕华等，2013）。为了充分体现解释变量与被解释变量的关系，使用控制变量对以上因子进行控制。其中，公司规模（Company_Size）为收购方企业总资产的对数值；交易规模（Deal_Size）为并购交易金额与收购方并购重组前一年总资产的比例；市值面值比（MB）为公司总市值与总资产的比率；资产负债率（ALR）为总负债与总资产的比率；经营现金流（OCF）为收购方经营性现金流与总资产的比率；股权集中程度（PFLS）为第一大股东持股比例；所有权性质（Ownership）、行业（Industry）和并购重组目的（PMA）为虚拟控制变量，其中行业按照证监会行业分类标准（14 类）进行控制。

我们将以上会影响并购信息披露的市场反应及其变化的财务及其他因素作为控制变量放入回归模型，以加强模型的解释能力，加入的控制变量如下。

公司规模。并购信息披露之后，公司股价或公司股票收益率可能不同于该行业指标走势。公司规模的大小代表了该公司在行业中的地位，行业地位越高的公司越能受到投资者的关注。因此，我们认为规模不同的上市公司，投资者对其并购信息披露的市场反应会不同，因此加入公司资产数额作为公司规模控制变量，符号 Company_Size，变化变量为 Delta_Company_Size。为使数据更加平滑，考虑将公司资产数额取对数后形成公司规模控制变量。

交易规模。投资者对披露的并购信息的反应，很大程度上与交易规模相关。本章交易规模为相对概念，即本次并购重组的交易金额占收购方并购前一年总资产的比例，以比例代替绝对并购重组金额，符号为 Deal_Size，变化变量为 Delta_

Deal_Size。

市值面值比。根据众多文献的研究结果[如肖军和徐信忠(2004)的研究]MB值较低的公司平均月收益率高于MB值较高的公司,即上市公司存在市值面值比效应。因此,我们认为市值面值比的差异会影响投资者对并购信息的市场反应,因此作为控制变量加入回归方程,符号MB,变化变量为Delta_MB。

资产负债率。负债程度较高的公司代表了企业的财务杠杆水平较高,财务风险也就比较大。同时根据MM理论,财务杠杆的提高,将有利于节税,从而提升企业价值。因此我们认为资产负债率会影响投资者对公司并购信息披露的反应,应做控制变量加入回归方程,用符号ALR表示,变化变量为Delta_ALR。

股权集中程度。股东结构表示的是该上市公司的股权集中度,有学者认为股权集中度较高的企业执行效率较高,同时由于股东结构简单,企业内部的代理成本也比较低,故投资者对该类公司较为关注,市场反应也较之激烈。因此我们用第一大股东持股比例PFLS表示股权集中程度,变化变量为Delta_PFLS。

经营现金流。该变量反映企业实际能够支配的现金总额,等于企业的税后净经营利润加上折旧和摊销等非实际现金支出,再减去资产投资和净营运资本的增加。自由现金流较多的上市公司可以将现金投资于净现值较高的投资项目,因此投资者对于该类公司反应较激烈。用OCF,即经营性现金净流量与收购方总资产的比表示,变化变量为Delta_OCF。

所有权性质。我们认为,上市公司所有权性质不同,投资者对其披露的信息的反应不同。如央企国企其控股股东实力较强,公司经营受股东影响程度较深,投资者对此关注也较多。而民营企业其控股股东的实力参差不齐,投资者对其信息的反应也会有所差异。根据数据情况,将上市公司分为央企、地方国企和民企三种类型。用虚拟变量Ownership表示。

行业。不同行业的上市公司受到证监会的监管程度和方式是不同的,受此引导,投资者对不同行业上市公司的信息披露的反应也不尽相同。根据证监会上市公司行业分类,共有14个一级行业。但一级行业的分类较为粗糙,因此我们采用证监会行业分类的二级行业分类进行虚拟变量设置。虚拟控制变量用Industry表示。

并购重组类型。并购重组类型的不同代表着上市公司的自身情况,如上市公司进行横向或纵向并购代表着公司经营状况较好,有意扩大公司竞争能力。而公司进行业务转型的并购时,代表着公司原有业务不景气,需进行转型,但转型是否能成功还有待考察。因此,并购重组类型的不同也会影响并购信息披露的市场反应。并购重组类型分为横向并购、纵向并购、多元化并购和业务转型4种,使用虚拟变量Purpose of M&A,即PMA表示,变化变量为Delta_PMA如表9－5所示。

表 9—5　　　　变量定义与说明表

变量定义与说明表			
模型	变量类别	变量名	变量说明
Ⅰ	被解释变量	CAR	并购信息披露的投资者市场反应
	解释变量	DQ	上市公司信息披露考评等级
	控制变量	Company_Size	公司规模,公司资产数额的对数值
		Deal_Size	交易规模,本次交易金额/前一年公司资产数额
		MB	市值面值比
		ALR	资产负债率
		PFLS	第一大股东持股比例
		OCF	经营性现金流,经营性现金净流量/收购方总资产
		Owpership	所有权性质,虚拟变量
		industy	行业、虚拟变量
		PMA	并购重组类型,虚拟变量
Ⅱ	被解释变量	Delta_CAR	并购信息披露的投资者市场反应的变化
	解释变量	Delta_DQ	上市公司信息披露考评等级的变化
	控制变量	Delta_Company_Size	两次并购重组期间公司规模的变化,公司资产数额对数值之差
		Delta_Deal_Size	两次并购重组期间交易规模的变化
		Pelta_MB	两次并购重组期间市值面值比的变化
		Delta_ALR	两次并购重组期间资产负债率的变化
		Delta_PFLS	两次并购重组期间第一大股东持股比例的变化
		Delta_OCF	两次并购重组期间经营现金流量的变化
		Owmership	公司性质,虚拟变量
		industy	行业,虚拟变量
		Delta PMA	两次并购重组类型的变化,虚拟变量;变化为 1,不变为 0

三、研究样本

1. 数据来源及处理

我们首先从深交所官网选取了 2010 年至 2017 年 5 月 1 日深圳证券交易所对深市 A 股上市公司的信息披露考评等级的数据,然后从国泰安 CSMAR 数据库选取了2010年1月1日至2017年5月1日深市A股上市公司的并购重组数据，并按照以下原则进行筛选和剔除。

(1)在选取深市上市公司信息披露考评等级数据时，以2017年5月1日之前仍上市交易的为准，将在该期间因兼并重组、被收购或其他原因退市的股票剔除在外；

(2)在选取并购重组数据时，为使数据充分反应并购重组的市场反应，而借壳上市需满足IPO条件，一般溢价幅度过大，故剔除深主板和中小板剔除上市公司被“借壳”的情形(根据相关法律规定，创业板股票不允许被“借壳”)；

(3)因深交所进行信息考核评级时，上市公司被实施退市风险警示或其他风险警示对信息披露考评等级的评价无直接影响，因此在搜集并购数据时并不剔除“ST”或“＊ST”股票；

(4)考虑到深交所对上市公司进行信息披露考评时，对金融行业的上市公司未有特殊考虑，因此我们不剔除金融行业上市公司的并购数据；

(5)剔除数据异常和数据缺失的上市公司数据。

本书使用Eviews 7.0和Excel 2013进行数据处理和模型分析。

2. 窗口期

根据证监会的《收购管理办法》《重大资产重组管理办法》及财务顾问管理办法对上市公司并购重组的相关规定，并购重组程序如图9—1所示。

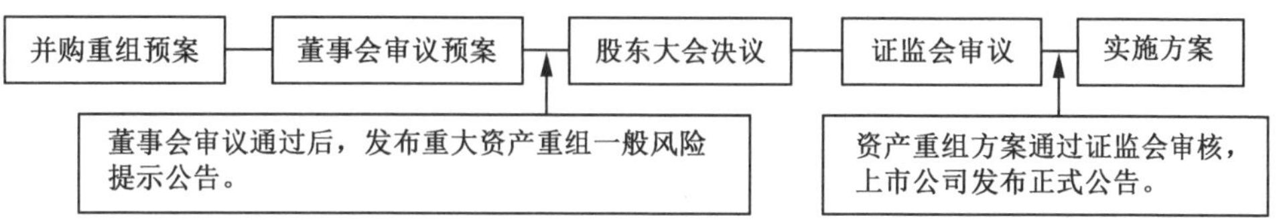

图9—1　并购重组程序

估计期：本书采用并购信息首次公告(即提示性公告)前的120个交易日来估计上市公司CAPM模型下的BETA。同时考虑到中国证券市场的有效性，以首次公告日前130天至首次公告日前10天，即[－130，－10]为估计期，防止并购信息在首次公告日以前被内幕消息知情者泄露所造成的收益率异动。

事件期：本书采用并购信息首次公告日(即提示性公告)至20个交易日之间的时间段为事件期，即(0，＋20]。根据段盛华(2006)的研究，在上市公司收购中，投资者对提示性公告日的市场反应显著高于正式公告日(即通过证监会审核的公告日)的市场反应，故不再考虑正式公告日前后的事件期。采用事件期(0，＋5]和(0，＋10]计算累计超额收益率进行稳健性检验。

3. 描述性统计

据wind统计，2010—2016年间，中国企业境内并购交易的数量和金额都呈上升趋势。2015年并购的金额和数量都达到顶峰，当年发生境内并购6 309起，并购金额25 662.63亿元，2016年稍有下降。如图9—2所示。

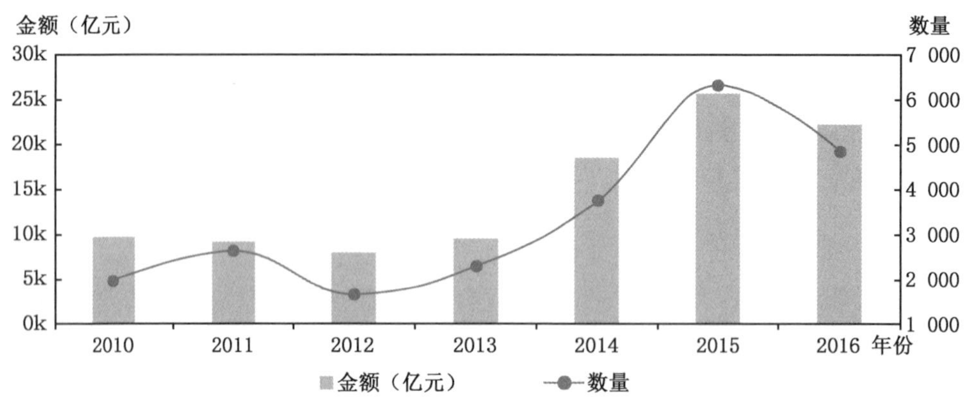

图9—2　2010—2016年并购交易统计

2010—2016年间，深交所A股上市公司共发生并购530起，其中深主板122起，中小板194起，创业板214起。在2010—2016年间，发生2次及以上并购事件的共168家。其中，2次(或以上)发生并购重组事件时信息披露考评等级未发生变化的共81家；2次(或以上)发生并购重组事件时信息披露考评等级发生变化的共87家，深交所主板有16家、中小板22家、创业板49家。

在不同年份发生的两起并购事件的期间，信息披露考评等级上升的有46家，由C升至B的为16家，由B升至A的有28家；在不同年份发生的两起并购事件的期间，信息披露考评等级下降的有41家，由A降至B的为14家，由B降至C的24家。信息披露考评等级变化主要发生在A与B、B与C之间，出现跳跃式变化的很少。如表9—6所示。

表9—6　　发生并购事件时信息披露考评变化趋势

发生2起并购事件时信息披露考评变化趋势			
上升		下降	
B→A	28	A→B	11
C→B	16	B→C	24
C→A	2	C→D	3
合计	46	合计	41

在进行实证分析时，为使样本数据量适当，考虑将两次(或以上)发生并购重组事件时信息披露考评等级未发生变化的87家上市公司数据也纳入回归方程，计算

超额累计收益率并与信息披露考评等级及信息披露考评等级的变化进行回归。如表 9—7 所示。

表 9—7　　信息披露考评等级未变化的上市公司发生两次并购事件时信息披露考评等级分布

两次并购时信息披露考评等级未变化的上市公司信息披露等级分布	
A	9
B	65
C	6
D	1

在 2010—2016 年间发生两起并购事件时，信息披露考评上升的上市公司行业分布主要集中在计算机、通信和其他电子设备制造业、软件和信息技术服务业和电信、广播电视和卫星传输服务。信息披露考评下降的上市公司行业分布主要集中在互联网和相关服务、计算机、通信和其他电子设备制造业和专用设备制造业。即两次并购重组期间信息披露考评等级发生变化的上市公司主要集中于制造业和信息传输、软件和信息技术服务业。如表 9—8 和表 9—9 所示。

表 9—8　　发生两起并购事件时信息披露考评上升的上市公司行业分布

证监会一级行业	数量
制造业	28
信息传输、软件和信息技术服务业	11
租赁和商务服务业	3
房地产业	2
农林牧渔业	2
合计	46

表 9—9　　发生两起并购事件时信息披露考评下降的上市公司行业分布

证监会一级行业	数量
制造业	27
信息传输、软件和信息技术服务业	9
批发和零售业	3
文化体育和娱乐业	2
合计	41

在上市公司信息披露考评等级发生变化时的两次并购超额累计收益率的变化如表 9－10 所示。在未考虑其他因素的情况下，随着上市公司信息披露考评等级的上升，大部分上市公司信息披露考评等级发生变化时的并购超额累计收益率会上升；在未考虑其他因素的情况下，随着上市公司信息披露考评等级的下降，大部分上市公司信息披露考评等级发生变化时的并购超额累计收益率会下降（表 9－10 数据以事件期 20 天为统计期）。

表 9－10　　上市公司信息披露考评等级发生变化时两次并购超额累计收益率的变化（前十家）

信息披露考评状态	公司简称	Delta_CAR	信息披露考评状态	公司简称	Delta_CAR
上升	三湘印象	88.49%	下降	神州高铁	59.28%
	朗玛信息	51.05%		梅泰诺	56.13%
	江粉磁材	49.90%		供销大集	26.10%
	久其软件	35.62%		金亚科技	11.45%
	锦富技术	21.64%		星星科技	－5.75%
	福安药业	20.96%		掌趣科技	－10.11%
	天威视讯	17.46%		珈伟股份	－19.12%
	石基信息	17.24%		凯利泰	－20.04%
	京蓝科技	15.17%		三维丝	－31.20%
	初灵信息	13.03%		星辉娱乐	－38.12%

四、实证分析

1. 相关性检验

变量相关性检验如表 9－11 和表 9－12 所示，有极少部分变量相关系数大于 0.5，大部分变量相关系数都在 0.5 以下，说明它们不存在严重的多重共线性问题，可以用于模型的方程使用。

表 9－11　　model Ⅰ控制变量相关性检验（全样本）

Correlation	ALR	COMPANY	DEAL_SIZ	DQ	INDUSTRY1	INDUSTRY2	MB	OCF	OWNETSMIP	PELS	PMA
ALR	－1.0000										
COMPANY_SIZE	0.2396	1.0000									
DEAL_SIZE	－0.3375	－0.4089	1.0000								
DQ	－0.1195	0.0495	－0.0618	1.0000							
INDUSTRY1	－0.0775	－0.1483	0.2512	－0.2346	1.0000						
INDUSTRY2	－0.2725	－0.6076	－0.1931	0.3777	－0.6760	1.0000					
MB	－0.5552	－0.4727	0.3258	0.1386	－0.1638	0.3300	1.0000				
OCF	－0.3342	－0.1359	0.2362	0.4079	－0.1601	0.3789	0.2173	1.0000			
OWNETSMIP	0.2074	0.2563	0.0719	－0.0871	0.0241	－0.0669	－0.2163	0.3161	1.0000		

续表

Correlation	ALR	COMPANY	DEAL_SIZ	DQ	INDUSTRY1	INDUSTRY2	MB	OCF	OWNETSMIP	PELS	PMA
PFLS	0.0474	0.2908	0.0169	−0.0100	0.0619	0.0266	−0.1171	0.2643	0.1758	1.0000	
PMA	0.1821	0.1411	−0.0128	−0.0268	0.1555	−0.1289	−0.0138	−0.1424	−0.0654	−0.1316	1.0000

表 9－12　　model Ⅱ控制变量相关性检验(全样本)

Correlation	DELTA_ALR	DELTA_	DELTA_	DELTA_	DELTA_	DELTA_	DELTA_	DELTA_	INDUSTRY1	INDUSTRY2	OWNETSMIP
DELTA_ALR	1.0000										
DELTA_	0.3447	1.0000									
DELTA_	−0.2352	−0.6288	1.0000								
DELTA_	−0.4029	−0.7275	0.5924	1.0000							
DELTA_	0.0062	0.1300	−0.1501	−0.0744	1.0000						
DELTA_	−0.1706	0.0757	0.2685	0.0396	0.2194	1.0000					
DELTA_	0.1024	0.0918	−0.1901	−0.1369	−0.2500	0.0889	1.0000				
DELTA_	0.2253	−0.0621	0.2497	−0.0068	−0.1293	−0.0178	−0.2201	1.0000			
INDUSTRY1	0.5203	−0.0128	−0.0440	0.0185	−0.0469	−0.3409	−0.0066	−0.0827	1.0000		
INDUSTRY2	−0.3973	−0.2440	0.0093	0.1183	0.0436	0.1994	−0.1903	−0.0913	0.6794	1.0000	
OWNETSMIP	0.2535	0.1935	−0.3503	−0.2649	−0.1702	0.0102	0.4725	−0.1815	0.0601	−0.0885	1.0000

2. 实证结果与分析

模型Ⅰ　模型回归结果如下。

模型Ⅰ是检验假设 1 的,即检验并购信息披露的市场反应与信息披露考评等级的关系。在进行回归时,我们首先根据上市公司在发生两起并购重组事件时信息披露考评等级是否发生变化,将检验样本分为全样本、信息披露考评等级上升组和信息披露考评等级下降组。实证结果表明,在全样本和信息披露考评等级下降组,信息披露考评等级对并购信息披露的市场反应(即并购事件后该上市公司股票的超额累计收益率)无显著影响;即便是在信息披露考评等级上升组,信息披露考评等级对并购信息披露的市场反应也只在 10％的显著性水平下有影响。因此总体来说,即便使用并购重组信息披露这一载体,投资者对上市公司的信息考评等级不敏感,并不因为上市公司信息披露考评等级的高低而改变投资策略和投资兴趣。如表 9－13 所示。

再观察控制变量,结果表明针对模型Ⅰ的控制变量设置较为合理,大部分控制变量在 10％的显著性水平下都较为显著。如公司规模、交易规模、收购公司资产负债率和第一大股东持股比例等,都在该回归方程中起到了较为重要的控制作用。模型中公司规模的系数为负,表示收购公司规模越大,某种程度上该次并购重组对公司的现有情况改观越小,市场反应越弱;模型中交易规模的系数为正,表明交易规模越大,则该次并购重组越能对公司产生较大的边际作用,市场反应则越强。公司并购重组目的、所有权性质和所处行业的不同也会引起投资者对该公司的关注程度不同。

故假设 1 获得了经验证据的支持,并购信息披露的市场反应与信息披露考评等级无关。在证券市场的信息传播中，噪声对投资者的决策无显著影响。

表 9－13　　　　模型Ⅰ回归结果统计

	变量名	全样本	信息披露考评等级上升组	信息披露考评等级下降组
被解释变量	CAR			
解释变量	DQ	0.085 (1.343)	0.218* (1.736)	−0.075 (−0.817)
控制变量	Compay_Size	−0.581*** (−3.793)	−0.436** (−2.226)	−0.447*** (−5.552)
	Deal_Size	0.776*** (4.377)	0.381** (2.430)	0.404* (3.154)
	MB	−0.042*** (−2.969)	−0.033* (−1.823)	−0.089** (−1.935)
	ALR	0.454** (2.331)	0.739** (2.041)	0.441* (1.838)
	PFLS	0.326** (2.034)	0.361*** (3.901)	−0.368** (−1.982)
	OCF	−0.716* (−1.648)	−2.619* (−1.782)	0.352** (2.405)
	PMA	0.112** (1.977)	0.076* (1.765)	−0.057* (−1.683)
	Ownership	−0.489*** (−5.336)	−0.587*** (−7.317)	−0.117*** (−5.652)
	Industry1	0.226* (1.705)	0.128** (2.314)	−0.0918 (−1.574)
	Industty2	0.489*** (5.336)	0.456*** (6.874)	0.166*** (6.745)
	C	0.100*** (2.996)	0.483*** (5.342)	0.568*** (2.654)
	F-statistic	25.858	41.722	28.354
	Adjusted R^2	0.431	0.429	0.393

注：模型Ⅰ为多元线性回归，括号中的数字是 t 值。*** 表示在 p=0.01 的显著水平，** 表示 p=0.05 的显著水平，* 表示 p=0.1 的显著水平。

模型Ⅱ模型回归结果如下：模型Ⅱ是检验假设 2 的，即检验并购信息披露市场反应的变化与信息披露考评等级变化的关系。

与模型Ⅰ类似，模型Ⅱ在进行回归时，首先跟据上市公司在发生两起并购重组事件时信息披露考评等级的变化方向，将检验样本分为全样本、信息披露考评等级上升组和信息披露考评等级下降组。实证结果表明，解释变量信息披露考评等级的变化(Delta_DQ)对市场反应的变化(Delta_CAR)有显著的正向影响，如表 9－14 所示。

信息披露考评等级上升组回归结果最为显著，Delta_DQ 在 1%水平下显著，其系数为 0.106。该回归方程中各变量显著性较强，回归方程 F 统计值为 41.722，调整后的 R-square 为 42.9%。相比于全样本组和信息披露考评等级下降组，信息披露考评等级上升组的上市公司回归模型较显著的原因可能在于：首先，显性作用。信息披露考评等级上升暗示上市公司的经营状况有较明显的改观，只有一个各方面都欣欣向荣的公司才会带来信息披露考评等级的上升；其次，隐性作用。上市公司与信息披露制度相关的内控制度和公司治理水准的上升，使公司赢得了较好的声誉和投资者的信任度，同时内控制度的完善也意味着公司透明化，投资者能够更好地对公司股价做出预期，也进一步增加了并购重组信息披露的市场反应。

故假设 II 获得了经验证据的支持，并购信息披露市场反应的变化与信息披露考评等级的变化有关。由于信源在信息传播过程中的重要作用，新信息发出后能够得到信宿的恰当反应。

表 9—14　模型Ⅱ回归结果统计

	变量名	全样本	信息披露考评等级上升组	信息披露考评等级下降组
被解释变量	Delta_CAR			
解释变量	Delta_DQ	0.049*** (6.548)	0.106*** (4.435)	0.071* (2.352)
控制变量	Delta_Company_Size	−0.169*** (−7.031)	−0.574*** (−5.424)	−0.183*** (−3.499)
	Delta_Deal_Size	0.416** (2.245)	0.500* (1.778)	0.301*** (2.605)
	Delta_MB	−0.040* (−1.925)	−0.118* (−1.837)	−0.014** (−2.319)
	Delta_ALR	1.658** (2.078)	1.253*** (5.544)	1.176** (2.495)
	Delta_PFLS	−1.343*** (−3.180)	−1.223*** (−3.794)	−1.666** (−1.987)
	Delta_OCF	−0.346*** (−3.052)	−0.589*** (−6.383)	0.589*** (3.126)
	Delta_PMA	−0.040** (−2.002)	−0.109* (−1.664)	−0.235** (−2.564)
	Owmership	0.113*** (4.450)	0.504*** (7.847)	0.140*** (3.022)
	Industry1	−0.389* (−1.868)	−0.738** (−2.480)	−0.506* (−1.730)
	Industry2	0.065** (2.064)	−0.298** (−1.972)	−0.495*** (−5.175)

续表

	变量名	全样本	信息披露考评等级上升组	信息披露考评等级下降组
	C	0.361*** (4.445)	0.528***	0.295 (3.644)
	F-statstie	20.126	31.928	27.567
	Adjusted R^2	0.381	0.403	0.365

注:模型Ⅱ为多元线性回归,括号中的数字是 t 值。*** 表示在 p=0.01 的显著水平,** 表示 p=0.05 的显著水平,* 表示 p=0.1 的显著水平。

五、稳健性检验

在对并购事件运用事件研究法进行实证分析时,事件窗口期的选择至关重要。我们对本章第四节的实证分析将事件窗口期定义为(0,+20],即从上市公司董事会通过并发布并购重组预案时起至之后 20 个交易日止,时间长度设计的目的是能够基本涵盖该事件对公司股票收益率的影响。

但是,如果窗口期时间跨度较长,在该段时间内公司的股票收益率越容易受到其他事件的影响,如大额订单中标、政府处罚等非系统性事件对公司的股票收益率有或正或负的作用。因此,为增加模型的解释能力,考虑将超额累计收益率统计窗口期调整为(0,+5]和(0,+10]进行全样本数据的稳健性检验。具体如表 9—15 所示。

表 9—15　　(0,+5]和(0,+10]窗口期稳健性检验(全样本)

模型Ⅰ				模型Ⅱ		
被解释变量	CAR_5d　CAR_10d			Delat_CAR_5d　Delta_CAR_10d		
解释变量	DQ	0.0806 (1.559)	0.121** (2.247)	Delt_DQ	0.035*** (4.363)	0.055*** (7.693)
控制变量	Company_Size	0.028*** (−5.491)	−0.030*** (−5.629)	Delta Company_Size	−0.064*** (−2.955)	−0.168*** (−8.684)
	Deal_Size	0.223*** (3.434)	0.290*** (4.291)	Pelta_Deal_Size	0.224** (2.353)	0.280*** (2.881)
	MB	0.051* (1.876)	0.043*** (3.621)	Delta_MB	0.066** (−2.371)	−0.026*** (−2.709)
	ALR	0.603** (2.243)	0.520* (1.863)	Pelta_ALR	1.704*** (4.714)	1.880* (1.804)
	PFLS	−0.076*** (−3.123)	0.025** (−1.990)	Pelta_PFLS	−1.374* (−1.841)	−1.356** (−2.483)
	OCF	−0.436** (−2.382)	0.651* (−1.686)	Delta_OCF	0.199** (1.973)	0.041*** (4.468)

续表

模型Ⅰ				模型Ⅱ		
控制变量	PMA	0.128*** (2.849)	0.166** (2.045)	Pelta_PMA	0.049* (−1.682)	−0.069** (−2.277)
	Ownership	−0.116* (−1.843)	0.083* (−1.726)	Owmership	0.140*** (6.219)	0.290** (2.405)
	Industry1	0.081* (1.819)	0.027** (2.545)	Industry1	0.236*** (−2.863)	−0.393 (−1.598)
	Industy2	0.287** (2.367)	0.282** (2.235)	Industry2	0.054**	0.042* (1.667)
	C	−0.268*** (−4.695)	−0.378*** (−6.387)	C	0.126*** (3.365)	0.388*** (7.564)
	F-statistic	24.817	33.614	F-statistic	41.905	32.748
	Adjusted R^2	0.318	0.365	Adjusted R^2	0.451	0.302

注：模型Ⅰ、Ⅱ为企样本数据多元线性回归，括号中的数字是 t 值。*** 表示在 p=0.01 的显著水平，** 表示 p=0.05 的显著水平，* 表示 p=0.1 的显著水平。

通过对窗口期(0，+5]和(0，+10]的稳健性检验，我们发现：

(1)在针对假设 1 的检验时，以全样本数据针对(0，+5]和(0，+20]的事件窗口期检验结果都不支持假设 1；而只有在以信息披露考评等级上升组针对(0，+20]的事件窗口期和全样本数据(0，+10]窗口期进行检验时，被解释变量信息披露考评等级(DQ)分别在 10%和 5%的水平下显著，且回归系数符号为正，说明在控制了并购重组收购公司规模、交易规模、资产负债率等一系列因素的情况下，信息披露的质量越高，公司的股票超额累计收益率越高。即信息披露考评等级越高，投资者的市场反应越大。

因此结合稳健性检验，我们得出了与 4.4 不完全相同的观点：即对于事件窗口期的选取不同，针对并购信息披露的市场反应是否与信息披露考评等级有关的结论不同。以(0，+10]窗口期计算超额累计收益率时，我们得出的结论与王玉春、冯存(2012)的观点相似，即市场对不同等级的信息披露等级存在反应差异，信息披露考评等级会影响并购信息披露的市场反应。但该显著性水平较高，得出的结果可信度较低；在以(0，+5]和(0，+20]为窗口期时，我们得出的结论与罗进辉(2014)的观点相似，即上市公司信息披露考评等级的不同不会给其带来显著的市场反应，信息披露考评等级不会影响并购信息披露的市场反应。

(2)针对假设 2 的检验时，稳健性检验得出了与 4.4 一致的观点，即不论事件研究法的窗口期如何选择，在控制了并购重组收购公司规模、交易规模、资产负债率等一系列因素的情况下，信息披露考评等级的变化(Delta_DQ)都将会给并购重组事件超额累计收益率的变化(Delta_CAR)带来显著为正的影响。而且在以信息披露考评等级上升组单独进行模型 II 检验时，Delta_DQ 的回归系数大于其他组别，这也再次说明了上市公司信息披露考评等级的上升反映在并购重组事件中，就会带来市场反应的上升。

本章小结

上市公司披露的信息会影响市场对其的反应，因此上市公司一旦不遵守信息披露制度的规则，披露有误的内容或以不当的方式披露信息都会不利于证券市场的稳定。因此为了规范上市公司的信息披露行为，深交所自 2001 年起对上市公司进行信息披露质量评级，将考评结果分为优秀、良好、合格、不合格四种。对于深交所对上市公司的评级是否能引起市场效应，国内学者进行了大量研究。

本章认为深交所发布的信息披露考评等级是对上市公司过去一年间（从上年 5 月 1 日至当年 4 月 30 日）信息披露行为的评价，而评价过去的行为未包含新的信息，因此检验发布的信息披露考评等级对市场的影响毫无意义。上市公司的信息披露考评等级侧面反映着公司的治理风格和信息披露风格，只有将信息披露考评等级揉入上市公司的某一类事件中，在剔除一系列控制变量的影响下，才能真正得到投资者对该上市公司信息披露考评等级中应有的市场反应。因此本章运用上市公司的并购重组事件"放大"市场反应，再从中分析出信息披露考评等级对市场反应的影响。

本章从两方面验证了深交所的信息披露考核评级制度对市场的作用。

首先，我们认为信息披露考评等级对市场反应无影响，在证券市场的信息传播中，噪声对投资者的决策无显著影响。实证结果表明，以(0，+5]和(0，+20]为事件窗口期进行的检验其结果与预期相符，即投资者在考虑上市公司并购重组事件时，不关注该上市公司的信息披露考核评级；即便是在信息披露考评等级上升组，信息披露考评等级对并购信息披露的市场反应也只在 10%的显著性水平下有影响。因此总体来说，即便是在并购重组实践中，投资者对上市公司的信息考评等级也不敏感，并不因为上市公司信息披露考评等级的高低而改变投资策略和投资兴趣。

其次，虽然信息披露考评等级对市场反应无显著影响，但是我们认为信息是包含在信息披露考评等级的变化中的，即由于信源在信息传播过程中的重要作用，新信息发出后能够得到信宿的良好反应。如信息披露考评等级的上升意味着上市公司信息披露的准确性、完整性、及时性、公平性和合法合规性得到了提升，一定程度上表示公司的内部治理结构得到了优化。而公司治理水平的上升又会提高公司价值，从而通过并购事件反映出投资者的市场反应。实证结果表明，在控制了并购重组收购公司的规模、交易规模、资产负债率等一系列因素的情况下，信息披露考评等级的变化(Delta_DQ)都将会给并购重组事件超额累计收益率的变化(Delta_CAR)带来显著为正的影响。该结论的内涵逻辑是上市公司综合实力的变化反映为公司信息披露考评等级的变化,因此也就引起市场反应的变化。

本章结论表明,深交所对上市公司进行的信息披露考核评级是证券市场信息传播过程中的噪声,其不能直接引起信宿(投资者)的关注,也就不会引起市场反应。但上市公司信息披露考评等级的变化反映了该上市公司治理水平的变化,信息披露考评等级的变化实质是反映了信源(上市公司)的新信息。因此投资者会在上市公司信息披露考评等级变化当年的并购重组事件中反映出市场对上市公司信息变化的认同。深交所对上市公司实施信息披露考核评级具有积极意义,虽然投资者不关注直接的考评结果,但投资者的市场反应会在上市公司的并购重组事件中印证上市公司信息披露考评等级变化的结果。这也是近年来上交所开始对上市公司实施信息披露考核评级的原因。

第十章　我国股票市场ST公司摘帽事件市场反应的实证分析

上市公司退市制度对于股票市场的效率具有重要的影响。ST制度是我国股市的一项特有的制度。被给予特别处理的公司在达到一定的条件后可以申请撤销特别处理,从而恢复为正常公司,也称为“摘帽”。在我国股票市场,被ST的公司大多有撤销ST的经历,并且少部分公司经历过不止一次摘帽。市场也模糊地呈现出“戴帽则股价下降,摘帽则股价上升”的表象。

本章选取1998年4月至2016年12月间被摘帽的股票样本,对我国ST公司摘帽事件的超额收益分析,发现样本公司的超额收益确实来自摘帽事件的发生。并且投资者对摘帽事件的预期产生了“超前反应”,从摘帽前两个月直到摘帽公告发布当天,ST公司的股价有着持续显著的正向反应。但是,在摘帽一个月后,市场才开始对ST公司股票进行大量交易,说明对于市场认为ST公司的投资风险是很大的,所以在摘帽期间也呈现出高风险高收益的股价特征。

第一节　前　言

特别处理制度(简称ST),是沪深交易所于1998年4月宣布的上市规则,主要是针对财务状况异常或存在其他异常状况的上市公司,给予这些公司特别处理,在股票代码前标识“ST”,从而给予市场一定的警示,也一定程度上限制此类公司的股票交易。特别处理制度是我国现阶段对上市公司做出的一种过渡性的制度安排,对一些财务状况异常的公司给予特别处理并不是对其做出惩罚,只是向市场发出风险信号,给予投资者的一种风险警示。

公司在成功申请撤销特别处理的过程中,最为关键的是达到一定的财务条件,审计报告中显示的财务状况正常、并且公司业务运转正常且良好。我国市场模糊地呈现出“戴帽则股价下降,摘帽则股价上升”的现象,尤其是在2011年并购重组新规出台之前,我国投资者对ST公司股票表现出明显的偏好。我国证券市场上的ST公司股票的表现好于一般股票,这并不是偶然现象,进一步导致投资者偏向于特别处理股票的投资气氛。

本章对1998年以来所有的ST公司进行了统计分析,自1998年至今,我国被ST的公司大约500家,其中绝大部分都来自主板,中小企业板和三板被ST的公司数量相对很少。并且发现,绝大部分ST公司都曾经历过“摘帽”,“摘帽”现象在我国ST股票中具有明显的普遍性。在500家ST公司中有400多家公司经过摘帽,而且很多公司反复经历摘帽、摘星、被摘星,甚至二次戴帽、二次摘帽等,可以看出ST公司的经营存在着相对较大的不稳定性。

监管者颁布ST制度的目的就是警示和提醒投资者ST公司的风险。那么,作为我国金融市场上一项特有的制度,我国投资者对这项制度的认可度是怎样的?公司被戴帽摘帽的标签对公司来说意味着退市风险,对投资者来说投资者是如何看待公司被戴帽摘帽并且是如何行动的?ST公司的摘帽事件发生期间,我国市场的有效性有多大,是如何体现的?带着这些疑问,本章在ST制度中选取了ST公司的摘帽事件作为切入点,希望通过实证研究能够以小见大,探索出我国金融市场的一些规律和我国市场亟待完善的地方。

因此,本章以我国ST公司的摘帽事件作为研究对象,选取1998年至2016年A股市场上市220家ST公司发生的共240次摘帽事件作为研究样本。本章的实证分析主要包括两大部分:第一部分采用事件研究法,实证检验ST公司摘帽期间是否存在超额收益。利用240个样本的历史交易数据得出每家公司的理论收益方程,再利用理论受益方程与事件发生期间的交易数据对比,从而获得超额收益率,并利用T检验分析差额收益的显著性。第二部分采用双重差分模型,实证检验ST公司摘帽的超额收益是否来自摘帽,以此补充证明本章的观点。在控制行业、规模和上市板块之后,为每一家ST公司配对一个正常公司,将样本组和配对组在超额收益发生前30天和后30天进行对比,从而验证超额收益是不是由于ST公司摘帽。

一、特别处理制度

特别处理制度(简称ST),是沪深交易所于1998年4月宣布的上市规则,主要是针对财务状况异常或存在其他异常状况的上市公司,给予这些公司特别处理,在股票代码前标识“ST”。公司股票给予特别标识,并对这些公司股票的日涨跌幅度进行一定的限制。ST制度是一种过渡性的制度安排,是作为一个完整的市场性的市场退出机制的一个灵活的组成部分。

ST制度从1998年出台至今,已经经历了十多年的演变、发展和不断完善,对我国证券市场的发展和完善具有重要的意义,也起到了极大的促进作用。对于被特别处理的上市公司来说,监管者对该类公司的处理起到了警示作用,督促其进行业务规范和内部治理完善,在公司面临退市风险前给予一定的警示,为防止公司陷入退市困境起到了“降落伞式”的缓冲功能。另一方面,对于投资者,ST制度给予了投资风险警示,降低投资的风险,在一定程度上保护了投资者利益。

上海证券交易所和深圳证券交易所对上司股票做出了如下规定:“如果某上市

公司出现财务状况或其他状况异常，投资者难以判定公司前景、权益可能受到损害，证券交易所有权对该公司股票交易实行特别处理。”其中，“财务状况异常一般是指上市公司经审计的连续两个会计年度的净利润均为负值。限制股票报价的日涨跌幅为5%，上市公司在被ST期间的权利和义务不变。”

二、特别处理制度的发展历程

从1998年ST制度的颁布，特别处理制度作为我国证券市场特有的制度，十几年来也不断地修改与完善，我们将其主要发展历程总结如下(见表10—1)。

表10—1　我国ST制度演进的历程概述

主要历程	日期	标志事件	内容
ST制度的出台	1998.3.16	《关于上市公司状况异常期间股票特别处理方式的通知》(证监会)	中国证监会要求沪深交易所根据《证券交易所股票上市规则》的规定，“对状况异常的上市公司股票交易实行特别处理”
PT制度：ST公司退市的缓冲	1999.7.9	沪深交易所公布并实施《股票暂停上市相关事宜的规则》	规则决定“对连续3年亏损的公司暂停上市，并对其股票实施“特别转让服务”(Particular Transfer，简称PT)”。如果PT期间又出现连续3年亏损，则必须终止上市；相反，在PT的3年内，若某一年扭亏为盈，则可申请恢复上市交易
退市制度	2001.2.22	《亏损上市公司暂停上市和终止上市实施办法》(证监会)	对PT公司申请宽限期、恢复上市、终止上市等的问题做出了相应新规定。是我国证券市场有关退市机制首份具体操作性文件。上市公司的退市制度最终进入了实际操作
ST制度的完善：*ST制度	2003.4.4	沪深交易所《关于对存在股票终止上市风险的公司加强警示等有关问题的通知》	由证券交易所对存在终止上市风险的公司股票交易实施“警示存在终止上市风险的特别处理”，其主要措施为在其股票简称前冠以“*ST”字样
*ST制度进一步完善	2004.12.10	沪深交易所《股票上市规则》	进一步规定了8种实行*ST的情形

三、ST制度中关于“撤销特别处理”的规定

当上市公司满足一定的“摘帽”条件时，可以申请撤销特别处理。撤销特别处理的规定如下。

“当上市公司最近一个会计年度的审计结果表明第①②③情形已消除的，公司应当自董事会审议年度报告后及时向本所报告并披露，同时可以向本所申请对其股票交易撤销退市风险警示。”

“上市公司股票因上述第④⑤项情形被本所实行特别处理，在实现特别处理后

两个月内上述情形消除的，公司可以向本所申请对其股票交易撤销特别处理。”

“上市公司股票由于上述第⑥项而被实施特别处理的，其股权分布重新符合上市条件的，可以向本所申请对其股票交易撤销退市风险警示。”

“上市公司认为第⑦⑧⑨⑩已消除，可向本所申请对其股票交易撤销特别处理。”

四、研究方法

本章通过筛选最终选取了220家上市公司的240次摘帽事件，对摘帽事件的市场反应进行了实证分析，并利用双重差分进一步验证了超额收益的发生原因。本章主要的研究方法是事件研究法和双重差分模型。

事件研究法是检验某一事件发生前后相应股价的反应变化的成熟的研究方法。事件研究法根据研究事件设置估计窗口和事件窗口，并选用合理的收益率计算模型。根据估计窗口中的历史数据回归出相应的收益率方程，并将该方程运用于事件窗口内，从而获得事件发生后的收益率情况。通过检验对比事件发生前后的收益率变化，从而探索出某一事件的发生对公司股价的影响。

其原理在于，对于有效市场，市场上的任何会影响股价和公司价值的事件的发生，其影响会立即反映到资产的价格，因此在合理事件期间内对价格变化的观测和研究可以用于衡量特定事件的发生的经济影响。事件研究法广泛应用于上市公司的相关事件发生对其股价影响的分析以及一些宏观经济的事件分析。在事件研究法的运用过程中，其假设不依赖于特定的经济模型，而只是对原假设的一般性检验。对经过一系列筛选最终得出的240次摘帽事件，本章利用其摘帽之前七个月的历史交易数据和相应的市场指数回归得出理论的收益方程式，根据摘帽期间的股价计算得出时间窗口内的实际收益率，从而获得所有公司摘帽期间的超额收益情况。之后，利用T检验对时间窗口内每日的所有超额收益数据进行检验，利用T检验对时间窗口内的累计超额收益进行检验，从而实证分析得出摘帽期间的超额收益现象是否显著，并对影响摘帽股价反应的多个因素进行多元回归分析。

双重差分模型(DID)是一种非常普遍的、用于研究特定政策干预的实施效果的定量研究方法。其原理是通过二次差分回归来比较样本组在特定事件发生前后的表现和对照组在相应时期前后的不同表现。双重差分模型能够同时兼备简单性，并且能够潜在地规避在对不同的研究个体进行比较时经常产生的内生性问题，因此该模型在研究模型选用时受到极大的认可和欢迎。其基本理论是，如果被研究的干预事件对样本个体产生了一定的影响，那么样本组和对照组之间的差别会在该特点事件发生之后产生一定的变化。由此，我们通过这个变化来检测特定事件对两个组之间影响的差异。

第二节　文献综述

特别处理制度是我国证券市场上的特别的制度规定，是在我国金融市场不断发展和完善的过程中，为了规范秩序、加强监管和理性发展金融市场而出现的。可以说，特别处理制度是一项过渡性的制度，其存在对于中国金融市场的健康合理发展具有重大的意义。

截至 2016 年年底，我国 A 股市场上市的公司共有 3 000 多家，曾经和已经以及正在被实施特别处理的股数约 500 只，不包括已经退市的股票。被 ST 的股票占 A 股所有股票的比例为 17%。其中 475 只戴帽股票直至 2016 年 12 月都处于交易状态，可以看出 ST 股票已经成为主板市场的重要组成部分，并且投资者也给予 ST 股票较大的关注。

但 ST 制度也是存在一些弊端的，例如，公司可能为了避免连续 3 年亏损而被迫退市，通过资产重组、银行利息优惠和资产出售等方式粉饰财务报表，而实际上业务水平没有真正得到提高。另外 ST 制度也在一定程度上带来了“保壳”“借壳”成风的现象，一些公司还可能大胆进行财务操纵等。ST 制度存在一些弊端，在我国金融市场不断发展和完善的过程中，监管者需要不断改进制度、根据市场修改规则，在实践中进一步完善。

一、国外的研究现状

国外证券市场没有 ST 制度，类似的情况国外称之为财务困境，当公司的财务状况异常、公司财务报表表现极差，则上市公司陷入财务困境。对于陷入财务困境的公司，国外投资者也会认为其风险增大，从而谨慎交易。国外对于陷入财务困境的公司研究的文献较多，这对于我们研究 ST 股票的摘帽行为和 ST 制度的完善有较强的借鉴意义。

Altman(1977)通过研究发现，上市公司的股东在公司破产期间会遭受极大的资产损失，尤其在公司发布破产公告期间大约一个月的时间，股东平均累计损失 26%。这意味着，市场对上市公司破产公告的发布做出了负面反应。

Aharony、Jones 和 Swary 在 1980 年对财务困境公司的研究中，时间跨度到公司破产之前的四年时间。破产之前的上市公司陷入财务困境，此时公司的股票收益表现相对于正常公司的股价表现明显较差。在这四年内，破产公司的样本股票的超额收益的曲线呈现下降趋势，并在破产之前的第 7 周急剧下降。市场对于破产公司的反应并没有像理论上的有效呈现出来。

Clark 和 Weinstein 在 1983 年对公司破产公告的公告效应进行实证检验分析，以破产公司发布破产公告期间的股价表现作为研究对象，检验发现在破产的

[−1,1]内公司股票的累计超额收益率约为0.5%。破产公告作为可预测事件,理论上在破产公告发布之前公司的超额收益率应该已经产生,但在破产公告发布当天市场仍对其产生了正面反应,说明投资者对公告仍然会有一定的敏感度。

Jensen在其1989年的研究中提出负债比例更高的企业的市场价值下降反应更为迅速和强烈。负债率高的企业更容易陷入财务困境,更容易受到公司价值下降的影响。

Caton、Donaldson和Goh总结破产公司的研究成果,并在2000年提出,公司申请破产保护会使股东遭受更大的资产损失。并且进一步研究发现,上市公司对竞争对手脱离破产保护在股价上会产生负向反应。在文章中,他们强调了竞争对于上市公司股价的影响。

二、国内的研究现状

陈勋(2001)对我国A股市场上ST公司的特别处理公告效应进行检验分析,采用超额收益法进行检验并进一步利用多元回归进行分析。他提出,1998年ST股票对于特别处理公告的反应的负效应最为强烈,显著性超过相邻的年份。

洪文俊(2006)对ST股票的研究中,发现并提出长期来看,* ST股票对于处理公告的市场反应表现是由于ST股票。不同制度时期内,ST公告的市场反应呈现出一定的差异性。

张海燕、陈晓(2008)在对1998年至2004年间被ST的股票进行交易特性和估值的研究中,发现ST公司的股票表现与市场指数普遍偏离,并且在被特别处理期间,其股票价值有被低估的现象。

陈佳苑(2009)以我国A股中被特别处理的股票为研究对象,对其投资价值进行检验分析。她认为,经过重组的ST股票具有较大的投资价值,并且国家持股比例高的ST公司发生资产重组的概率更高。

另外,对ST公司戴帽或摘帽的市场反应研究方面,我国相关的文献相对很少且时间较为久远。在这些涉及戴帽或摘帽的市场反应的文献中,极少有特别的针对性研究戴帽或者摘帽事件的公告效应,而是以实证检验市场的有效性、公司通过哪些方式得以摘帽、摘帽的方式中哪些最为有效等。

在较少的涉及研究摘帽事件的文献中,例如,王正位、卢杰在《我国ST股票超额收益的实证研究》(2012)中验证了ST股票超额收益的存在性,1998年至2007年间被实施ST的234个样本在事件窗口期内产生了约18.18%的超额收益,并进一步对ST股票超额收益进行多因素回归分析发现资产重组是ST股票超额收益的最大动力。

唐齐鸣、黄素心(2006)在《ST公布和ST撤销事件的市场反应研究》中采用了GARCH修正的市场模型,通过检验ST公司对其戴帽摘帽事件的股价反应来检测我国证券市场的有效性，并得出结论：不论是沪市还是深市，对 ST 戴帽和摘帽消息的反应都远远未达到迅速和充分的程度，两个市场在事件日前后普遍存在的异常收益说明，中国股市并不是半强式有效的，市场的投机和炒作氛围异常浓厚。总体来看，沪市的有效性比深市情况稍好。

赵丽琼(2011)以 2003—2007 年度被特别处理，而且截至 2009 年年底撤销特别处理(摘帽)的 A 股上市公司为研究样本，运用短期事件研究法和长期事件研究法，详细分析了重组摘帽的股价效应情况。从短期事件研究法的分析结果可知，投资者无论对整体样本还是对于按照年度、行业和交易所进行划分的各细分样本均做出了积极的反应。从长期事件研究法的分析结果可知，公司股票在公告当月有良好的表现，摘帽公告后持有公司股票的长期持有超额收益呈下降趋势，从长期来看摘帽并没有给股东创造价值。

三、文献评述

国外研究主要以陷入财务困境的上市公司为研究对象，研究公司的破产公告的市场效应的文章较多，并且历史较长，研究方法也很成熟。时间跨度长，从破产公告发布之前 4 年至破产公告发布后的多年都曾经被深入研究，研究事件也很详尽。从研究的范围上来看，国外文献涉及破产公司本身、金融市场、破产公司股东和破产公司的竞争对手等。整体来说，国外对于破产公司的研究历史已久，成熟度很高，对于我们的研究参考意义很大。

国内关于 ST 股票的研究相对集中在对特别处理公告的市场反应、市场的有效性检验、公司在被特别处理期间的行为等方面，而从其股票的超额收益的角度的分析很少。虽然也有部分文献涉及相关研究，但大多是 2010 年之前的文章，并且只是在文章中以小篇幅提及。一直以来并没有学者针对摘帽事件的市场反应进行针对性完备的研究，但随着我国金融市场结构的转变、市场制度的演变，ST 制度越渐成为我国金融市场上的一项重要制度，关系着我国金融市场的稳定发展，因此对摘帽事件和 ST 制度的相关研究是很重要的。

在 ST 公司摘帽的研究方面，国内比较具有代表性的是王正位、卢杰的《我国 ST 股票超额收益的实证研究》(2012)、唐齐鸣、黄素心的《ST 公布和 ST 撤销事件的市场反应研究》(2006)、赵丽琼的《我国财务困境公司重组摘帽的股价效应》(2011)。其中，王正位、卢杰的《我国 ST 股票超额收益的实证研究》主要研究的是 ST 股票的超额收益情况，时间跨度比较久，相对来说是比较宏观的统计性研究，与我们选取研究的 ST 公司摘帽期间的市场表现的角度不同，方法也不同。唐齐鸣、黄素心在《ST 公布和 ST 撤销事件的市场反应研究》中采用了 GARCH 修正的市场模型，通过检验 ST 公司对其戴帽摘帽事件的股价反应来检测我国证券市场的有效性。本章参考了其研究方法，但本质的研究目的是不同的，因此在实证检验上的分析角度也是不同的。赵丽琼在《我国财务困境公司重组摘帽的股价效应》选用了事件研究法，本章在前半部分的研究方法上也参考使用了事件研究法，但后半部分更严谨地运用 DID 进一步回归分析，在研究方法上本章更加完备。另外，赵丽琼的这篇文献主要对比了 ST 摘帽后的短期和长期市场表现，从公司的绩效角度进行分析。而本章在前半部分得出了不太相同的实证结论，因而分析的角度有所不同。

第三节　研究方法和模型

一、事件研究法

事件研究法是检验某一事件发生前后相应股价的反应变化的成熟的研究方法，目前也是研究上市公司公告的市场效应较为普遍的研究方法。例如公司进行并购重组对于股价的影响、公司公布财务报表情况对公司股价的影响、公司进行定向增发等对股价带来的影响以及公司被特别处理或是撤销特别处理的公告而引起的股价变动等的研究，都有大量的文献偏好用事件研究法。上市公司的此类事件的发生会带来公司价值的变化，相应的这类事件的公告会引起公司股价对其做出相应的反应，事件研究法可以深入研究事件公告的发布对股价变动的影响程度。我们以我国证券市场所有 ST 公司的摘帽事件作为研究对象，采用事件研究法对 ST 公司的摘帽公告引起的市场反应进行研究。近几年，大量学者在检验研究我国金融市场的有效性方面，对我国 A 股市场的有效性基本表示认可，因此事件研究法作为相对成熟的计量方法，用其来研究摘帽事件引起的市场反应是合理的。

国外学者对事件研究法运用的历史更长、经验更加丰富、可参考的案例也较多，Dolly（1933）最先提出这一研究方法，之后 Myers 和 Bakay（1948），Ashley（1962）等对事件研究法进行了不断改进。事件研究法从被提出以来，其运用的领域不断扩大，具体的研究方式也在不断改进和完善，目前事件研究法可以说是很成熟、也很普遍的研究方法。

本书选取的被解释变量为平均超额收益率和累计超额收益率，利用 AAR 和 CAR 对 ST 公司摘帽事件的市场反应情况进行深入研究。事件研究法具体分为四个步骤：以事件公告日为时间点选取估计窗口和事件窗口期，选择合适的收益率计算模型，计算获得事件窗口期内的平均超额收益率和累计超额收益率，并利用 T 检验对累计超额收益率进行检验分析。

1. 事件窗口和估计窗口的确定

由于不同研究事件对公司的影响情况存在差异性，因此在选择事件窗口以及其窗口长度时需要根据研究事件的特定性质。国内学者在运用事件研究法时对窗口期的选择也各有不同，王正位和卢杰(2012)在《我国ST股票超额收益的实证研究》中，选择了(−3,17)为其事件窗口，对其股价表现进行了实证研究。唐奇鸣、黄素心(2006)在对我国的ST公布和ST撤销事件的市场反应研究中，以截至2004年12月2日所有既有“戴帽”事件又有“摘帽”事件发生的ST股票为样本，选择了(−60,10)作为事件窗口，进行了研究。阎晓春和张海平(2013)在ST类股票大小非解禁的价格效应研究中，以2010年1月至2011年12月期间上海证券交易所的ST股票和*ST股票为样本，以(−15,15)作为其研究的事件窗口。我们在考虑并分析摘帽事件的影响及其引起股价变动的内在原因后，并进行简单的检验探索后，最终将事件窗口确定为[−59,0]，共60个交易日。

在数据统计过程中发现，较多ST公司都曾不止一次被戴帽和摘帽，我们将所有ST公司的首次摘帽事件以及部门公司的第二次摘帽事件均作为研究对象，将其摘帽的公告日作为事件日期。

事件窗口的时间长短选择相当重要，因为事件研究法基于市场有效性，即股价将对相关信息作出反应。如果事件窗口太短，可能无法全面观察事件发生的信息反应。但若事件窗口选择过长，事件窗口内发生的其他影响股价事件的作用很难剔除。考虑ST公司在摘帽实际发生之前均有提示性公告的发布，其带来的市场效应相对公告日可能会提前。经过比较分析和尝试性检验，我们选择[−59,0]共60个交易日来考察ST公司在摘帽期间的超额收益情况。估计窗口设置为[−360,−120](见图10−1)。

2. 估算收益率模型的选择

我们选用市场模型对超额收益率情况进行计算分析。超额收益率主要是通过在估计期间利用历史数据回归获得每家ST公司的市场模型，然后将其参数运用到事件期间获得事件期间的理论收益率，并与实际收益情况对比得出。经济学上用于估计收益情况的模型很多，包括资本资产定价模型、市场调整模型和市场模型套利定价模型等。我们着重阐述市场模型在事件研究法之中的运用。

市场模型的方程式为

$$R_{it}=\alpha_i+\beta_i R_{mt}+\varepsilon_{it} \tag{10.1}$$

其中，R_{it} 为公司股票 i 在 t 期的收益率，R_{mt} 为 t 期的市场收益情况，β_i 为 i 对市场收益的敏感系数，α_i 为回归模型的截距项。

3. 超额收益率模型的计算

在市场模型的运用中，超额收益率 $AR_{it}=R_{it}-\alpha-\beta R_{mt}$，其中 AR_{it} 表示股票 i 在 t 日的超额收益率，R_{it} 表示股票 i 在 t 日的实际收益率，$E(R_{it})$表示理论收益率即根据历史的收益情况计算获得的预期收益率。我们选[−360,−120]共240天的数据估计市场模型的截距和系数。

摘帽事件窗口期(t_1,t_2)内累积超额收益率的计算过程如下。

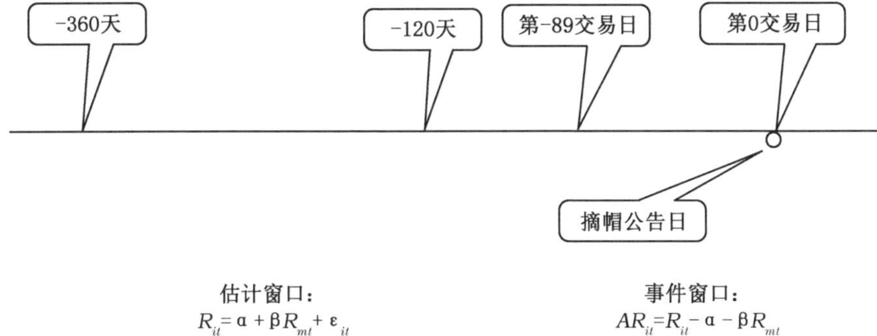

图 10—1　事件研究示意

t 期股票 i 的超额收益率方程式

$$AR_{it}=R_{it}-E(R_{it}) \tag{10.2}$$

t_1 至 t_2 期，股票 i 的累积超额

$$CAR_i,(t_1,t_2)=\sum_{t=t_1}^{t=t_2}AR_{it} \tag{10.3}$$

计算样本内所有股票(t_1,t_2)期平均累积超额

$$CAR_{i,(t_1,t_2)}=\frac{1}{n}\sum_{i=1}^{n}CAR_{i,(t_1,t_2)} \tag{10.4}$$

(t_1,t_2)期内，所有样本股累积平均超额

$$ACAR_{i,(t_1,t_2)}=\frac{1}{t_1-t_2+1}\sum_{t=t_1}^{t=t_2}AR_{it} \tag{10.5}$$

(t_1,t_2)期内，所有样本股的平均超额收益的均值

$$ACAR_{(t_1,t_2)}=\frac{1}{n}\sum_{t=t_1}^{t=t_2}ACAR_{i(t_1,t_2)} \tag{10.6}$$

我们对[－59,30]的累积超额收益率进行 T 检验分析，采用的均是单样本检验，通过判断指标数值是否显著不等于 0 从而确定摘帽期间超额收益率的产生。

$$t=\frac{CAR_{(t_1,t_2)}}{\sigma(CAR_{(t_1,t_2)})/\sqrt{n}}$$

$$\sigma^2(CAR_{(t_1,t_2)})=\frac{1}{n-1}\sum_{i=1}^{n}(CAR_{i(t_1,t_2)}-\overline{CAR)_{(t_1,t_2)}})^2$$

$$t=\frac{ACAR_{(t_1,t_2)}}{\sigma(ACAR_{(t_1,t_2)})/\sqrt{n}}$$

$$\sigma^2(ACAR_{(t_1,t_2)})=\frac{1}{n-1}\sum_{i=1}^{n}(ACAR_{i,(t_1,t_2)}-\overline{ACAR_{(t_1,t_2)}})^2$$

同样，书文对样本根据所选参数进行分组，在组别之间进行差异显著性检验。

二、双重差分模型

为了进一步验证 ST 公司摘帽期间的超额收益率是否来自公司被 ST 和摘帽事件的发生，本书为样本公司分别配对了相同行业、相同上市板块和相同规模的未被 ST 的正常公司，采用双重差分模型即 DID，针对是否被 ST 对股价的影响做出更加严谨的分析。

1. 双重差分模型的介绍及假设

双重差分模型在研究特定的政策干预的实施效果上是非常流行、并受国内学者青睐的研究方法。双重差分模型，即 DID，是通过二次差分回归来比较样本组在特定事件发生前后的表现和对照组在相应时期前后的不同表现。双重差分模型之所以受到极大的认可和欢迎，是因为其在研究某一特定事件的影响时可以规避研究个体的内生性问题，并且模型的运用相对比较简单。以本章的研究事件为例，通过对比 ST 公司和非 ST 公司摘帽期间超额收益发生前后的超额收益率的变动，可以检测超额收益率是否真正是由于 ST 公司的摘帽才发生。从本质上来说，双重差分模型将 4 个样本组进行回归分析，将实证得出的超额收益的发生日定为时间点，非 ST 公司时间点前、非 ST 公司时间点后、ST 公司时间点前、ST 公司时间点后 4 个样本进行回归分析，由此得出的结果主要关注交叉项的系数，即 ST 公司时间点后的样本表现的差异。DID 将通过事件发生前后之间的差异，建立了有效模型将特定事件的影响的真正结果从表面差异分离出来。运用 DID 规避了实证得出的超额收益率来自其他原因的情况，得出的结论更加严谨。

对于独立混合横截面数据的双重差分模型，其 DID 模型的基本形式为

$$Y_{it}=b_0+b_1D_{it}+b_2T_{it}+b_3D_{it}T_{it}+e_{it} \tag{10.9}$$

在 10.9 式中，Y 是被解释变量，D 和 T 分别代表是否被 ST 和时间点前后的虚拟变量。$D*T$ 表示为两个虚拟变量的交互作用，e_{it} 为随机误差。$i=0$ 和 1 时分别代表对照组和样本组，$t=0$ 和 1 时分别代表摘帽事件公告日的[−91，−60]和[−61，−30]。

当 i 属于样本组时，被解释变量 Y 在[−91，−60]和[−61，−30]期间的差为

$$\Delta Y_{i(1)}=\Delta Y_{it}-\Delta Y_{i0}=(b_0+b_1+b_2+b_3)-(b_0+'b_2)=b_1+b_3$$

同理，当 i 属于对照组时，被解释变量 Y 在[−91，−60]和[−61，−30]期间的差为

$$\Delta Y_{i(0)}=\Delta Y_{it}-\Delta Y_{i0}=(b_0+b_1)-b_0=b_1$$

则样本组的实际效果，即样本组和对照组在[−91，−60]和[−61，−30]期间被解释变量的差

$$\Delta\Delta Y_i=\Delta Y_{i(1)}-\Delta Y_{i(0)}=(b_1+b_3)-b_1=b_3$$

因此，b_3 就是我们所要研究的双重差分估计量，即摘帽事件的超额收益率是否

由于公司被取消特别处理而带来的。

第四节　对摘帽事件市场反应的实证检验

一、样本选择与描述性统计

1. 样本选择

我国股票市场的 ST 制度始于 1998 年，其针对的对象是出现财务状况或其他状况异常的上市公司。自 1998 年至今，我国被 ST 的公司大约有 500 家，其中绝大部分都来自主板，中小企业板和三板的被 ST 的公司数量相对很少。我们选取 1998 年至 2016 年 A 股市场上市的 220 家 ST 公司发生的共 240 次摘帽事件作为研究样本。由于我国实施 ST 的公司总体数量不多，因此我们从所有被 ST 的公司中进行筛选。

(1)由于新三板的被 ST 的公司数量极少、其交易数据缺失严重，且考虑到新三板的市场效率较低，在总体样本中剔除了新三板的公司。

(2)剔除了历史交易数据大量缺失的公司，因为历史数据的大量缺失极大可能导致收益方程有较大偏差。

经过筛选，我们得到符合标准的样本共 240 次摘帽事件，其中深市 205 次，沪市 35 次；其中中小板 27 次，上证主板 35 次，深市主板 178 次。本章的数据来源主要为 wind 数据库。

2. 描述性统计

(1)样本公司的行业分布

表 10—2 显示了样本公司的行业分布情况，摘帽的 ST 公司的行业分布十分广泛。其中，制造业约占一半比例，共有 105 家，占总样本的 47.73%。其次是房地产行业，公司 28 家，占总样本的 12.73%。电力、热力、燃气及水利生产和供应业以及批发零售业、采矿业的数量也占有较大的比例。

表 10—2　　样本公司行业分布

所属行业	数量	比例
制造业	105	47.73%
房地产业	28	12.73%
电力、热力、燃气及水生产和供应业	13	5.91%
批发和零售业	13	5.91%
采矿业	10	4.55%

续表

所属行业	数量	比例
建筑业	6	2.73%
文化、体育和娱乐业	6	2.73%
农、林、牧、渔业	6	2.73%
信息传输、软件和信息技术服务业	6	2.73%
交通运输、仓储和邮政业	5	2.27%
综合	4	1.82%
水利、环境和公共设施管理业	4	1.82%
租赁和商务服务业	4	1.82%
金融业	3	1.36%
住宿和餐饮业	3	1.36%
卫生和社会工作	2	0.91%
教育	1	0.45%
科学研究和技术服务业	1	0.45%

(2)样本公司的时间分布

截至2017年2月，我国A股上市的公司共有3 129家，其中被特殊处理过的大约有500家公司，被ST的比例约为15.9%，摘帽的公司总共281家，占8.9%。表10—3显示了本书研究的摘帽事件的年度分布情况，公司被撤销特别处理在2007—2013年期间一直保持着较高的发生率，尤其在2012年摘帽事件的发生比例最高。

表10—3　　样本公司的时间分布

年份	数量	比例
2015	4	1.67%
2014	5	2.08%
2013	19	7.92%
2012	36	15.00%
2011	16	6.67%
2010	15	6.25%
2009	15	6.25%

续表

年份	数量	比例
2008	15	6.25%
2007	17	7.08%
2006	9	3.75%
2005	22	9.17%
2004	18	7.50%
2003	12	5.00%
2002	11	4.58%
2001	10	4.17%
2000	12	5.00%
1999	4	1.67%

(3)ST 公司摘帽次数分布

本书在收集摘帽公司数据的过程中,发现部分 ST 公司摘帽不止一次。被 ST 的公司大都经历被 ST、撤销 ST、风险警示、取消风险警示,甚至被第二次 ST、再次被摘帽的过程。在 240 次摘帽事件中,被 ST 一次的有 220 次,另外 20 次是第二次被 ST。被两次 ST 的公司主要分布在制造业如表 10—4 所示。

表 10—4　　样本公司的摘帽次数分布

所属行业	数量	比例
制造业	14	70%
房地产业	1	5%
批发和零售业	1	5%
文化、体育和娱乐业	1	5%
信息传输、软件和信	1	5%
水利、环境和公共设	1	5%
住宿和餐饮业	1	5%

二、基于事件研究法对摘帽事件市场反应的实证检验

1. ST 公司摘帽事件的整体市场反应

本书分别计算摘帽公司的平均超额收益(AAR)和累计超额收益(CAR),并进

行 T 检验统计，结果如表 10—5 所示。

表 10—5　　ST 公司摘帽的超额收益率

时间	均值(%)	T 值	时间	均值(%)	T 值
t=—59	0.158*	0.758	t=—29	0.246	1.053
t=—58	0.414*	1.907	t=—28	—0.005	—0.019
t=—57	0.380*	1.831	t=—27	0.123	0.518
t=—56	0.304	1.427	t=—26	0.072	0.288
t=—55	0.221	1.079	t=—25	—0.029	—0.117
t=—54	0.219	1.086	r=—24	0.261	1.087
t=—53	0.358*	1.757	t=—23	0.248	1.040
t=—52	0.147	0.652	t=—22	0.510**	2.070
t=—51	0.122	0.497	t=—21	1.002***	3.809
t=—50	0.196	0.829	t=—20	0.700**	2.501
t=—49	0.304	1.514	t=—19	0.334	1.213
t=—48	0.298	1.408	t=—18	0.295	1.146
t=—47	0.417*	1.777	t=—17	0.113	0.421
t=—46	0.457**	1.973	t=—16	—0.105	—0.411
t=—45	0.419*	1.918	t=—15	—0.143	—0.531
t=44	0.802***	3.646	t=—14	0.213	0.745
t=—43	0.349	1.586	t=—13	0.305	1.117
t=—42	0.378*	1.836	t=—12	0.325	1.226
t=—41	0.586**	2.301	t=—11	0.323	1.311
t=—40	0.443*	1.664	t=—10	0.392	1.613
t=—39	0.339	1.342	t=—9	0.362	1.526
t=—38	—0.182	—0.799	t=—8	0.628**	2.392
t=—37	—0.180	—0.781	t=—7	0.790***	2.949
t=—36	0.091	0.393	t=—6	0.611**	2.359
t=—35	—0.106	—0.387	t=—5	0.381	1.380
t=—34	0.417	1.532	t=—4	0.691**	2.234
t=—33	0.861***	3.439	t=—3	0.892***	3.226

续表

时间	均值(%)	T值	时间	均值(%)	T值
t=−32	0.428*	1.743	t=−2	0.685**	2.514
t=−31	0.320	1.302	t=−1	1.255***	3.928
t=−30	0.504**	2.098	t=0	0.883***	3.079

我们对摘帽事件公告日之前(第t=−89天到t=0)的每日平均超额收益率进行了T检验,发现ST公司自摘帽事件发生之前的两个月开始出现普遍的股价正效应。表10−5是从t=−59至t=0的每日超额收益的T检验结果,在t=−58、−57、−53、−47、−45、−42、−41、−32这些天,显著性p值区间为(0.05,0.1),考虑到样本量局限,没有达到统计学差异,但是p值小于0.1,因此我们认为这些天的超额收益情况表现出较弱的显著性。在t=−46、−41、−30、−22、−20、−8、−4、−6、−4时,样本股票的超额收益的表现相对更加显著,p值小于0.05,已经达到统计学的显著差异。而在t=−44、−33、−21、−7、−3、−1和0这几天,样本股显示出较高的超额收益,并且显著性很强。

以上的实证检验结果说明,ST公司摘帽事件的[−89,0]期间内的超额收益确实存在,并且在[−45,−30]和[−8,0]时间段内表现更加显著。为了进一步探索超额收益的情况,本章将摘帽前3个月中每个的累计超额收益进行对比,即[−89,−60]、[−59,−30]和[−29,0]三个阶段的累计超额收益情况分析,如表10−6所示。

表10−6　　　　ST公司摘帽的累积超额收益

时间段	均值(%)	时间段	均值(%)	时间段	均值(%)
[−89,−88]	−0.472	[−59,−58]	0.193	[−29,−28]	0.750
[−89,−87]	−0.684	[−59,57]	0.607	[−29,−27]	0.745
[−89,−86]	−0.715	[−59,−56]	0.987	[−29,−26]	0.868
[−89,−85]	−0.942	[−59,−55]	1.290*	[−29,−25]	0.940
[−89,−84]	−1.128	[−59,−54]	1.512*	[−29,−24]	0.911
[−89,−83]	−0.827	[−59,−53]	1.731**	[−29,−23]	1.173
[−89,−82]	−0.458	[−59−52]	2.089**	[−29,−22]	1.420
[−89,−81]	−0.476	[−59−51]	2.235***	[−29,−21]	1.931*
[−89,−80]	−0.696	[−59,−50]	2.358**	[−29,−20]	2.933**
[−89,−79]	−0.796	[−59,−49]	2.554	[−29,−19]	3.633***

续表

时间段	均值(%)	时间段	均值(%)	时间段	均值(%)
[−89,−78]	−1.025	[−59,−48]	2.858**	[−29,−18]	3.966***
[−89,−77]	−1.507	[−59,−47]	3.156**	[−29.−17]	4.262***
[−89,−76]	−1.536	[−59,−46]	3.573**	[−29,−16]	4.374***
[−89,−75]	−1.314	[−59,−45]	4.030***	[−29,−15]	4.269***
[−89,−74]	−1.076	[−59,−44]	4.449**	[−29,−14]	4.126***
[−89,−73]	−0.991	[−59,−43]	5.251**	[−29,−13]	4.339***
[−89,−72]	−0.865	[−59,−42]	5.600**	[−29−12]	4.644***
[−89,−71]	−0.574	[−59,−41]	5.978***	[−29,−11]	4.969***
[−89,−70]	−0.534	[−59,−40]	6.565***	[−29−10]	5.292***
[−89,−69]	−0.579	[−59,−39]	7.008***	[−29,9]	5.684***
[−89,−68]	−0.016	[−59,−38]	7.347***	[−29,−8]	6.046***
[−89−67]	0.799	[−59,−37]	7.165***	[−29,−7]	6.674***
[−89,−66]	1.390	[−59,−36]	6.985***	[−29,−6]	7.464***
[−89,−65]	1.705	[−59,−35]	7.076***	[−29,−5]	8.075***
[−89,−64]	2.029	[−59−34]	6.970***	[−29,−4]	8.456***
[−89,−63]	2.199	[−59,−33]	7.387**	[−29.−3]	9.147***
[−89,−62]	1.884	[−59,−32]	8.248***	[−29,−2]	10.039***
[−89,−61]	1.713	[−59,−31]	8.676***	[−29,−1]	10.720***
[−89,−60]	1.748	[−59−30]	8.996***	[−29,0]	11.980***

* 表示 0.05＜p＜0.1，** 表示 0.01＜p＜0.05，*** 表示 0.05＜p＜0.1。

根据表 10−6 的检验结果所示，t＝−89 至 t＝−60 时间段的前一半事件不存在正的累计超额收益，后小半时间段内存在较小的但不显著的超额收益。与此有着呈现明显对比的是 t＝−59 至 t＝−30 以及 t＝−29 至 t＝0 内的每日累计超额收益情况。t＝−59 至 t＝−30 以及 t＝−29 至 t＝0 内基本每日的累计超额收益都呈现出很强的显著性。并且，摘帽事件发生之前的第二个月的累计超额收益最高达到 8.9%，摘帽之前最近一个月的累计超额收益最高达到 12%左右。以上的实证说明，我国 ST 公司摘帽事件存在着明显的超额收益，累计超额收益率平均达 20%之多，且超额收益从摘帽事件公告的前两个月开始显现。另外，我们也对摘帽公告之后的超额收益情况进行了探索，发现摘帽公告之后 1 天会有正向的股价效应，从第 2 天开始就没有表现出正向的超额收益，部分样本股票还会呈现相对指数为负的市场效应。

3. 不同摘帽次数的样本的市场反应

本章在数据收集和分类研究的过程中发现，小部分公司不止一次被 ST 和摘帽，因为认为对于同一家公司第一次和第二次摘帽可能存在不同的市场反应。为了探索市场是如何看待多次被摘帽的情况，我们将样本分为两个组，第一组为公司第一次摘帽，样本数量为 220 家，整体表现出显著的超额收益情况，30 天的累计超额收益率达到 8.8%；第二组为公司的第二次摘帽事件，样本数量为 20 家，超额收益的显著性较弱，30 天的累计超额收益率为 10.5%。第二次摘帽的超额收益情况相对第一次摘帽的整体超额收益表现更好，但是第二次摘帽样本的超额收益体现得比第一次摘帽样本的更晚。第一次摘帽样本从 t＝－59 开始就存在超额收益，而第二次摘帽的样本在 t＝－59 至 t＝－50 期间的市场反应是负的，从 t＝－50 开始其累计超额收益才“迎头赶上”，并最终超过第一次摘帽样本的市场表现。虽然第二次摘帽的样本较少，但可以在一定程度上反映一些现象。如表 10－7 所示。

表 10－7　　ST 公司摘帽的累计超额收益

时间段	均值(%)	时间段	均值(%)	时间段	均值(%)
[－89,－88]	－0.472	[－59,－58]	0.193	[－29,－28]	0.750
[－89,－87]	－0.684	[－59,－57]	0.607	[－29,－27]	0.745
[－89,－86]	－0.715	[－59,－56]	0.987	[－29,－26]	0.868
[－89,－85]	－0.942	[－59,－55]	1.290*	[－29,－25]	0.940
[－89,－84]	－1.128	[－59,－54]	1.512*	[－29,－24]	0.911
[－89,－83]	－0.827	[－59－53]	1.731**	[－29,－23]	1.173
[－89,－82]	－0.458	[－59,－52]	2.089**	[－29,－22]	1.420
[－89,－81]	－0.476	[－59,－51]	2.235***	[－29,－21]	1.931*
[－89,－80]	－0.696	[－59,－50]	2.358**	[－29－20]	2.933**
[－89,－79]	－0.796	[－59,49]	2.554*	[－29,－19]	3.633***
[－89,－78]	－1.025	[－59,－48]	2.858**	[－29,－18]	3.966***
[－89,－77]	－1.507	[－59,47]	3.156***	[－29,－17]	4.262***
[－89,－76]	－1.536	[－59,－46]	3.573**	[－29,－16]	4.374***
[－89,－75]	－1.314	[－59,－45]	4.030***	[－29,－15]	4.269***
[－89,－74]	－1.076	[－59,44]	4.449** 8	[－29,－14]	4.126***
[－89,－73]	－0.991	[－59,43]	5.251***	[－29,－13]	4.339***
[－89,－72]	－0.865	[－59,42]	5.600***	[－29,－12]	4.644***

续表

时间段	均值(%)	时间段	均值(%)	时间段	均值(%)
[−89−71]	−0.574	[−59,−41]	5.978***	[−29,−11]	4.969***
[−89,−70]	−0.534	[−59,40]	6.565***	[−29,−10]	5.292***
[−89,−69]	−0.579	[−59,−39]	7.008***	[−29,−9]	5.684***
[−89,−68]	−0.016	[−59,−38]	7.347***	[−29,−8]	6.046***
[−89−67]	0.799	[−59,−37]	7.165***	[−29,−7]	6.674***
[−89,−66]	1.390	[−59,−36]	6.985***	[−29,−6]	7.464***
[−89,−65]	1.705	[−59,−35]	7.076***	[−29,−5]	8.075***
[−89,−64]	2.029	[−59,−34]	6.970***	[−29,−4]	8.456***
[−89,−63]	2.199	[−59,−33]	7.387***	[−29,−3]	9.147***
[−89,−62]	1.884	[−59,−32]	8.248**	[−29,−2]	10.039***
[−89,−61]	1.713	[−59,−31]	8.676***	[−29,−1]	10.720***
[−89,−60]	1.748	[−59,−30]	8.996***	[−29,0]	11.980***

* 表示 $0.05<p<0.1$，** 表示 $0.01<p<0.05$，*** 表示 $0.05<p<0.1$。

市场对于 ST 公司的第二次被 ST 和摘帽都是更加激进和“不淡定”的，对第二次摘帽事件的反应更加短暂和激烈，也说明了第二次摘帽事件的投资风险更高一些。

3. 不同行业样本的市场反应

表 10−8 对不同行业样本的市场反应进行了分类检验，结果如表 10−8 所示。在所有的摘帽事件样本中，非制造业和制造业的样本数量各占一半。从制造业和非制造业两组样本的累计超额收益来看，在[−59,−30]时间段内两组样本都呈现显著的正向市场反应。其中，制造业的累计超额收益率约 6.4%，明显弱于非制造业的 11.7%的累计超额收益率情况。在市场对摘帽事件有了预期之后，非制造业的市场反应快于制造行业的，在开始产生的超额收益的第一个月，非制造业的超额收益也高于制造业。

表 10−8　　ST 公司摘帽的累积超额收益

时间段	制造业		非制造业	
	均值(%)	T 值	均值(%)	T 值
[−59,−58]	−0.154	−0.326	0.559	0.956
[−59,−57]	0.017	0.028	1.229*	1.725

续表

时间段	制造业		非制造业	
	均值(%)	T值	均值(%)	T值
[−59,−56]	0.043	0.060	1.981**	2.412
[−59,−55]	0.118	0.144	2.526***	2.800
[−59,−54]	0.274	0.302	2.817***	2.846
[−59,−53]	0.485	0.499	3.044***	2.757
[−59,−52]	0.797	0.780	3.450***	2.857
[−59,−51]	0.944	0.909	3.596**	2.579
[−59,−50]	1.371	1.317	3.398**	2.073
[−59,−49]	1.625	1.458	3.533*	1.966
[−59,−48]	1.647	1.377	4.135**	2.271
[−59,−47]	1.798	1.503	4.588**	2.565
[−59,−46]	2.107*	1.725	5.118***	2.842
[−59,−45]	2.582**	1.993	5.557***	3.076
[−59,−44]	3.242**	2.437	5.722***	3.128
[−59,−43]	3.957***	2.894	6.615***	3.433
[−59,−42]	3.906***	2.703	7.385***	3.618
[−59,−41]	4.151***	2.717	7.904***	3.713
[−59,−40]	4.524***	2.811	8.715***	3.974
[−59,−39]	4.667***	2.652	9.475***	4.176
[−59,−38]	4.893**	2.563	9.933***	4.217
[−59,−37]	4.895**	2.495	9.558***	3.951
[−59,−36]	4.900**	2.484	9.182***	3.766
[−59,−35]	4.856**	2.424	9.416***	3.784
[−59,−34]	4.901**	2.322	9.151***	3.546
[−59,−33]	5.113**	2.335	9.784***	3.648
[−59,−32]	5.715**	2.574	10.918***	4.036
[−59,−31]	6.185***	2.735	11.303***	4.103
[−59,−30]	6.443***	2.783	11.687***	4.107

* 表示 $0.05<p<0.1$，** 表示 $0.01<p<0.05$，*** 表示 $0.05<p<0.1$。

三、利用双重差分模型的摘帽超额收益的实证分析

1. 实证假设

在本章的第二节中，我们对 ST 公司摘帽事件的[－90，0]期间的每日超额收益率进行 T 检验，发现摘帽的事件窗口期间公司确实存在显著的正向市场反应。为了进一步验证 ST 公司在事件发生窗口期的超额收益是来自于摘帽，而并非公司所处的行业、公司的规模和公司的其他内部管理等，我们将采用双重差分模型对 ST 公司在事件窗口期间发生的超额收益进行实证分析。

我们假设 ST 公司的摘帽期间的超额收益率来自摘帽。本节将超额收益开始产生的时间点即 t＝－60 作为时间点。被解释变量为时间点前后期间段即[－90，－61]和[－60，－31]期间的累计超额收益率。虚拟变量 $Period_i$ 代表时间点之前或者时间点之后：$Period_0$ 代表[－90，－61]期间；D_1 代表[－60，－31]期间。虚拟变量 $Treated_i$ 代表公司是否被 ST：$Treated_1$ 表示公司在时间点之前被 ST 并且即将摘帽；$Treated_2$ 表示公司没有被 ST，时间点前后均是正常公司，股价表现上也都是正常的表现。

2. 样本配对

为了运用 DID 对 ST 公司的摘帽事件进行实证研究，我们首先为每一家 ST 公司配对一家正常公司，同时控制了每对公司处于相同的行业、拥有极为相似的规模和一致的上市板块。我们选取的 240 次摘帽事件和为此配对的 240 家正常的上市公司，共 480 家公司在特定时间段的股价表现是本节的研究对象。配对的 240 家公司的时间窗口和与之配对的 ST 公司的时间窗口分别对应。

我们选取配对的 240 家公司，除了与样本公司的行业、规模和上市板块均是一致之外，公司在时间点前后也没有发生诸如收购、重组、转型、定增融资和管理层激励等重大影响事件，并且在时间点前后也没有发布预盈亏公告。对于样本和配对样本，我们都考虑大公司的其他重大事件可能引起的市场反应，在剔除或者控制其他因素之后，将对样本组合配对组进行 DID 实证检验。

3. 实证结果

表 10－9 为双重差分回归的结果，被解释变量为累计超额收益率(CAR)；3 个解释变量均为虚拟变量，分别是 ST 公司即 $Treated_i$、超额收益发生之前或者之后 $Period_i$、前两者的相乘交叉项 $Treated_i * Period_i$。由 $Treated_0$ 且 Period_0、$\mathrm{Treated}_0$ 且 Period_1、$\mathrm{Treated}_1$ 且 Period_0、$\mathrm{Treated}_1$ 且 Period_1 构成四组样本的回归。

从回归结果，我们看出累计超额收益与交叉项显著正相关，由此说明超额收益的发生确实来自 ST 公司的预期摘帽事件。

为了更加严谨地探索，我们在该模型中加入了控制变量：规模(即摘帽事件发生时的总股本)和行业。其中，行业为虚拟变量，因为本章第一节中发现制造业占

有一半的比例,并且制造业的整体市场反应和非制造业颇有差异,因此将制造业变量值设为 1,非制造业变量值设为 0。加入控制变量的回归结果如表 10—9 所示。

表 10—9　　加入控制变量的 DID 回归分析结果

Varriable	Coefficient	Std Error	T	Prob
Treated	2.945967	2.582769	1.14	0.254
Period	2.539727	2.582769	0.98	0.326
Treated * Period	7.571476**	3.646754	2.08	0.038
_cons	−2.004223	1.826294	−1.10	0.273

从表 10—9 可以看出,加入行业和规模两个控制变量后,CAR 依然与交叉项呈显著的正相关关系,进一步证实了超额收益与公司是否被 ST 并且是否预期摘帽有着极大的直接相关关系。另外,我们发现,累计超额收益率与行业没有显著关系,但是与规模也呈现出显著的负相关,因此公司在时间窗口的股价表现与公司的规模具有一定的关系。ST 公司的风险相对于正常公司更大,我们在实证中也得出了摘帽事件的短期内高达 20%的超额收益。总股本更小的公司由于公司业务规模相对小、业务发展不完善、公司竞争力弱于大规模公司,因此其经营风险、投资风险都更大,这也一定程度上解释了 ST 公司摘帽期间超额收益率与规模呈反向相关的原因。

本章小结

本章以我国 A 股市场上的摘帽事件为研究对象,经过一系列数据筛选后选取 ST 公司发生的 240 次摘帽事件作为研究样本,并为 ST 公司配对了行业、规模一致的正常公司作为对照组,采用事件研究法和双重差分模型作为实证方法,旨在实证并检验摘帽事件发生期间的市场反应。研究得到以下结论。

(1)ST 公司在摘帽公告发布的前两个月有显著的超额收益,这些超额收益是来自于对摘帽事件的预期。

(2)ST 公司在摘帽前的第二个月内的累计超额收益率约为 12%,摘帽公告前的第一个月累计超额收益率达 8%—9%,即在本章对于摘帽事件的研究中,ST 公司在摘帽期间的超额累计收益率达到约 20%。

(3)通过对比 ST 公司与配对的正常公司在一致时间段的超额收益的表现,进一步证明超额收益的发生来源于 ST 公司的摘帽事件。

(4)我国金融市场存在一定的有效性,投资者对于 ST 制度是认可并且敏感的。

(5)我国投资者在金融市场上的表现具有一定的投机性,在公司利好事件期间的投资行为表现出情绪化。

具体来看，我国金融市场对摘帽事件具有敏感性，投资者对摘帽事件的预期发生做出了“超前反应”。从摘帽前两个月直到摘帽公告发布当天，ST 公司的股价有着持续显著的正向反应，说明我国金融市场可能是有效的，但有效性较弱，并且投资者存在一些不理性。作为我国金融市场上的特有制度，ST 制度的有效性很强，投资者认可 ST 制度，但我们认为投资者对特别处理的理解有些过度或是对 ST 股票的投机动机较强。从投资者对 ST 公司的投资情况也可以看出 ST 公司的投资风险性相对较高。研究发现，市场对预期的摘帽事件的短期持续性正向反应，其实是对摘帽公告前的业绩预告或是业绩快报做出的反应。公司在被摘帽前平均 3.5—4 个月会发出利好的年报、业绩快报等，即在摘帽的超额收益发生前的 1.5—2 个月，在 ST 公司释放业绩改善并将摘帽的信号时，投资者并没有立即做出反应，而是再观察一段时间，并继续有新的业绩利好信息发布从而确认了公司极大可能被摘帽的情况下，市场开始呈现长达两个月约 20%的超额收益率。

以下是本章对实证结论的解读。

本章节首先运用了事件研究法对 ST 公司摘帽的超额收益进行了实证检验，以摘帽公告日为事件点即 $t=0$，发现公司在 $t=-44$、-33、-21、-7、-3、-1 等时间时有着显著的超额收益，并且在[−59,0]期间存在显著的超额收益。之后，我们运用了 DID 模型，针对 ST 公司摘帽期间发生的超额收益进行配对检验，进一步确定 ST 公司摘帽期间的超额收益率确实来自摘帽事件的发生。

1. 从制度条件来看

ST 公司成功申请摘帽的最主要的条件是要达到一定的财务条件，简单来说是审计报告中显示的财务状况正常，并且公司业务运转正常且良好。从摘帽的规定条件看来，公司的财务水平恢复正常，拥有持续的盈利能力，投资者从公司的财务报表中看到了公司盈利的可能，因而带来了股市上更多地投资。从条件的深层要求看来，其实是公司的业务经营有所改善，业务模式或者内容的创新带来了新发展，股价的上涨也表示公司的价值有所提高。因此，由于 ST 公司的业务恢复正常并带来盈利，财务报表显好，从而公司能够摘帽，并在股价上有一定的正面反应。除了公司自身经营能力的提高，更重要的是摘帽事件让投资者对公司重拾了信心。

根据实证结果，我们发现投资者对摘帽事件存在一定的敏感性，摘帽事件会引起股价的上涨，尤其在 t=−44、−33、−21、−7、−3、−1 时表现相对非常显著，在[−59,−30]期间累计超额收益率达到 8%左右，说明我国金融市场是有效的。但我们认为平均累计超额收益率达到 8%是过高的，就是我国金融市场存在一定的理性，在利好事件发生的时候，投资者的反应过于激烈。

2. 我国金融市场是有效的

ST 公司摘帽事件的超额收益有明显的超前反应，第二节和第三节的实证检验发现摘帽事件超额收益发生在摘帽公告日的前两个月，即从 $t=-59$ 开始市场就逐渐开始有了超额反应，一直到公告发布当日都有所显现。超前反应的主要原因是摘帽事件具有极大的预期性，在上一年度年报发布后投资者就从中察觉公司经营有改善并可能摘帽的迹象，并且公司在两个月前会发布历史业绩，部分公司会提前到更早。在数据收集的过程中，我们发现有一半的公司也会在摘帽之前发布公司可能摘掉帽子的公告，给予市场利好信号，并且大多数公司在摘帽之前也会发布向交易所申请摘帽的公告，这些时间都让投资者对摘帽事件提前做出反应。因此，摘帽是超前反应的，直到摘帽公告发布出来，超额收益已经逐渐厘清。

我国金融市场对摘帽事件具有敏感性，投资者对摘帽事件的预期发生做出了"超前反应"，从摘帽前两个月直到摘帽公告发布当天，ST公司的股价有着持续显著的正向反应。我们探索后发现，投资者对摘帽事件的"超前反应"其实是对公司的业绩预告做出了反应。由于摘帽的条件相对固定，公司在达到一定的财务要求之后就可以申请摘帽，因此公司在发布的年报、中报或者业绩预告中显示公司运营良好，市场对这些利好信息做出了相应的行动。同时，我们发现这些利好的业绩信息发布一个月后，市场才开始对ST公司的股票进行大量交易，从而导致业绩预告之后的第二到第三个月股价表现出明显的正向效应。投资者对摘帽事件的预期反应说明我国金融市场是有效的，市场对于ST制度是认可的。并且，投资者在业绩预告之后一个月才有所反应，也说明对于市场认为ST公司的投资风险是很大的，所以在摘帽期间也呈现出高风险高收益的股价特征。

3. 投资者投资行为的投机性

投资者可能存在一定的不理性，即在ST公司摘帽事件发生期间存在投机性。我们认为投资者对于摘帽事件的反应激烈，同理推测对于戴帽事件的反应也是显著的，但ST制度的初衷是为了警示个股风险，投资者对于被ST和撤销ST存在过度解读，导致在摘帽事件发生时较为过度的市场反应，这对于公司的发展、股东的利益是不利的。另外，摘帽条件固化、不灵活，只要满足连续两年的盈利，就极大可能会被摘帽，戴帽也是同理，这与公司经营策略的灵活性不相匹配，可能让投资者简单地判定公司的经营质量的优劣。监管者应该继续完善ST等相关制度，直到投资者正确理性面对公司被ST、撤销ST，及时关注公司被摘帽戴帽的市场反应，使市场更加健康理性地发展。对ST公司的投资风险相对很大，投资者应该理智对待公司被ST和撤销ST，不盲目地投机交易赚取短期利益，而是从长远考虑个股公司业务经营的质量。

另外，在公司公告发布的当天以及之后一天（t=0和t=1），公司的股票在股价上有明显的上涨。本章认为公告之日的超额收益在理论上已经厘清，不应该存在明显的超额收益，但事实上却显示出很显著的超额收益，这也在一定程度上证明市场的有效性较弱以及我国金融市场的不理性。

第十一章　万科股权之争中被忽视的中小投资者利益:案例研究

万科股权之争引起了广泛的社会舆论关注,但是在控制权争夺中对中小投资者的利益保护却不为市场所关注。本章对万科股权之争中市场参与各方当事人的行为及投资者权益被忽视的情况进行了深入分析,发现万科投资者的知情权及交易权被侵害,表决权行使的结果也不甚理想,民事维权路径并不顺畅。万科管理层采取的种种反抗措施均以维护自身私利作为首要考虑因素,并以牺牲中小股民的合法权益为代价,独立董事也没有发挥法规及章程赋予其的职能。

在万科股权之争的过程中,中小投资者的合法权益已被各类市场参与方严重忽视,甚至侵害。监管层对万科股权争议事件的监管态度也经历了一个逐步变化的过程,与此同时,作为投资者保护体系的重要补充机制,社会舆论对于督促万科之争中的各方当事人履行信息披露的义务起到了一定的积极作用。但是,舆论关注的重点更多的是放在管理层与外部资本方在控制权的角逐上,对于中小投资者保护方面的关注力度和深度不够,影响了社会舆论监督机制的作用发挥。

第一节　引　言

万科股权之争事件自 2015 年 7 月宝能系前海人寿举牌收购至今,股权纠纷暂告一段落,期间经历了宝能系多次追加举牌、安邦及恒大系加入资本争夺战、大股东华润集团将股份转让给深铁、宝能表态为财务投资者和深铁成为第一大股东并完成董事会换届等重大事件。万科股权之争从一开始就引起了监管、社会舆论的广泛关注,该案件中涉及的上市公司的治理、高杠杆收购、监管套利、中小投资者的保护、舆论监督等问题无一不触及资本市场发展的痛点。在现阶段对万科股权之争案例进行相应分析,具有重要意义。

我国资本市场的健康发展离不开中小投资者的积极参与,无论是因万科股权之争而导致知情权、交易权受损的中小股民,还是因高杠杆配资及多层嵌套模式而承担最终风险的万能险及资管计划委托人,无一不成为股权争夺战各方的拉锯筹码及利益可以被牺牲的大多数,如果仅通过呼吁中小投资者积极参与投票、逐步提高自身对于风险的识别能力、鼓励其通过法律途径行权及维权,以及督促上市公司管理层、外部资本方在进行市场行为时加强对投资者权益的保护,显然都不够力度，必须通过加强外部监管以及社会舆论的力量，完善投资者保护体系。而现行监管模式已无法适应金融市场创新发展的需要亟须加快金融监管体制改革，社会舆论对于投资者权益保护的关注力度及深度也有待提升。万科股权之争具有重要的理论意义与实践意义。

本章拟站在外部监管与社会舆论的角度，通过分析万科股权争议事件发生的原因及各方当事人的行为及其对投资者权益保护的忽视，从而引出在我国证券市场发展的现阶段，由于存在投资者自我保护意识不够、上市公司治理结构失衡以及市场参与方未能形成保护投资者权益的意识等问题，因而必须发挥监管在投资者保护工作中的主导作用以及社会舆论的补充及监督作用。通过对监管层在万科股权之争过程中的重要举措分析，引出我国现行金融监管体制的漏洞及尽快改革的迫切性和必要性。同时对社会舆论在促进万科股权之争各方当事人履行信息披露义务方面所起的积极作用进行肯定，同时也指出舆论媒体对投资者保护方面的关注度远远比不上对资本大战的关注程度，媒体对上市公司的行为监督亦缺乏强制性。最后结合对本案的分析从外部监管和社会舆论等角度提出完善我国资本市场中小投资者保护体系的些许建议，总结及展望未来资本市场中小投资者权益保护体系等。

本案例之所以成为资本市场经典案例是由于其涉及的公司治理、杠杆收购、中小投资者的保护、外部监管和舆论监督等方面的理论前沿并极具争议性，从投资者权益保护的角度分析，万科中小股民的合法权益均被上市公司管理层及外部资本方严重忽视，而中小股民在维护自身知情权、交易权、表决权以及诉讼权方面也缺乏有效的措施与经验；我国分业监管模式的发展已造成监管套利、监管割据以及无法对风险进行有效识别的弊端，参考双峰监管模式，结合审慎监管与行为监管，尽快建立起符合国情的金融监管体系，对促进投资保护体系的完善具有重要的理论意义。

当前我国经济发展处于重要战略机遇期，国家大力推进供给侧结构性改革和产业升级，在此宏观背景下，企业并购重组、传统行业兼并整合将成为资本市场良性发展的核心驱动力。而国家同时鼓励发展多层次资本市场，众多民间资本在“资产荒”的经济环境下布局优质大蓝筹也符合政府的导向和自身利益的需求。而我国资本市场法制体系及金融监管体系建设的成熟度尚未能满足资本市场发展的需要，尤其反映在对中小投资者的权益保护方面。中小投资者是资本市场的重要力量，中小投资者的利益受损势必损害上市公司的长远利益，也将影响我国资本市场的长期健康发展。随着中国资本市场的发展渐趋成熟，为避免中小投资者沦为各方利益之争的“炮灰”，本章拟对完善中小投资者权益保护的研究提出些许实用建议。

第二节　文献综述

随着中国资本市场成熟发展，我国中小投资者的保护体系也在不断探索的过程中逐步完善。但与国外成熟的资本市场相比，我国的中小投资者的保护仍处于法制及交易规则不健全、监管缺位、资本参与方忽视和投资者投资理念不成熟的发展阶段，反过来也影响了资本市场的进一步发展。国内专家学者积极研究投资者疏于自身权益保护的原因、大股东对小股东的侵权行为分析以及各市场参与方在进行市场行为时忽视中小投资者权益保护的原因分析，并得出相应结论。有学者认为“用脚投票”是资本市场必然现象，中小股东的合法权益容易受大股东、管理层的不法侵害，虽然法律规定在权益受损时，中小股东有知情权、质询权、诉讼权等，但是出于诉讼费用和诉讼成本与最终收益考虑，小股东在付出的精力、金钱与回报不成正比后，其理性选择必然是放弃维权。有学者提出，有绝对控制地位的上市公司大股东必然将利用其优势地位以牺牲中小股东的利益为代价取得公司的控制权。在国外的成熟市场，投资者主要通过长期投资获取投资收益，而现阶段我国的资本市场，投资者缺乏独立的判断与分析能力，价差收益为其主要收益来源。另外，我国立法体系中关于投资者保护的内容过于笼统，不具备很强的操作性，导致获得司法救济的投资者微乎其微。知情权是中小股东最关注的合法权益，有学者提出了树立资源性信息披露的新理念，对于上市公司信息披露过于简单而剥夺中小股东知情权的情况，学者建议鼓励上市公司披露更多的信息，完善信息披露指引，对于信息披露违规必须加大处罚力度。在成熟的资本市场，因信息披露违规引发的集体索赔和诉讼极大地加大了上市公司的违规成本。

除了站在投资者及上市公司的角度研究投资者权益受损原因外，也有学者站在监管的角度，通过比较国内外金融监管模式的异同点，提出我国可以合理借鉴国外金融监管模式的先进做法，并结合我国资本市场发展的现状，构建具有中国特色的金融监管体系，并完善投资者保护体系的建立机制。学者认为，在面对市场失衡及投资者弱势的环境下，政府责无旁贷地承担着对市场进行有效监管的责任，其严格监管的主动性及能动性能够弥补法律法规及交易规则的不健全，也符合控制监管成本的需要。而可供我国金融体系改革作为参考和借鉴的是目前国际上较为成熟的“双峰监管理论”及其在世界各国的有效尝试。

双峰监管理论（Twin Peaks Model）最早由英国经济学家泰勒（Taylor）提出，他认为监管应同时重视审慎监管和行为监管两大目标，前者包括宏观审慎和微观审慎层面，目的都是为了维护金融稳定，避免发生系统性金融风险，后者主要关注金融效率的提高，包括保护金融消费者利益、提高市场透明度、建立诚信环境等方面。《美国金融改革蓝皮书 2008》中将双峰监管模式作为金融监管体制改革的长期目标，并认为该模式是最优模式。1998 年澳大利亚率先采用双峰监管模式改革了原有的金融监管体制。金融危机后，英国采用双峰监管模式取代原有的综合监管模式，意大利、西班牙、法国和南非等国也采用双峰监管模式取代原有的功能监管模式。双峰监管模式被广泛认定为最优模式。

有学者提出了标准化及替代性投资者保护制度的观点，前者是指具有普适性并可以运用于不同国家及不同时期的证券市场，而后者指仅能适用于特定国家或特定时期的投资者保护制度。在转轨国家的新兴市场全盘移植标准投资者保护制度时会因为各种因素的影响而不能起到预期作用，作为非正式的过渡期的制度安排，替代性投资者保护制度可以发挥重要作用。在我国证券市场的制度安排中应隐藏着某种机制，该机制能够实现投资者的保护功能，并促进证券市场的健康发展。

综观经历了几百年发展的国外证券市场几次重大事件及经济大危机的发生也给投资者带来了惨痛的教训，因此，经过不断实践总结，许多发达国家已逐步完善了对证券市场中小投资者的立法及监管保护。以美国为例，次贷危机发生后，美国证券交易委员会开始了大刀阔斧的改革，2010 年 7 月，奥巴马签署《华尔街改革和个人消费者保护法案》，该法案为消费者提供了强有力的保护。相关举措包括组建永久性投资者咨询委员会、重构 SEC 行政执法机构、改进信息披露规则和统一中介机构法律责任等，同时，将投资者引入规则制定及监管决策中，有利于实现投资者积极参与，提高投资者自我保护意识，对我国的投资者保护体系的完善也有借鉴作用。

第三节　案例概述及重大事件梳理

一、股权之争

自 2015 年 1 月起，宝能集团旗下前海人寿保险股份有限公司（以下简称为前海人寿）开始陆续买入万科企业股份有限公司（以下简称万科）股份，2015 年 7 月 10 日，前海人寿持股比例超过 5%并首次举牌，之后前海人寿及钜盛华继续增持万科股份至 8 月 26 日，宝能系持股比例达到 15.04%，超越华润集团（以下简称华润）成为万科第一大股东。12 月 18 日，万科筹划重大资产重组及收购资产，股票自当日下午起停牌，万科 H 股同时停牌，之后万科 H 股于 2016 年 1 月 6 日复牌。2016 年 3 月 16 日，万科披露与深圳市地铁集团有限公司（以下简称深铁集团）签署合作备忘录并约定万科将购买深铁集团下属公司的全部或部分股权。2016 年 6 月 17 日，公司召开董事会，会议审议通过了以发行股份的方式向深铁集团购买其持有的深圳地铁前海国际发展有限公司（以下简称深海国际）100%股权。万科 A 股于 2016 年 7 月 4 日复牌。7 月 5 日至 6 日，宝能系继续增持万科股份至持股比例达到 25%。12 月，万科发布公告称终止发行股份购买资产事项。2017 年 1 月 12 日，华润及其子公司将所持有的 15.31%万科股权全部转让给深铁集团。2017 年 6 月 9 日，深铁与恒大集团有限公司（以下简称恒大）下属企业签署股权转让协议，转让后，深铁持股比例达 29.38%，成为万科第一大股东。2017 年 6 月 30 日，股东大会召开并完成新一届董事会选举，至此，万科股权之争暂告一段落。具体如图 11－1 和表 11－1 所示。

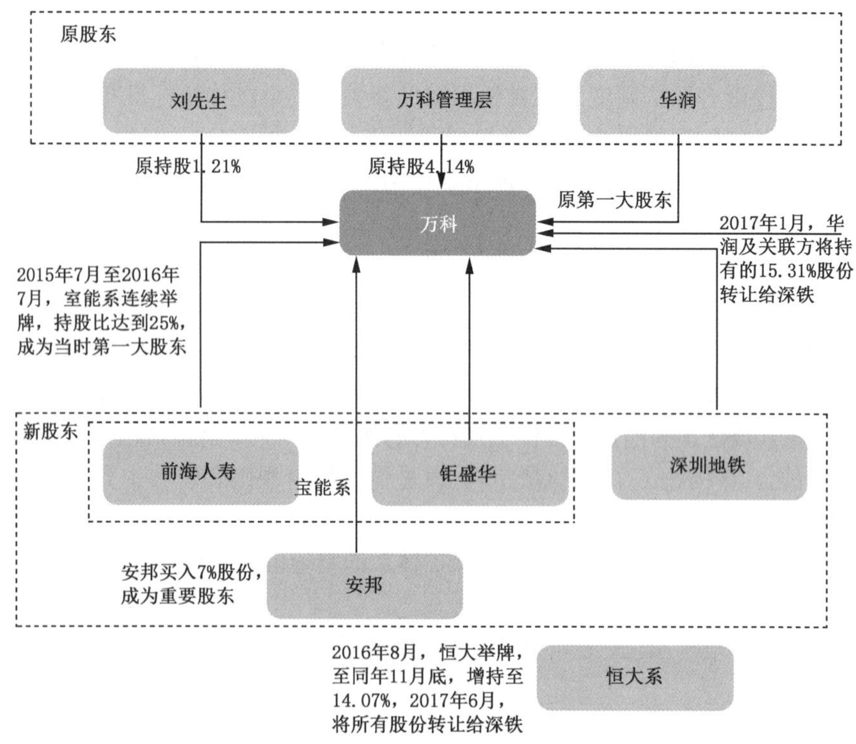

图 11—1　万科主要股东变化

表 11.1　　万科主要股东及其持股比例(截至 2017.6.30)

股东方	持股数(亿股)	占总股本比例	H 股(亿股)
深铁集团	32.4	29.38%	0
宝能系	28	25.40%	0
安邦	7.4	6.73%	0
万科事业合伙人	5	4.49%	0

以 2015 年 7 月 10 日宝能系首次举牌为开端，经历了股票长期停牌、引入深铁方案失败、恒大增持并授权表决、华润离场深铁进场，直至 2017 年 6 月 30 日万科董事会换届，持续近 2 年的万科股权之争终于落下帷幕。

二、万科股权之争的内外因分析

1. 万科股权之争的内因分析

(1)万科公司治理失效及委托代理理论

在万科，王石及其管理团队是公司的实际领导者，虽然该管理层团队最初持股比例仅占公司总股本的 1%，但是第一大股东华润多年来仅充当着财务投资者的角色，并不参与或干涉公司管理层的具体决策运作，算上大股东华润所持的 15.31%的股份，王石及其管理团队总共能够享有 16%股份所匹配的控制权，然而除华润外，万科管理层并没有其他的盟友或是潜在的一致行动人。对于一家主板大蓝筹而言，万科管理层拥有的股份比例无法支撑其在二级市场上保持绝对的控股权。另外，万科各级股东持股比例分散，流通股占比较高，外部资本方很容易在二级市场上吸到足够的筹码并开展收购行为。

在实务中，由于信息不对称及创始人团队对公司的影响力、掌控力等因素，企业控制权往往掌握在董事会或管理层手中，导致所有人(委托人)和经营者(受托人)之间存在利益冲突。当经营者偏离股东目标或利用公司资源谋求私利、而公司内部缺乏有效的监督机制时，就会产生公司由内部人控制的问题。内部人控制的结果就是管理层一言堂，管理层会为了追求私利而背离所有人的目标方向，极大地损害所有人的利益，也容易产生对中小投资者利益的侵害，滋生管理层腐败或滥用权利等问题。本案中，由于大股东华润的长期不作为滋生了万科管理层意图拥有超越公司治理限度的权利欲望，使得原本应该实行三会制衡的公司治理结构演变成以王石为代表的管理层一言堂，管理层对公司上下形成了绝对控制，造成公司治理失效。

万科的新任大股东深铁集团显然吸取了教训，在 2019 年 6 月份完成股权变更后，其持有万科高达 29.38%的股权，较之当初华润集团持有的 15.31%的股权，持股比例显著提高，加上万科事业合伙人金鹏计划所持有的 4.49%的股权，大股东及管理层合计持股高达 34%，目前的股权结构将更加有利于公司未来的稳定发展。

(2)市值管理与中小投资者权益保护的长期被忽视

万科的大股东及管理层长期忽视资本市场对上市公司发展和实体经济的巨大作用，股价长期处于被低估状态，在宝能系举牌前，其历史股价表现处于行业内中下游，其历史市盈率和市净率指标长期低于同行业和房地产 50 强的平均值。

一家上市公司如果重视市值管理，就会努力体现出合理的市场估值和品牌价值，并在野蛮者进入之时，依靠已经形成的“天然的屏障”来大大提高收购者的资金成本。另外，如果重视分红并乐于与中小投资者积极分享发展收益的话，大部分投资者也将秉承价值投资理念，看好管理层及企业长期发展前景，而不会在大资金举牌时即匆匆撤离或者在股票长期停牌时寄希望于快速复牌以便及时撤离。

另一方面，与其他地产上市公司相比，万科“盈余公积”占比较大，远远超过企业注册资本的 50%，过去十年，万科在每年分红前，均通过股东大会审议计提大比例的“任意盈余公积”，影响到对股东的现金分红，然而大部分中小股民都不是专业投资者，缺乏会计知识，根本不了解计提盈余公积对于现金分红的影响，自然也不会想到通过投票反对的方式维护自身利益。

在发生股权争议后，万科管理层提出的引入深铁的方案，将摊薄所有股民的历史股权权益,自然会引起大股东及中小股民的反对。上述种种,是管理层忽视中小投资者权益的表现,最终将导致在公司发生危机时无法获得中小投资者的信任与支持,并加速出现中小投资者"用脚投票"的现象。

据万得统计,万科自 1991 年上市以来,已实施现金分红 24 次,累计实现净利润 15 329 341.99 万元,累计现金分红 2 689 250.69 万元,分红率为 17.54%,从历年分红看,多为 10 派 2(含税),近三年分红水平有所提高,分别为 10 派 7.2(含税)、10 派 5(含税)、10 派 4.1(含税),不排除是万科管理层选择在股权争议时点上讨好中小股东所为。从总体上来看,万科在行业内分红率处于中下游水平。具体如图 11—2 所示。

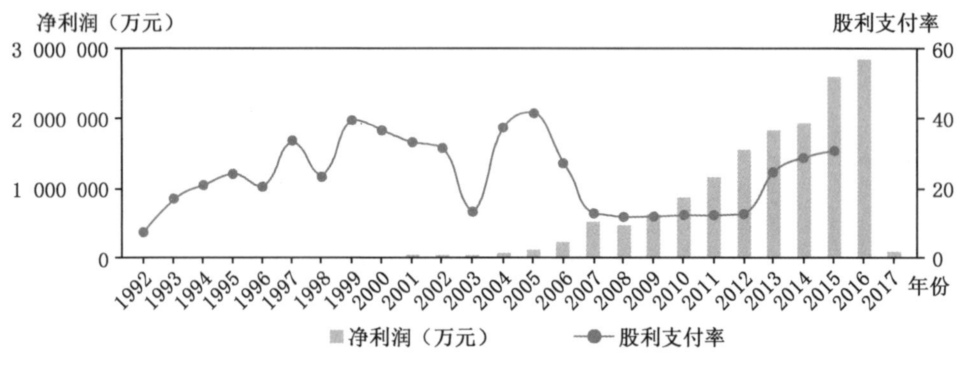

图 11—2　万科历年股利支付率

2. 万科股权之争的外因分析

(1)资产荒与险资举牌潮的兴起

在保监会对保险公司及保险资金监管较为宽松的政策环境下,自 2015 年下半年以来,保险公司频频举牌上市公司。2016 年甚至被称为"险资举牌年",其中包括万科 A、南玻、中国建筑和格力电器等,涉及的保险公司包括恒大系、宝能系、安邦系、生命系,等等。险资举牌潮兴起的一个重要因素是投资的资产收益率普遍下降,导致可选择的投资标的十分局限,比如,自 2014 年以来,10 年期国债到期收益率指标一直呈持续下滑的趋势。另一个因素是万能险规模的扩大使部分作风激进的中小型保险公司尝到了保费收入快速增长的甜头,比如,前海人寿就以发展万能险等高现金价值业务为主。另据银保监会发布的统计数据,2013 年前海人寿保费收入为 39 346.12 万元,2014 年保费收入激增至 337 408.65 万元。

正是上述原因在客观上造成了险资不断寻求二级市场高回报率的蓝筹品种,尤其是市场青睐的高分红品种的投资空间。首先,高分红标的为险企带来长期稳定的股息现金流,可以作为很好的投资组合替代品。其次,按照企业一般会计准则且根据保险公司股票记账方式,持股比例超过 20%具有重大影响或尽管大于

5%而未达到20%但派驻董事会席位,可采取权益法计量投资,计入当期长期股权投资。而取得董事会席位则可以获得影响上市公司分红或转增计划的决策参与权。

本案万科作为低估值、高成长、高股息率的国内优质房企龙头,被宝能系看到了万科的商业价值,通过二级市场增持行为企图获得万科的控制权和管理权,并按照自身意志改造万科,这是资本逐利的天然属性。

(2)高杠杆收购与伪金融创新

在2014—2016年期间,由于中国经济市场面临增速放缓、资产回报率下降等问题,金融机构不断加大风险容忍度,金融监管也处于放松状态。许多金融机构纷纷打着金融创新的旗号推出各种类型的金融产品,其中不乏层层嵌套的、高杠杆的风险极大的金融产品,但这不是金融创新,而是对风险容忍度的盲目扩大以期获取高收益。例如,现象之一:资管行业产品设计能够做到9倍杠杆,场外配资未加以限制,杠杆并购政策也处于宽松状态,2014年11月,沪深交易所发布并购重组私募债试点办法,显示在中国境内的公司制法人都可以发行并购重组私募债。现象之二:银保监会也未对银行理财资金的投向进行严格地穿透审查,理财资金只要加一层固收产品的通道即可投资于二级市场,而资管产品基本由证监会进行监管,银保监会很难对银行理财资金的最终投向进行有效监管。大量通道业务利用现行分业监管的漏洞,通过层层嵌套及加大杠杆的方式大行其道,背离了资管业务发展的本源,加剧了风险在跨市场跨行业之间的传递。

在宝能增持万科股权事件中,据媒体披露,自有资金占比不足10%,部分嵌套产品结构复杂,无法穿透审查底层委托人,一旦发生流动性风险或者股价下跌引起资管计划补仓甚至清盘,风险将层层穿透至最底层的委托人,由其承担最终损失,极易引发被投诉及社会矛盾。

第四节　被遗忘和忽视的中小投资者权益

一、从万科投资者行为的角度分析

在万科股权争夺过程中,中小股东自身权利的行使往往不能或者不充分,基本上只能站在旁观者的角度看着股价波动、公司日常经营运作受影响,自身所享有的知情权、交易权、表决权和诉讼权受损,即使部分中小投资者愿意付出金钱和时间成本,寻求司法帮助,但其诉请能否获得法院支持都是未知数。另外,由于证券市场的维权活动具有非排他性的公共产品属性,一人承担成本而收益由全体投资者共享,将导致大部分理性投资者基本上都放弃维权而选择“用脚投票”。

1. 知情权与交易权受损情况分析

知情权是股东行使其他股东权利的基础和前提，保障上市公司中小投资者享有充分的知情权对于其了解公司的重要信息从而做出重要判断具有重大意义。法律对股东的知情权给予平等的保护，不会因为持股比例的多少而有所不同。纵观整个万科控制权争夺过程，充斥着中小投资者、监管层、自律机构、舆论对事件进展及重大节点的关注和质疑，也督促着万科管理层与各股东不断公开部分信息，解答市场及投资者的质疑。深圳证监局于 2016 年 7 月 21 日向万科及钜盛华发出的监管关注函均指向信息披露违规问题：监管指出万科对钜盛华的举报事项的信息发布和决策程序不规范、钜盛华在增持期间未按权益报告书的要求将相关被查文件的原件或有效复印件备置于上市公司住所。万科管理层应该能够预见到，向非指定信息披露媒体提前公布新进大股东的举报信会对公司的稳定性及股价产生何种重大的影响。而钜盛华因增持万科的资金来源问题广受质疑，其更应该严格遵守上市公司信息披露规定，按照法律规定向投资者履行告知义务。除此以外，深交所在万科股权之争的多个重大节点出具了多份关注函，基本上都与信息披露有关。由此可见，万科中小投资者的知情权受损情况严重。

交易权的行使以股民在二级市场的自由交易为衡量标准。2015 年 12 月 18 日，万科以筹划重大资产重组及收购资产为由，自当日下午起停牌，时间长达 7 个月，然而至今并未有充足理由支持其已经达到重大资产重组的标准。万科火速并长期申请停牌的做法引发了社会舆论对于上市公司滥用停复牌制度的质疑以及万科中小股民对于自身交易权被严重影响的抗议。与此相比，在香港上市的万科 H 股自 2016 年 1 月起就复牌了。根据香港市场规则，万科 H 股不存在涉及交易价格等信息的香港市场对内幕信息具体性要求，则必须遵守港交所的规则及时复牌。而根据沪深交易所相关交易制度，上市公司普通资产重组停牌时间在实务操作中可不断延长。

万科 A 股股票于 2016 年 7 月 4 日复牌，自 2015 年 12 月 18 日午后万科临时停牌至 2016 年 7 月 1 日收盘，深证综指下跌 15.6％，7 月 4 日开盘即跌停。

万科长达半年多的停牌导致投资者无法及时撤离股市从而必须承担大盘在此期间下跌及股票复盘后补跌的损失，投资者的交易权因万科管理层不加限制地使用停牌制度而受到限制，最终也将导致投资者的资产受损。

2. 投资者的“用脚投票”现象及被忽视的表决权

大股东相对于中小股东而言，它在上市公司治理中的强势地位是中国股市客观存在的事实，股东之间因持股数量的多少存在股份优势、资金优势和信息优势上的冲突，小股东的话语权往往得不到保障，参与公司事务管理的权利受到限制，而资本多数决的原则又导致中小投资者行使表决权丧失意义，众多投资者因无法实现股东的实质平等而选择“用脚投票”，择机将所持股票卖出。

分析万科股权之争期间两次重要的股东会召开情况：2016 年 3 月 18 日，召开 2016 年第一次临时股东大会，审议 A 股股票继续停牌的议案，现场参会人数为 125 人，网络投票比例仅为 32.43%；持股 5%以下的股东表决同意的占比 93.24%，否决及弃权的占比 6.76%，本次会议通过继续停牌议案。2016 年 6 月 27 日，召开万科 2015 年度股东大会，审议年度董事会报告、监事会报告、财务报告等，现场参会人数不足 100 人，网络投票比例仅为 36%，华润、钜盛华及其一致行动人对年度董事会、监事会报告均投了否决票，本次会议上述两项议案被否决。在上述两次股东会的召开过程中，中小投资者代表的网络投票比例仍然不高，更多的投资者放弃了投票的权利。

我国现阶段证券市场的中小投资者并未对此给予重视，除投服中心以股东身份参加股东大会，以专业的方式行使股东权利，或者以维护投资者权益的公益性机构的身份向投资者及上市公司呼吁外，要求分散在各处的中小股东集中起来行使投票权、质询权和建议权等存在相当的难度。万科散户持股相当分散，不仅无法集中起来行使投票权，更无法通过公开征集的方式提出符合自身权益的议案，最终也导致中小股东的投票权及建议权被进一步忽略及侵害。

可喜的是，万科中小股民的行权意识有所提升，在 2017 年 6 月 19 日召开的年度股东大会上，网络投票比例提高至 53.39%，总体参与比例也较前几年大幅提升，体现了中小投资者参与度的提升。具体如图 11—3 所示。

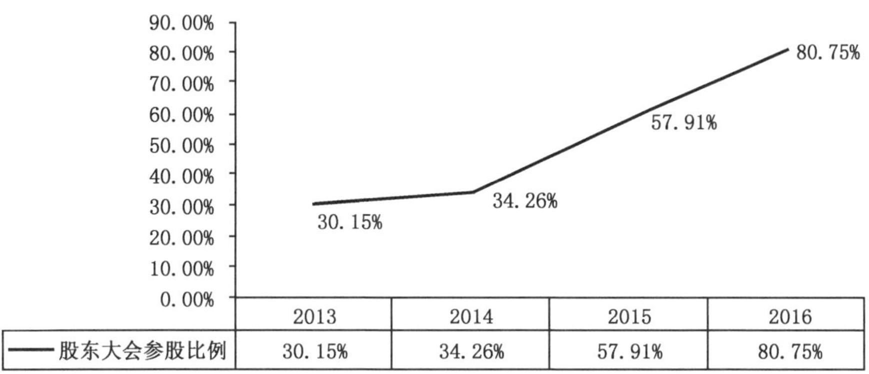

	2013	2014	2015	2016
—— 股东大会参股比例	30.15%	34.26%	57.91%	80.75%

数据来源：万科公告。

图 11—3　万科年度股东大会参与比例

3. 投资者的自我救济—撤销董事会决议之诉

2016 年 6 月 28 日，两名个人投资者分别诉万科撤销董事会决议纠纷案由深圳市盐田区人民法院受理，法庭审理围绕三个关注点展开：回避请求的事实理由是否存在、独董资格是否具备和提出回避申请后的董事会表决程序是否有瑕疵。最终，法院在一审判决中，驳回了投资者的诉讼请求，理由是独董回避表决属于商业判断问题，如果由司法机关决定则有违公司自治及司法谦抑性原则的要求，不纳入审理范围。虽然该案一审以中小投资者败诉暂告一段落，无论其失败原因是起诉理由不恰当，还是国内法治环境不成熟，但已显现出资本市场投资者维护意识的增强，并且逐步认识到可以运用法律武器来维护自己的权利。大力发展我国证券市场支持诉讼制度建设和公益诉讼、集体诉讼，将缺乏专业法律知识、数量分散且资金量较小的投资者集中起来，进一步畅通投资者诉求表达和权利实现通道，有助于规范上市公司的行为，营造良好的法治投资环境。

二、从万科上市公司行为的角度分析

由于万科长期存在公司治理结构失效以及对中小投资者权益保护的意识缺失等问题，在面对外部资本方的强势入侵时，万科管理层措手不及，不计后果地使用了各种反收购措施，不仅加深了各方矛盾的激化，对于企业的长期稳定发展及股价的稳定起到了消极影响。

1. 管理层的反收购行为对中小投资者权益的影响

在万科控制权争夺过程中，万科管理层始终态度鲜明，不欢迎野蛮人宝能系，并逐步采取了如下反收购手段，具体做法及对中小投资者权益的影响分析如下。

管理层公开表态不欢迎宝能系成为大股东。2015 年 12 月 17 日时任万科董事局主席的王石在内部讲话中表示：不欢迎宝能系成万科第一大股东，因为宝能系“信用不够”。以王石为代表的万科管理层通过公开表态不欢迎宝能系，并将宝能系通过二级市场增持的行为定义为“野蛮人”“恶意收购”的做法，将双方的矛盾激化，对于事件的发展及维持股价的稳定不会带来任何积极正面的影响。

长期停牌，抛出反收购措施。在公开表示不欢迎后，万科管理层的下一步策略就是寻找制度突破，立即停牌，争取时间。由于短期内无法实现定向增发的毒丸计划，只能选择白衣骑士计划。然而万科意图引入深铁集团的预案不仅导致华润及宝能系联手强加反对，更引发了股东利益被摊薄的争议，深交所亦发出问询函。

举报宝能，拉黑对手。万科管理层于 2016 年 7 月 18 日和 19 日通过书面方式向监管部门提交了举报信，但却于 19 日向非指定媒体透露了此举报信全文这一未公开的重大信息，因此收到了深交所出具的《关于对万科企业股份有限公司的监管函》，深交所指出其行为违反了信息披露规则，并对主要负责人进行监管谈话。

万科工会的诉求。在万科复牌后，万科工会向法院起诉宝能损害股东利益，要求判令宝能增持万科 A 股的行为无效，并在无效之前不能行使表决权、提案权、提名权、提议召开股东大会的权利及其他股东权利。万科工会自身持有万科股票比例占 0.61%，无论作为小股东的身份提起诉讼，还是以职工代表的身份起诉，都可以看作是拓宽诉讼主体范围的一种司法尝试，无论效果如何，也是被收购方运用法律武器抵御外来资本方入侵的新的尝试，然而，当诉求被法院以管辖权异议裁定驳回后，万科并未向投资者进行公告。该事件将影响到中小投资者对公司基本面及未来前景的判断,属于应披露的重大事件,投资者有权知悉,而万科却故意剥夺了中小股东的知情权。

综上所述,万科管理层的反收购行为是伴随着长期股票停牌剥夺中小投资者交易权的代价来实现的,在没有具体重组标的时即申请停牌,在没有充足理由达到重大资产重组的标准下,以重大资产重组为由申请停牌,万科管理层利用了停复牌制度的交易漏洞,侵害了中小投资者的交易权。同时,为了对抗外部资本方,不惜采取损害全体股东利益的方式高价引入白衣骑士,虽然其提出的预案并不存在违法违规之处,但是其将新股东的股份对价放至最大就是以牺牲现有股东的短期收益为前提的,其做法并不值得提倡。另外,万科管理层无视上市规则,违反信息披露义务,向监管层举报大股东违法违规行为,并故意违规泄露未公开的信息,主观故意明显,其行为本质上属于管理层主动释放利空打压股价,无视中小投资者权益的保护,也不利于公司股价的稳定,将进一步恶化争议事态的发展。关于工会诉讼问题,虽然万科有权行使诉讼权以维护自身权益,但是也要注意信息披露合规性问题,避免损害投资者的知情权。

2. 独立董事作用的发挥

上市公司的独立董事,作为强势大股东与弱势中小股东之间的独立第三方,独立董事的履职义务及权利保护直接影响到其能否担任好资本市场的制衡者,能否独立地行使法律和章程赋予的权利,尤其要关注中小股东的合法权益不受损害。纵观万科股权争议事件,独董作用并没有得到有效发挥。

2016 年 6 月 18 日,万科披露了《发行股份购买资产关联交易预案》后,深交所向万科董事会发出重组问询函,重点询问独董张利平回避表决是否合法合规、董事会决议是否合法有效、独董所任职的公司与万科之间的交易合作情况以及该独董是否具备法规所要求的独立性及任职条件。与专业性相比,上市公司及监管层更应当关注独立董事的独立性,先不论本次董事会决议程序的合法性,从万科的回复来看,除披露的黑石集团收购项目外,该名独董任职的黑石集团与万科分别于2014 年 10 月就物流项目资产平台及运营平台签署过相关协议、2015 年 12 月就境内低收益项目合资平台签署了相关协议、2016 年 6 月存在股权转让交易,而该名独董于 2015 年 10 月正式入职黑石集团,上述交易中有两笔均发生在其入职后,该名独董的独立性存在严重的瑕疵,且在本次董事会审议发行股份购买资产的预案前,该名独董事前并没有向公众披露关联关系,而是在会议召开时以关联关系为由申请回避,其未能履行保护中小投资者的法定职责要求。

三、从宝能系行为的角度分析

1. 险资参与上市公司控制权之争与投资者权益保护

宝能系举牌万科的资金来源主要是通过前海人寿发起高现金值投资项目,将客户的保费用于举牌投资，但宝能系的行事作风及市场品牌显然不是万科管理层所需要的大股东的形象，所以引发了管理层的强烈反对并采取了各种反收购措施，包括长期停牌及举报等，也引发了股价波动。而宝能系也将万能险当成融资平台，动辄千亿资金，在举牌过程中也没有采用成熟的参与策略，特别是提议罢免万科全体董事会及监事会成员，加深了与万科管理层的矛盾，不顾及股价波动可能会导致保险投资账户的亏损，从而损害保险消费者的权益，也未考虑到万科股票估值下挫的可能性，进而损伤各方利益。

然而监管层对于险资举牌的态度是明确的：保险公司不得利用资金优势，扰乱上市公司经营秩序及实体经济，只要符合国家经济利益的领域，险资都可以进入并在符合证券市场正常秩序的前提下进行举牌行为。另外，监管层已清楚认识到激进的保险公司及万能险产品高风险的特征，也在逐步通过各种直接监管手段，限制万能险占比较高的保险企业的规模过度扩张，未来，将面临部分公司发行的万能险在解禁后减持上市公司股票的行为，万能险规模及万能险产品的结算利率也将逐渐下降。

2. 资管计划参与上市公司控制权之争与投资者权益保护

(1)表决权让渡与投资者的关系

根据钜盛华披露的详式权益变动书所述，钜盛华在 2015 年 11 月至 12 月期间，分别与 9 家金融公司签署资管合同，合同中均约定存续期内表决权归钜盛华所有，包括以资管计划的名义行使提案权、提名权、股东大会召集权等其他股东权利事项，故钜盛华实际支配上述资管计划所持有的万科 A 股股票的表决权。2016 年 4 月 6 日，钜盛华与前海人寿签署表决权让渡协议，钜盛华将其通过资管计划控制的万科股票所对应的全部表决权按协议约定不可撤销地无偿让渡给一致行动人前海人寿。

虽然法规并没有明确禁止资管计划与其他在公开市场竞价取得上市公司股票的委托人一样，具有举牌及行使投票、提名等相应的股东权利，而且在 2016 年 7 月 18 日生效的《证券期货经营机构私募资产管理业务运作管理暂行规定》出台前，管理人按照劣后级委托人出具的书面意见所列的内容行使股东权利，是合法合规的。但是委托人同意将表决权全部让渡给某一个一致行动人，使自身沦为资本方争夺上市公司控制权的通道和筹资平台，本身也是对自身权益忽视的模式，其做法并不值得提倡和效仿，也不是监管鼓励的做法。

(2)杠杆配资与投资者的关系

上述资管计划均被设计为分级产品，除西部利得系列产品可定期开放外，其余均为封闭式运作，存续期内不接受资产委托人的参与和退出申请，同时将计划份额净值 0.8 元设置为平仓线，份额净值低于或等于平仓线时，钜盛华需追加保障金。优先级委托人均按照合同约定的预期收益率，定期收取固定利益作为资金使用成本。上述 9 个资管计划均在前海人寿之后购入万科股权,持仓股价在 15 至 22 元之间不等,优先和劣后比例为 2∶1,优先资金来源于平安银行、广发银行、鹏华资产、平安信托和民生银行,劣后资金为钜盛华公司自有资金。在 2017 年 5 月,万科股价跌至 18.32 元时,多只资管计划面临爆仓危险,劣后级委托人面临补仓义务。如钜盛华当时因万科股价暴跌而承担补仓义务甚至导致资管计划清盘,最终风险的承担主体还是各类资管产品的底层委托人。

截至目前,虽然钜盛华并没有因股票下跌承担补仓责任,还因万科股票上涨赚了相当比例的浮盈,但是我们必须重视杠杆配资的高风险性及对委托人权益的影响。上述计划存续期尚未届满,不排除万科股价在后市运作中可能出现下跌的可能,假设钜盛华需要承担补仓责任,则层层穿透后最终的银行理财资金的委托人、资管计划委托人及各通道方将共同买单。所以,即使宝能系在进行上市公司控制权的争夺过程中,整个加杠杆过程在合法合规的框架内运作,但也不能免除其为了争取自身利益,而无视底层委托人的权益是否受损,且全程采用激进的方式进行控制权争夺的行为本质上存在重大风险隐患。

四、从恒大增减持万科股份的行为分析

从 2016 年 8 月初至 11 月底,短短 3 个月时间,恒大通过自身及其附属公司增持万科股份至 14.04%,与宝能系使用万能险及资管计划不同,恒大主要通过 9 家 100%控股的壳公司分散买入万科,壳公司均受同一实际控制人恒大地产集团有限公司控制而构成一致行动人。由于增持前期,因恒大在二级市场收购万科股票,占已发行股本总额约 4.68%,总代价为人民币 91 亿元,虽然其官方宣传资金来源于销售收入,仍引发社会舆论质疑其资金来源于信托资金。为避免过早暴露增持事项,恒大后续采用壳公司方式增持。但是在短短 3 个月期间,恒大增持至 14.04%,而后又将所持表决权、提案权、参加股东大会的权利不可撤销地委托给深铁,最后将所持股份折价卖给深铁,预期亏损 70.7 亿元。与宝能系一样,监管部门应对其资金来源进行监管穿透,并检查其增持行为的合规性,股权权利的全部转让是否侵害金融产品投资者的利益,避免最终风险及损失层层传递至金融产品底层委托人。

另外,在恒大增持万科的过程中,万科发布了澄清公告,否认自身向媒体披露恒大购买股份事宜。深交所也向万科出具了关注函,要求公司就是否存在私下提前向特定对象单独披露、透露或者泄露恒大持股情况以及公司股东名册保管、查阅等内部制度的制定和执行情况进行自查,同时也要求万科向恒大核实后对如下事项作出说明:恒大及相关方是否直接或间接向市场发布不实言论、恒大需自查与万科前十大股东及一致行动人之间是否存在互为一致行动人的关系。深交所及时关注可能影响股价波动的市场主体行为,要求上市公司及时披露相关信息并进行自查,对保护中小股民的权益也起到了积极作用。

五、资本与实业角逐中的投资者权益保护

综观整个万科股权之争中,各方关注和角逐厮杀的焦点都在万科股权的控制和经营权的争夺上,各方利益点和参与点都很集中,当资本大佬和产业明星拉开架势拼命厮杀,不惜为了自身私利而对对方恶语相加及采取各种不理智、不成熟市场行为的时候,有谁会真正关心中小投资者的利益保护?在万科股权之争中中小投资者的利益被严重忽视,尽管他们累计持股及投票权都不低,但在整个事件中,由于信息披露不及时、不充分以及长时期的股票停牌,许多投资者的知情权及交易权被侵害,投票权未能有效行使,民事诉讼维权途径也不甚畅通,导致其权益保护沦为空谈。另一方面,万科管理层、外部资本方均从自身利益出发,最大限度地利用交易漏洞和监管空白,将风险全部转嫁到投资者身上,使投资者沦为资本市场利益争夺战的炮灰,严重忽视及侵害上述主体的利益。

在证券市场发展的特定时期,中国上市公司管理层以及外部资本方都没有足够的经验和主观意识去妥善处理资本与实业的关系,姚振华以一个理性商人的敏锐性嗅到了入主万科将会给宝能系带来巨大商业价值,本身并无争议。但其利用监管漏洞,最大限度地撬动资金杠杆,以保险资金委托人以及各资管计划委托人,甚至层层穿透后的底层委托人的利益为赌注,强势举牌万科,并公开要求罢免万科全体董事会成员,而不考虑该做法可能对万科股价及公司日常经营的影响,这就不仅仅是野蛮人,而是赤裸裸的"强盗"逻辑了。

另一方面,作为业内最优秀的职业经理人团队,在面对外部资本方通过二级市场公开买入股票时,不仅未能及时与对方沟通协商,而是对新股东的身份挑三拣四,甚至不惜采取违反信息披露原则举报股东方、起诉买卖股票行为无效、利用制度漏洞长期停牌等不适当行为。万科管理层罔顾证券市场交易规则,未能摆正自身作为经营者而非所有者的身份地位,滥用公司章程赋予管理层的权利,最大限度利用法规及政策漏洞阻击外来资本方,以满足保全自身的需要,其行为本身也应该受到谴责或处罚。

无论是宝能系最大限度利用监管漏洞以高杠杆配资的方式争夺上市公司控制权,还是万科管理层最大限度利用交易规则漏洞、越俎代庖地阻击外部资金入侵,在整个控制权的争夺过程中,资方与实业方的做法都不够成熟及理智,以私利为主毫不顾忌公众公司投资者的权益保护。在资本市场发展的特定阶段,由于法制体制不健全、交易规则不完善、资本与实业未能有效融合、中国的资本方及实业家缺乏长期合作的战略眼光,最终将导致两败俱伤并严重影响优质上市公司的长期健康发展及侵害投资者的利益的情况发生。

第五节　社会舆论在投资者保护工作中所起的作用

万科管理层、各大股东与投资者之间存在相当程度的信息不对程,部分信息在监管层及社会舆论的反复督促及质疑下才逐步公开,还有部分信息至今未公开,作为一家公众公司,万科对中小股东信息披露义务的履行情况并不理想。在本案中,社会舆论对于督促市场参与方积极履行信息披露义务起到了一定的积极作用,不仅督促上市公司及外部资本方积极向投资者进行信息披露或者澄清,也是一场成功的关于资本市场的投资者教育活动,更起到了提示监管层关注涉及本案的独董回避、信息披露违规等监管细节,也间接促使监管层关注杠杆收购、险资监管和监管割据等深层次金融监管问题。但亦存在不足之处:媒体更多的是站在"解说员"的角度将关注的焦点大量放在管理层与外部资本方对控制权的角逐上,对于投资者保护方面的关注力度和深度不够。

自宝能系举牌万科以来,社会舆论对万科股权之争投入了巨大的关注热情,主要还是基于万科及王石的社会影响力,以及与外部资本方上演的一出出资本市场大戏足以吸引舆论的眼球,媒体关于万科股权之争的报道随着万科股权之争的重大事件节点而掀起一轮轮高潮。舆论关注的重点主要在如下方面:险资举牌、公司治理结构缺陷、王石出局、资本与情怀、华润宝能联合、独董回避、表决权让渡和宝能系爆仓等焦点问题上,并起到了促使监管层及时采取监管措施以及上市公司发布澄清公告的舆论监督作用。相比之下,涉及投资者权益保护的报道较之其他焦点问题的数量明显较少,而且主要集中在主流媒体在特定时期内发布的报告。

根据我们在互联网上的搜索结果,关于万科股权之争中的投资者权益保护的媒体报道基本都出自中国证券报、新华网等主流财经媒体,且刊文时间段都集中在万科复牌前后,然而媒体所关注的问题并没有得到上市公司的任何反馈,这也是社会舆论所具有的非强制性的特征决定的。

在万科股权之争过程中,舆论的力量得以体现,在媒体的不断关注与披露下,促使各方当事人对公众所关注的问题进行回答,并及时履行信息披露义务,例如万科管理层在停牌前的精准减持、恒大入场、引入深铁等,帮助投资者进行合理判断。同时,发布各种报道对争议焦点进行解读,例如宝能系资金来源的合规性、万科停复牌的合规性、独董的独立性及回避问题、表决权归属争议、中小投资者保护等。新华社连发三文谈万科股权大战,分别从宝能资金链、监管漏洞和博弈规则等方面阐述争议问题。

总体来看,媒体及舆论在本次股权争议事件中所起的作用比较大,对于督促市场各方主体履行信息披露义务起到了积极的推动作用,也促使监管层关注到涉及并购重组、信息披露违规等监管细节,以及杠杆收购、险资监管和监管割据等深层次问题。然而媒体仍将关注重点放在了万科管理层与各外部资本方的博弈中，其定位更像是赛场上的解说员，对于在该场博弈中涉及的万科中小股民以及资管产品的委托人的权益受损情况及原因缺乏深度及持续的关注。

另一方面，在社会舆论的关注下，万科不得不在 2015 年 12 月 30 日和 2016 年 8 月 6 日分别发布澄清公告，就媒体报道的安邦未来有可能成为大股东以及万科向媒体透露恒大购买公司 A 股股份事宜做出相应的解释说明。另外，在媒体的及时报道下，中小股民逐步了解了更多上市公司的信息，这也有助于其更好行使投票权并在股东大会上“用手投票”或者及时卖出股票“用脚投票”。

作为投资者保护体系的重要补充机制，充分运用社会舆论的监督力量对于促进上市公司积极履行信息披露义务，以及保障投资者更好地享有知情权、投票权等方面的保护具有积极作用。由于我国投资者保护制度尚处于法规不健全、监管保护力度不够、投资者自我保护意识不够的发展阶段，充分发挥社会舆论的监督和督促作用，有利于提高市场透明度，促进上市公司完善治理结构，减少上市公司与投资者之间的信息不对称，促进市场三公原则充分发挥作用。

在证券市场交易过程中，舆论监督及导向作用对于保障信息透明及规则的有效执行将起到积极的作用，正面有效的舆论监督能够督促证券市场交易各方积极履行职责义务，减少违反政策法规的可能性。同样，积极有效的舆论导向能够对争议焦点进行深入剖析和解读，对于完善交易规则及法制体系将起到积极有效的作用。然而，偏离公正、独立的价值取向的舆论导向也会向证券市场发送扭曲及错误信息，影响投资者判断，破坏正常交易秩序，带来负面的经济效果。所以，在强调社会舆论自律并提高自身公信力的前提下，监管部门也要对媒体报道加以关注，避免其行为对证券市场造成扩散性的不良影响。

第十二章　政策建议

随着市场规模的扩展、交易品种的丰富以及家庭参与程度的不断提高，我国股票市场的发展到了一个新的历史阶段，这也意味着股票市场的复杂性和不确定性越来越高，从而对股票市场进一步的改革与开放提出了新的要求。发行制度是整个证券市场制度建设最重要的基础环节，其制度设计的有效性对于投资者的行为以及股票市场的发展都具有举足轻重的影响。上海科创板实行注册制以后，如何推动我国股票市场从核准制全面转型为注册制，是我国证券市场面临的当务之急。

我国股票市场存在的诸多问题，其核心在于核准制已经不能适应中国股票市场发展的需要，其本质在于核准制意味着政府过度地干预，意味着市场机制不能有效地发挥作用。而市场机制是应对复杂性和不确定性最好的方法，因此，推进注册制改革、利用制度创新重新调整政府与市场的关系，在政府监管和市场机制之间达成新的、更好的平衡，是中国股票市场未来改革和发展的关键和前提。基于本书的研究成果，提出如下的政策建议。

第一，我国股票市场现行发行制度下存在监管悖论，导致了严格处罚和退市制度不可置信以及监管与市场的双重失灵，而监管与市场的双重失灵导致的投资者保护水平不足是投资者对于股票市场信任缺失的重要原因，我国股票市场的注册制改革应以实现监管和市场的双重有效、重建投资者的信任和引导投资者的长期行为作为最终目标。

第二，上海证券交易所设立科创板并试点注册制的核心价值在于注册制改革，借助科创板并试点注册制的良机，适时推动上海证券交易所在主板市场实行注册制改革，使得科创板的制度创新成为中国证券市场进一步市场化改革的发动机。

第三，在实行注册制的同时，要强化信息披露的要求，加大对于信息披露违规行为的惩罚力度，在证券市场监管中引入信托责任、嗅觉测试和鼓励举报等监管原则。

第四，构建法院、仲裁、调解三位一体的投资者保护和证券市场纠纷解决机制，切实提高投资者保护力度；尤其在上海建设的“金融法院、金融仲裁、金融调解”三位一体的完整的证券市场纠纷解决机制，为我国金融体系未来进一步的市场化和国际化、上海全球金融竞争力的提升夯实了制度基础。

第五，在中国股票市场引入“双峰”监管的制度和理念，建立独立的投资者保护和上市公司行为监管的监管机构。

第六，发挥市场主体在证券市场的信息生产和监督上市公司信息披露行为中的作用，适时推动上海证券交易所实行公司制改革，发挥机构投资者、金融机构在证券市场的信息生产者的作用。

第七，在证券市场实施注册制的同时，要强化社会舆论的监督和引导作用，使得保护中小投资者的利益成为社会的主流思潮，推动构建关注中小投资者利益保护的市场文化氛围。

参考文献

[1]毕子男，孙珏. 2007. 机构投资者对IPO定价效率的影响分析[N]. 证券市场导报(4)：23－27.

[2]蔡宏标，饶品贵. 2015，机构投资者、税收征管与企业避税[J]. 会计研究，(10).

[3]曹凤岐，董秀良. 2006，我国IPO定价合理性的实证分析[J]. 财经研究(6)：4－14.

[4]崔巍. 证券投资中的信任及影响因素研究[J]. 金融研究，2011(09)：156－165.

[5]崔巍. 信任、市场参与和投资收益的关系研究[J]. 世界经济，2013(09)：127－138.

[6]陈冬宇，朱浩，郑海超. 风险、信任和出借意愿—基于拍拍贷注册用户的实证研究[J]. 管理评论，2014，26(01)：150－158.

[7]陈国进，张贻军，王景. 2008，异质信念与盈余惯性——基于中国股票市场的实证分析[J]. 当代财经(7)：43－48.

[8]陈工孟，高宁. 我国证券监管有效性的实证研究[J]. 管理世界，2005(7)：40－47.

[9]陈洪波，高燕军. 非ST公司是否真的脱困——基于单变量模型的判断[J]. 会计之友，2003.

[10]陈佳苑. ST股票投资分析——ST股票投资收益及影响投资收益的因素分析[J]. 金融与投资，2009.

[11]陈君兰，谢赤. 上市公司信息披露质量测度与评价[N]. 证券市场导报，2013(3)：25－30.

[12]陈李健. 我国投资者保护立法问题研究[N]. 长沙大学学报，2014(3).

[13]陈收，张莎. 特别处理公司重组绩效评价实证研究[J]. 管理评论，2004(12).

[14]陈小悦，肖星，过晓艳. 配股权与上市公司利润操纵，经济研究，2000(1)：30－36.

[15]陈训波，贺炎林 . 中国IPO定价效率研究——基于IPO抑价率和EFF值的比较分析[J]. 经济理论与经济管理，2013(8)：47－59.

[16]程书强 . 机构投资者持股与上市公司会计盈余信息关系实证研究[J]. 管理世界，2006(9).

[17]程希骏，吴振翔，周晖. 中国股市ST板块弱有效性检验[J]. 中国管理科学，2003.

[18]储一昀，仓勇涛. 财务分析师预测的价格可信吗？——来自中国证券市场的经验证据[J]. 管理世界，2008(3)：58－69.

[19]戴亦一，张俊生，曾亚敏，潘越. 社会资本与企业债务融资[J]. 中国工业经济，2009(08)：99－108.

[20]邓玲. 特别处理制度的警示作用研究[D]. 华中农业大学硕士论文，2005.

[21]邓召明. 我国股票发行定价效率实证研究[J]. 南开经济研究，2001(6)：60－64.

[22]董竹，马鹏飞. 股利折价之谜——基于大股东掏空与监管迎合的探索[J]. 南开管理评论，2019(3).

[23]段盛华. 上市公司收购信息披露的市场效应比较[J]. 金融教学与研究，2006(1)：38－41.

[24]冯福根，吴林江. 中国上市公司并购绩效的实证研究[J]. 经济研究，2001(1)：54－61.

[25]冯科，刘宏，何理. 我国上市公司高送转对盈利的信号效应研究[J]. 中南财经政法大学学报，2012.

[26]冯旭南. 卖空限制、意见分歧与价格发现——来自中国 A 股盈余公告效应的证据[J]. 经济学报，2016(3)：147－178.

[27]冯芸，刘艳琴. 上市公司退市制度实施效果的实证分析[J]. 财经研究，2009.

[28]高明华，蔡卫星. 混合所有制下的中小投资者权益保护[J]. 学术前沿，2016(1)：44－51.

[29]高西庆. 论证券监管权——中国证券监管权的依法行使及其机制性制约[J]. 中国法学，2002(05)：3－13.

[30]耿建新，吕跃金，邹小平. 我国上市公司定向增发的长期业绩实证研究[J]. 审计与经济研究，2011(6)：52－58.

[31]龚光明，田源. 风险资本、承销商声誉与创业板 IPO 定价效率[J]. 会计之友，2016(15)：86－92.

[32]顾海峰，吴狄. 中国上市公司定向增发公告效应的影响因素研究——基于实践研究法的实证分析[J]. 财政金融研究，2014(6)：82－88.

[33]辜宏强. 中国股票发行监管制度研究[M]. 北京：经济管理出版社，2006.

[34]郭思永. 缘何大股东会认购定向增发股份？[J]. 证券市场导报，2013(4)：55－61.

[35]何强，王全浩等. 刘士余卸任证监会主席，易会满接任[N]. 新京报，2019－1－27.

[36]何贤杰，朱红军. 2009，利益输送、信息不对称与定向增发折价[J]. 中国会计评论，2009(3)：283－298.

[37]贺玲，杨柳. 2012，我国证券市场中小投资者保护问题研究[J]. 金融市场，2012(4)：32－35.

[38]洪文俊. 上市公司特别处理公告的市场反应研究[D]. 浙江大学硕士论文，2006.

[39]黄晓薇，文熠. 2004，定向增发中的大股东认购、盈余管理与公司长期绩效[J]. 重启大学学报，(6)：76－83.

[40]黄郡. 2006，机构投资者持股特征的实证分析[J]. 南方金融(9).

[41]黄顺武，胡贵平. 保荐制度、过度包装与 IPO 定价效率关系研究[J]. 证券市场导报，2013(8)，23－30.

[42]黄云洲，赵喜仓. 股票退市风险警示制度的效应分析. 统计与决策. 2004.

[43]胡李鹏，张韵. A 股上市公司公开增发和定向增发的公告效应[J]. 金融论坛，2016(4)：66－80.

[44]胡宜奎 . 股东代表诉讼诉权的权利基础辨析——兼论我国股东代表诉讼制度的完善[J]. 政治与法律，2015(9)：143－150.

[45]计小青，曹啸. 信任、投资者行为与股票市场的发展：一个概念性分析框架[J]. 西安交通大学学报：社会科学版，2018，v. 38；No. 150(04)：37－45.

[46]计小青，曹啸.标准的投资者保护制度和替代性投资者保护制度：一个概念性分析框架[J].金融研究，2008(3)：151－162.

[47]贾芸霞.上市公司财务报表造假鉴别[J].时代经贸，2011(22).

[48]姜国华，王汉生.上市公司连续两年亏损就应该被“ST”吗？[J].经济研究，2005(3).

[49]蒋顺才，蒋永明，胡琦.不同发行制度下我国新股首日收益率研究[J].管理世界，2006(7)：132－138.

[50]江洪波.基于非有效市场的A股IPO价格行为分析[J].金融研究，2007(8)：90－102.

[51]蒋义宏，魏刚.净资产收益率与配股条件[M].上海：上海财经大学出版社，1998.

[52]蓝寿荣.上市公司股东知情权研究[M].北京：中国检察出版社，2006.

[53]李彬，史宇鹏，刘彦兵.外部风险与社会信任：来自信任博弈实验的证据[J].世界经济，2015，38(04)：146－168.

[54]李秉祥.我国上市ST公司财务危机的战略重组研究[J].管理现代化，2003(3).

[55]李冬昕，李心丹，俞红海，朱伟骅.询价机构报价中的意见分歧与IPO定价机制研究[J].经济研究，2014(7)：151－164.

[56]李俊青，李双建，赵旭霞.社会信任、收益率波动与银行风险[J].财贸经济，2017，38(11)：55－69.

[57]李刚，张海燕.解析机构投资者的红利甄别能力[J].金融研究，2009(1).

[58]李天德，李占儒.论我国股票市场的宏观调控功能[J].天府论.2010，13(2)：36－47.

[59]李立新.证券市场监管研究[M].上海：立信会计出版社，2014：128－141.

[60]李凤羽，杨墨竹.经济政策不确定性会抑制企业投资吗？—基于中国经济政策不确定指数的实证研究[J].金融研究，2015(04)：115－129.

[61]李建标，李朝阳.信任的信念基础——实验经济学的检验[J].管理科学，2013(4).

[62]李善民，陈玉罡.上市公司兼并与收购的财富效应[J].经济研究，2002(11)：27－35.

[63]李涛.社会互动、信任与股市参与[J].经济研究，2006(1)：34－45.

[64]李涛.参与惯性和投资选择[J].经济研究.2007(08)：95－109.

[65]李涛.什么影响了居民的社会信任水平——来自广东省的经验证据[J].经济研究，2008(1).

[66]李蕾.2013，价值投资还是价值创造_基于境内外机构投资者比较的经验研究[J].经济学(季刊)，2013(1).

[67]李志文，修世宇.中国资本市场新股IPO折价程度及原因探究[J].中国会计评论，2006(2)：173－188.

[68]李哲.支持、重组与ST公司的“摘帽”之路[J].南开管理评论，2006(6).

[69]李争光，赵西卜，曹丰，卢晓璇.2014.机构投资者异质性与企业绩效——来自中国上市公司的经验证据[J].审计与经济研究，2014(5).

[70]郦金梁，何诚颖，陈伟，陈锐.特质风险与公司投资行为选择—基于变量间非线性关系的视角[J].管理世界，2018，34(03)：68－77.

[71]梁冬军.股票市场的ST公布效应分析[N].广西财政高等专科学校学报.2003.

[72]刘宝华，罗宏，周微，杨行.社会信任与股价崩盘风险[J].财贸经济，2016(09)：53－66.

[73]刘凤委，李琳与薛云奎.信任、交易成本与商业信用模式[J].经济研究，2009(08)：60－

72.

[74]刘宏，马文瀚.互联网时代社会互动与家庭的资本市场参与行为[J].国际金融研究.2017(03)：55－66.

[75]刘海明，曹廷求.信贷供给周期对企业投资效率的影响研究—兼论宏观经济不确定条件下的异质性[J].金融研究，2017(12)：80－94.

[76]刘纪鹏，刘志强，厘清创新与监管边界规范险资举牌行为[J].清华金融评论，2016(03).

[77]刘静，张海凡.万科与宝能系控制权之争的反思[J].经济纵横，2017(3)：47－51.

[78]刘俊海.股份有限公司股东权的保护[M].北京：法律出版社.

[79]刘颂，杨杰.利益相关者视角下的万能险解析[J].企业改革与管理，2016(23).

[80]刘倚源.构建我国的表决权信托制度——以中小股东利益保护为中心[J].甘肃政法学院学报，2014(6).

[81]刘艳霞，祁怀锦.管理者自信会影响投资效率吗——兼论融资融券制度的公司外部治理效应[J].会计研究，2019(4).

[82]刘燕，楼建波.企业并购中的资管计划——以 SPV 为中心的法律分析框架[J].清华法学，2016(6)：63－83.

[83]刘岍.我国开放式基金绩效评估的实证分析[J].宿州学院院报，2016(8).

[84]刘震.我国上市公司财务报表舞弊问题探讨[J].边疆经济与文化，2012(5).

[85]刘晓峰，李梅.IPO 询价制在中美实施效果的比较及博弈分析[J].国际金融研究，2007(2)：37－42.

[86]刘新梅.股权制衡视角下机构投资者能提高上市公司会计稳健性吗？[J].财会通讯，2016(15).

[87]刘煜辉，熊鹏.股权分置、政府管制和中国 IPO 抑价[J].经济研究，2005(5)：85－95.

[88]刘志远，郑凯，何亚南.询价制度第一阶段改革有效吗[J].金融研究，2011(4)：158－173.

[89]吕长江，赵宇恒.ST 公司生命轨迹的实证分析[J].经济管理，2006.

[90]陆国庆.中国上市公司不同资产重组类型的绩效比较——对 1999 年度沪市的实证分析[J].财经科学，2000.

[91]陆瑶，朱玉杰，胡晓元.机构投资者持股与上市公司违规行为的实证研究[J].南开管理评论，2012(1).

[92]罗进辉.上市公司的信息披露质量为何摇摆不定？[J].投资研究，2014(1)：134－152.

[93]骆涛.险资举牌是投资人还是野蛮人[J].会计师，2017(3)：28－29.

[94]凌春华，陈龙水.企业盈余管理制度的理论与实践[J].管理纵横，2002(10)：69－70.

[95]金凤.上市公司财务报表粉饰手段与治理对策—罗金凤[J].商业评论，2005(7).

[96]雷光勇，邱保印，姜彭.社会信任、法律执行与股权制衡效果[J].证券市场导报，2015(1)：19－31.

[97]雷倩华，柳建华，季华.信息泄露与机构投资者信息发现优势*——来自中国上市公司资产注入的证据[J].重庆工商大学学报，2011(5).

[98]龙超.证券监管的原因与结构分析[D].复旦大学，2003.

[99](德)卢曼.信任.一个社会复杂性的简化机制[M].瞿铁鹏，李强译.上海：上海人民出版

社,2005.

[100]毛磊,王宗军,王玲玲.机构投资者持股偏好、筛选策略与企业社会绩效[J].管理科学,2012(3).

[101]梅洁,杜亚斌.机构投资者改善信息披露质量的异质性行为研究——来自2004—2010年深市A股的经验证据[J].证券市场导报,2012(6):31-37.

[102]默顿,博迪.金融体系的设计:金融功能与制度结构的统一[M].中译本,比较(17),北京:中信出版社.

[103]南晓莉.新媒体时代网络投资者意见分歧对IPO溢价影响——基于股票论坛数据挖掘方法[J].中国软科学,2015(10):155-165.

[104]倪勇.中国股票市场退出机制研究[D].复旦大学博士论文,2005.

[105]聂萍,潘再珍.问询函监管与大股东"掏空"——来自沪深交易所年报问询的证据[J].审计与经济研究,2019(3):91-103.

[106]潘越,戴亦一,魏诗琪.机构投资者与上市公司"合谋"了吗[J].财务管理,2011(2).

[107]潘越,戴亦一,吴超鹏,刘建亮.社会资本、政治关系与公司投资决策[J].经济研究,2009,44(11):82-94.

[108]潘煜,张星,高丽.网络零售中影响消费者购买意愿因素研究—基于信任与感知风险的分析[J].中国工业经济,2010(07):115-124.

[109]庞丽艳,李文凯,黄娜.开放式基金绩效评价研究[J].经济纵横,2014(7).

[110]清议.股票投资者可以信任审计报告吗?——上市公司独立审计质量调查[J].中国证券期货,2004(12):68-75.

[111]庞小凤.我国证券监管转型背景下的投资者保护研究评述[J].经济研究参考,2016(18):37-46.

[112]彭家生,毛颖,刘昌胜.询价次数变更对IPO定价效率的影响研究[J].学术探索,2015(9):56-62.

[113]陈劬.中国股市对股票交易实行特别处理(ST)的公告的反应[J].当代经济科学,2001(4).

[114]权小锋,吴世农,尹洪英.企业社会责任与股价崩盘风险:"价值利器"或"自利工具"?[J].经济研究.2015(11):49-64.

[115]沈朝晖.流行的误解:"注册制"与"核准制"辨析[J].证券市场导报,2011(9).

[116]宋艳艳.基于ST股票超额收益分析对ST板块监管的建议[D].东北财经大学硕士论文,2013.

[117]史永东,李凤羽.卖空限制、意见分歧收敛与信息披露的股价效应——来自A股市场的经验证据[J].金融研究,2012(8):111-124.

[118]唐炳南.市场化改革下的IPO定价走向及效率研究——基于2009年新股发行体制改革的分析[J].系统工程,2016(4):18-25.

[119]田甜.绿大地"欺诈门"之警示[J].新晋商,2013(6).

[120]田双全.中国资本市场投资者与上市公司信任关系的有效性评价[J].南通大学学报,2013(1).

[121]田昆儒,王晓亮.定向增发、盈余管理与长期股票收益[J].财贸研究,2014(5):147-

156.

[122]唐齐鸣，黄素心. ST 公布和 ST 撤销事件的市场反应研究[J]. 统计研究. 2006.

[123]唐齐鸣，陈健. 中国股市的 ARCH 效应分析. 世界经济. 2001.

[124]唐松莲，胡奕明. 机构投资者关注上市公司的信息透明度吗？[J]. 经济与金融，2011(6).

[125]王聪，柴时军，田存志，吴甦. 家庭社会网络与股市参与[J]. 世界经济. 2015(05)：105—124.

[126]王聪，田存志. 股市参与、参与程度及其影响因素[J]. 经济研究. 2012(10)：97—107.

[127]王欢，林艳. 中小投资者保护对企业价值的影响研究——基于企业生命周期视角[J]. 会计之友，2014(14)：60—63.

[128]王家辉. 中国证券市场监管的博弈研究[M]. 上海：上海财经大学出版社，2012：44—67.

[129]王斌. 上市公司造假方法种种[J]. 社审天地，2002(3).

[130]王斌，梁欣欣. 公司治理、财务状况与信息披露质量[J]. 会计研究，2008(3)：31—38.

[131]王晓妍，刘国常. 2013，机构投资者审计意见与违约风险，现代管理科学第 4 期

[132]王玲玲，王宗军，毛磊. 2013，企业社会责任与机构投资者持股偏好研究[J]. 金融论苑，2013(7).

[133]王敏. "双峰监管"模式的发展及对中国的启示[N]. 陕西行政学院学报，2016—5：82—85.

[134]王鹏. 投资者保护、代理成本与公司绩效[J]. 经济研究，2008(2).

[135]王晓亮，俞静. 定向增发、盈余管理与股票流动性[J]. 财经问题研究，2016(1)：64—71.

[136]王雄元，管考磊. 关于审计委员会特征与信息披露质量的实证研究[J]. 审计研究，2006(6)：42—49.

[137]王志强，张玮婷，林丽芳. 上市公司定向增发中的利益输送行为研究[J]. 公司治理，2010(3)：136—149.

[138]王震，刘力，陈超. 上市公司被特别处理(ST)公告的信息含量与影响因素[J]. 金融研究，2002(9).

[139]王正位，卢杰. 我国 ST 股票超额收益的实证研究[J]. 西部金融. 2012.

[140]汪静，陈晓红，杨立. P2P 网贷平台信息披露水平、投资人信任与投资风险[J]. 中国经济问题，2018(03)：106—121.

[141]汪炜，蒋高峰. 信息披露、透明度与资本成本[J]. 经济研究，2004(07)：107—114.

[142]汪宜霞，张辉. 卖空限制、意见分歧与 IPO 溢价[J]. 管理学报，2009(9)：1204—1225.

[143]翁黎炜，黄薇. 非经常性损益与盈余管理的研究——来自 * ST 公司的数[J]. 国际商务财会，2010.

[144]吴云，史岩. 监管割据与审慎不足：中国金融监管体制的问题与改革[J]. 经济问题，2016(5)：30—35.

[145]吴卫星，付晓敏. 信心比黄金更重要？——关于投资者不确定性感受和资产价格的理论分析[J]. 经济研究，2011(12)：32—44.

[146]吴卫星，徐芊，王宫. 能力效应与金融市场参与：基于家庭微观调查数据的分析[J]. 财

经理论与实践，2012(7).

[147]吴卫星，沈涛，董俊华，牛堃. 投资期限与居民家庭股票市场参与——基于微观调查数据的实证分析[J]. 国际金融研究. 2014(12)：68—76.

[148]温军成. 我国证券监管权力行使问题研究[D]. 中国社会科学院研究生院.

[149]吴文锋，吴冲锋，芮萌. 提高信息披露质量真的能降低股权资本成本吗？[J]. 经济学(季刊)，2007(4)：1201—1216.

[150]肖明. 中美证券市场退市机制比较研究[J]. 煤炭经济研究，2005(9).

[151]肖文彦. 合格境外机构投资者(QFII)选股偏好的影响因子研究[J]. 财税金融，2014(21).

[152]肖松. 中小投资者法律保护与公司价值——来自中国上市公司的经验研究[J]. 经济科学，2010(2)：67—68.

[153]肖绍平. 上市公司信息披露、投资者信息识别与博弈均衡[J]. 中央财经大学学报，2012(2)：90—96.

[154]肖作平，张欣哲. 制度和人力资本对家庭金融市场参与的影响研究——来自中国民营企业家的调查数据[J]. 经济研究. 2012(S1)：91—104.

[155]熊剑庆. 证券市场寻租行为的信息经济学分析[J]. 南京审计学院学报，(4)：40—43.

[156]熊艳，李常青，魏志华. 媒体报道与 IPO 定价效率：基于信息不对称与行为金融视角[J]. 世界经济，2014(5)：135—160.

[157]杨海燕，韦德洪，孙健. 机构投资者持股能提高上市公司会计信息质量吗？—兼论不同类型机构投资者的差异[J]. 会计研究，2012(9).

[158]徐妍，郑冠群. 询价机构意见分歧与 IPO 定价效率，经济问题，2016(4)：73—78.

[159]徐寿福，龚仰树. 定向增发与上市公司长期业绩下滑[J]. 投资研究，2011(10)，98—111.

[160]徐寿福. 上市公司定向增发公告效应及其影响研究[J]. 证券市场导报，2010(5)：65—72.

[161]严小洋. IPO 中的价格管制及其后果[J]. 北京大学学报：哲学社会科学版，2008(6)：141—147.

[162]晏艳阳，刘弢，彭敏. 信息披露质量对股权融资成本的影响分析[J]. 证券市场导报，2008(4)：23—32.

[163]颜秀春. 当前我国上市公司 ST 制度存在的问题及对策[J]. 商业时代，2011(21).

[164]杨晨. 杠杆收购的相关问题综述[J]. 企业研究，2014(10).

[165]杨敏，陈晓红，贺正楚. 机构投资者能识别业绩变脸的 IPO 公司吗？[J]. 企业管理与项目管理，2016(6).

[166]杨墨竹. 证券市场机构投资者投资行为分析[J]. 金融研究，2008(8).

[167]杨瑞龙. 论所有权与控制权分离下的委托代理关系[J]. 财经研究，1995(2)：7—12.

[168]杨忠莲，谢香兵. 我国上市公司财务报告舞弊的经济后果[J]. 审计研究，2008(1).

[169]伊志宏，姜付秀、秦义虎. 产品市场竞争、公司治理与信息披露质量[J]. 管理世界，2010(1)，133—141.

[170]尹志超，宋全云，吴雨. 金融知识、投资经验与家庭资产选择[J]. 经济研究. 2014(04)：

62—75.

[171]尹志超，黄倩. 股市有限参与之谜研究述评[J]. 经济评论. 2013(06)：144—150.

[172]游家兴，江伟，李斌. 中国上市公司透明度与股价波动同步性的实证分析[J]. 中大管理研究，2007，2(01)：147—164.

[173]于富生，王成方. 国有股权与 IPO 抑价——政府定价管制视角[J]. 金融研究，2012(9)：155—167.

[174]俞红海，刘烨，李心丹. 询价制度改革与中国股市 IPO“三高”问题——基于网下机构投资者报价视角的研究[J]. 金融研究，2013(10)：167—180.

[175]俞红海，李心丹，耿子扬. 投资者情绪、意见分歧与中国股市 IPO 之谜[J]. 管理科学学报，2015(3)：78—89.

[176]赵俊强，胡文伟，李湛. 创业板市场 IPO 定价效率研究——来自香港市场的经验证据[J]. 证券市场导报，2006(7)：74—77.

[177]赵丽琼. 我国财务困境公司重组摘帽的股价效应[J]. 系统工程，2011.

[178]赵丽琼. 财务困境公司的重组战略——基于中国上市公司的实证分析[J]. 商业研究，2009.

[179]赵丽琼，张庆芳. 我国财务困境公司摘帽公告的短期效应和长期绩效研究[J]. 工业技术经济，2007.

[180]赵文龙，张宁，代红娟. 市场信任的逻辑及其影响因素初探—基于 CGSS2010 数据的实证分析[J]. 中国矿业大学学报：社会科学版，2019，21(01)：54—66.

[181]赵铁成，韩夷，我国新股询价制度改革效果的实证分析[J]. 内蒙古农业大学学报：社会科学版，2007(3)：152—155.

[182]赵玉芳，余志勇，夏新平. 定向增发、现金分红与利益输送——来自我国上市公司的经验证据[J]. 金融研究，2011(11)：153—166.

[183]张丹. 上市公司财务粉饰目的及危害分析[J]. 河北企业，2013(6).

[184]张程睿，王华. 公司信息透明度的市场效应—来自中国 A 股市场的经验证据[J]. 中国会计评论，2007(01)：1—20.

[185]张海燕，陈晓. 投资者是理性的吗？——基于 ST 公司交易特性和价值的分析[J]. 金融研究. 2008.

[186]张剑，李后建. 新股发行制度改革：市场化，还是去市场化？——基于双边随机前沿与异质性随机前沿分析[J]. 商业经济与管理，2017(1)：85—96.

[187]张杰. 制度金融学的起源：从门格尔到克洛尔[J]. 东岳论丛，2010(10).

[188]张杰. 制度金融理论的新发展：文献述评[J]. 经济研究，2011(3).

[189]张继勋，周冉，孙鹏. 内部控制披露、审计意见、投资者的风险感知和投资决策：一项实验证据[J]. 会计研究，2011(09)：66—73.

[190]张翼，马光. 法律、公司治理与公司丑闻[J]. 管理世界，2005(10).

[191]张庆洪，章日杰. 股票发行监管的博弈分析[J]. 同济大学学报：社会科学版，2001(6).

[192]张维迎，柯荣住. 信任及其解释：来自中国的跨省调查分析[J]. 经济研究，2002(10).

[193]张风存. 证券投资中的信任及影响因素研究分析[J]. 时代金融，2016(27)：111—112.

[194]张红，邱王争. 基于 MTV 模型的房价与股价互动关系研究[J]. 中国房地产金融. 2005

(03):11－14.

[195]张嘉祺,郝旭光.中国证券监管行为特征与实际监管效率[J].财经科学,2018(7).

[196]张旻.基金规模与基金绩效的实证研究[J].现代商业,2015(36).

[197]张佩娟,2011:股权集中度、投资者保护与企业绩效的市政研究[J].西南财经大学硕士学位论文.

[198]张彤玉,丁业震.我国ST公司资产重组绩效的实证研究[J].理论学刊,2010(3).

[199]张新,陈帼钊.美国证券市场监管体制改革与信用制度的重建—兼谈安然事件对新兴证券市场诚信制度构建的启发[J].经济社会体制比较,2002(03):7－17.

[200]张妍妍,刘峥,周倪波.我国上市公司主动退市的效应分析[J].中南财经政法大学学报,2012.

[201]张宗新,杨飞,袁庆海.上市公司信息披露质量提升能否改进公司绩效——基于2002—2005年深市上市公司的经验证据[J].会计研究,2007(10):16－23.

[202]张宗新,朱伟骅.我国上市公司信息披露质量的实证研究[J].南开经济研究,2007(1):45－61.

[203]张宗新,杜长春.完善退市制度,重塑股市生态[J].西南金融,2011(8).

[204]张学勇,廖理.风险投资背景与公司IPO:市场表现与内在机理[J].经济研究,2011(6):118－132.

[205]张维迎,柯荣住.信任及其解释:来自中国的跨省调查分析[J].经济研究,2002(10):59－70＋96.

[206]张新.并购重组是否创造价值?——中国证券市场的理论与实证研究[J].经济研究,2003(6):20－29.

[207]章丹.证券市场政府监管论[D].浙江工商大学博士学位论文,2012:56－78.

[208]章卫东,张江凯,成志策.政府干预下的资产注入、金字塔股权结构与公司绩效[J].会计研究,2015(3):42－49.

[209]章卫东,赵安琪.定向增发新股长期股东财富效应的实证研究[J].上海经济研究,2012(1):42－52.

[210]章卫东,李斯蕾.政府控股、资产注入与上市公司绩效关系的实证研究[J].统计与决策,2015(24):173－177.

[211]章卫东,李海川.定向增发新股、资产注入类型与上市公司绩效的关系——来自中国证券市场的经验证据[J].会计研究,2010(3):58－64.

[212]章卫东.定向增发新股与盈余管理——来自中国证券市场的经验证据[J].管理世界,2010(1):54－73.

[213]曾颖,陆正飞.信息披露质量与股权融资成本[J].经济研究,2006(2):69－79.

[214]郑红梅,赵红岩.基于随机前沿方法的我国创业板IPO定价效率分析[J].中国市场,2010(2):65－67.

[215]郑惠斌.不同控股权性质下的定向增发与财富效应研究——来自A股上市公司的经验证据[D].中国优秀博硕士学位论文全文数据库.

[216]郑琦.定向增发对象对发行定价影响的实证研究[J].证券市场导报,2008(4):33－36.

[217]郑艳艳.关于万科股权之争的探讨[J].经营管理者,2016－12(下):90－91.

[218]郑也夫，彭泗清等. 中国社会中的信任[M]. 北京：中国城市出版社，2003.

[219]翟进步，贾宁，李丹. 中国上市公司收购兼并的市场预期绩效实现了吗？[J]. 金融研究，2010(5)：133－151.

[220]翟立宏，徐志高. 我国股票发行通道制与保荐制下 IPO 定价效率的比较研究[J]. 经济问题，2009(5)：109－113.

[221]钟夏. 上市公司定向增发融资动因研究[J]. 中国优秀博硕士学位论文全文数据库.

[222]周开国，李涛，张燕. 董事会秘书与信息披露质量[J]. 金融研究，2011(7)：167－181.

[223]周铭山，孙磊，刘玉珍. 社会互动、相对财富关注及股市参与[J]. 金融研究. 2011(02)：172－184.

[224]周妙燕，王紫薇. 万能险成为股市配资新模式的情况及案例分析[J]. 浙江金融，2016－10：65－70.

[225]周茜. 外资并购我国上市公司信息披露的市场反应研究——基于并购概率假说和竞争效应假说的实证分析[D]. 中山大学硕士学位论文.

[226]周孝华，赵炜科，刘星，我国股票发行审批制与核准制下 IPO 定价效率的比较研究[J]. 管理世界，2006(11)：13－18.

[227]周英. 试述中国金融监管体制弱点的改进与完善，中国市场，2011(22)：50－51.

[228]周颖. 中国上市公司信息披露现状分析——基于深交所主板上市公司的研究[J]. 中国证券期货，2012－9：27－28.

[229]朱宝宪，王怡凯. 1998 年中国上市公司并购实践的效应分析[J]. 经济研究，2002(11)：20－26.

[230]朱红军，何贤杰，陈信元. 定向增发"盛宴"背后的利益输送：现象、理论根源与制度成因——基于驰宏锌诸的案例研究[J]. 管理世界，2008(6)：136－147.

[231]朱光伟，杜在超，张林. 关系、股市参与和股市回报[J]. 经济研究. 2014(11)：87－101.

[232]邹高峰，张维，常中阳，询价制度下中国 IPO 长期表现[J]. 管理科学学报，2012(11)：66－75.

[233]朱雅琴. 完善企业社会责任信息披露对策分析[J]. 现代商贸工业，2015(4)：74－75.

[234]邹宇春，敖丹，李建栋. 中国城市居民的信任格局及社会资本影响——以广州为例[J]. 中国社会科学，2012(05)：131－148＋207.

[235]左欢. 上市公司报表粉饰及识别办法[J]. 天津经济，2002(21).

[236]刘纪鹏，沙玉兰. 触摸股市的脉搏——地方社保基金入市安全第一[J]. 经济，2012(4).

[237]Aghion, P., Algan, Y., Cahuc, P., & Shleifer, A., 2010, "Regulation and distrust", Quarterly *Journal of Economics* (August), pp. 1015－1049.

[238]Ahern, K., Daminielli, D., Fracassi, C., 2013, "Lost in translation? The effect of cultural values on mergers around the world", *Journal of Financial Economics*. (in press).

[239]Alimov A, Hertzel M G. Legal Institutions and Capital Raising Activities of Newly Public Firms[J]. German, 2012(1).

[240]Allen, F., & Faulhaber, G. R., 1989, "Signaling by underpricing the ipo market", 23(2), PP303－323.

[241]"Amir N Licht. Regulatory Arbitrage for Real: In-ternational Securities Regulation in a

World of Interact—ing Securities Markdts. *Virginia Journal of InternationalLaw*. 1998. "

[242]Anderson,H. ,L. Rose and S. Cahan,2006,"Differential Shareholder Wealth and Volume Effects Surrounding Private Equity Placements in New Zealand",*Pacific Basin Finance Journal*,14.

[243]Arrow,K. ,1972,"Gifts and Exchanges",Philosophy and Public Affairs,Vol. 1,pp. 343—362.

[244]Baker,A. ,A. Malcolm and W. Jeffrey,2002,"Market Timing and Capital Structure",*Journal of Finance*,57.

[245]Balsam,S. ,Krishan,J. ,Yang,J. ,2003,"Auditor in Dustry Specialization and Earnings Quality",Auditing:*Journal of Practice and Theory*,22,71—97.

[246]Baron,D. P. ,1982,"A model of the demand for investment banking advising and distribution services for new issues",*Journal of Finance*,37(4),PP955—976.

[247]Ben—Ner A. ,and Putterman L. ,2001,"Trusting and trustworthiness",Boston University Law Review,81,pp. 523—551.

[248]Benveniste,L. M. ,& Spindt,P. A. ,1989,"How investment bankers determine the offer price and allocation of new issues",*Journal of Financial Economics*,24(2),PP343—361.

[249]Berg J,Dickhaut J,Mccabe K. Trust,Reciprocity,and Social History[J]. *Games Economic Behavior*,1995,10:122 - 142.

[250]Bernheim,B. G. ,and D. M. Garrett ,2003 ,"The Effects of Financial Education in the Workplace:Evidence from a Survey of Households",*Journal of Public Economics* Vol. 87 ,pp. 1487—1519.

[251]Biais,Bruno,Peter Bossaerts,and Chester Spatt,2004,"Equilibrium asset pricing under heterogeneous information",Working paper,University of Toulouse.

[252]Bohnet I. ,R. Zeckhauser,2004,"Trust,risk and betrayal",*Journal of Economic* Behavior & Organization,Vol. 55,pp. 467—484.

[253]Bolle F. High reward experiments without high expenditure for the experimenter? [J]. *Journal of Economic Psychology*,1990,11(2):157—167.

[254]Bollersev,T. ,R. Chou,and K. Kroner. ARCH modeling in finance:A review of the theory and empirical evidence. *Journal of Econometric*,1992.

[255]Bonaparte,Y. ,and A. Kumar,2013,"Politicalactivism,information costs and stock market participation",*Journal of Financial Economics*,107,pp. 760—786.

[256]Bonaparte,Y. ,Kumar,A. ,Page,J. K. ,2012,"Political climate,optimism,and investment decisions",working paper. University of British Columbia,University of Miami,and Brigham Young University.

[257]Booth,J. R. ,& Ii,R. L. S. ,1986,"Capital raising,underwriting and the certification hypothesis",*Journal of Financial Economics*,15(1),PP261—281.

[258]Bossone ,B. ,1999 ,"The Role of Trust in Financial Sector Development",Policy Research Working Paper No. 2200 ,the World Bank.

[259]Botosan C A ,Plumlee M A ,Xie Y. The Role of Information Precision in Determining

the Cost of Equity Capital[J]. Review of Accounting Studies,2004,9(2—3):233—259.

[260]Botosan C A ,Plumlee M A. A Re—examination of Disclosure Level and the Expected Cost of Equity Capital[J]. 2002,40(1):21—40.

[261]Botosan C A,Botosan C A,Botosan C. Disclosure level and the cost of equity capital [J]. *Accounting Review*,1997,72(3):323—349.

[262]BOTTAZI L,DARIN M,HELLMAN T. The Importance of Trust for Investment:Evidence from Venture Capital[J]. *Review of Financial Studies*,2016,9(29):2283—2318.

[263]Bottazi,L. ,Da Rin,M. ,Hellman,T. ,2011, "The importance of trust for investment: evidence from venture capital", Unpublished working paper. National Bureau of Economic Research,Cambridge,MA.

[264]Bottom W P,Holloway J,Miller G J. Building a Pathway to Cooperation:Negotiation and Social Exchange between Principal and Agent[J]. *Administrative Science Quarterly*,2006,51(1):29—58.

[265]Bottom,W. P. Negotiating risk:Sources of uncertainty and the impact of reference points on negotiated agreements[J]. *Organizational Behavior and Human Decision Processes*, 1998,76(2),89 - 112.

[266]Braendle U C. Shareholder Protection in the USA and Germany — On the Fallacy of LLSV[J]. *SSRN Electronic Journal*,2005,7.

[267]Bucks,B. K. ,A. B. Kennickell,T. L. Mach,and K. B. Moore. ,2009,"Changes in U. S. Family Finances from 2004 to 2007:Evidence from the Survey of Consumer Finances",Federal Reserve BulletinofFebruary 2009,95,pp. A1 - A56.

[268]Cameron,L. Raising the stakes in the ultimatum game:Experimental evidence from Indonesia[J]. *Economic Inquiry*,1999,37,47 - 59.

[269]Cao,Henry,Tan Wang and Harold Zhang,2005,"Model Uncertainty,Limited Market Participation and Asset Prices",Review of Financial Studies 18,pp. 1219—1251.

[270]Carlin,B. ,F. Dorobantu and S. Viswanathan,2009,"Public Trust,the Law,and Financial Investment",*Journal of Financial Economics*,92,pp. 321—341.

[271]Chen,J. ,Hong,H. ,& Stein,J. C,2002,"Breadth of ownership and stock returns", *Journal of Financial Economics*,66(2—3),PP171—205.

[272]Chou,D. W. ,S. Gombola and F. Y. Liu,2009,"Long—run Underperformance Following Private Equity Placements:The Role of Growth Opportunities",The Quarterly Review of Economics and Finance,49

[273]Christine Botosan & Marlene Plumlee,2002,"A Re—examination of Disclosure Level and the Expected",*Journal of Accounting Research*,Vol. 40 No. 1

[274]Clarkson,P,and D. A. Simunic. "The Association between Audit Quality,Retained Ownership,and Firm—specific Riskin U. S. vs. Canadian IPO Markets". *Journal of Accounting and Economics*. 1994.

[275]Cohen J. ,G. Krishnamoorthy,and A. Wright,2004,"The corporate governance mosaic and financial reporting quality",*Journal of Accounting Literature*,23,pp. 87—152

[276]Cohen, Lauren, 2005, "Loyalty based portfolio choice", Working paper, Yale University.

[277]Coleman, J. Foundations of social theory[M]. Cambridge, MA: Harvard University Press, 1990.

[278]Coval, Joshua D., and Tobias J. Moskowitz, 2001, "The geography of investment: Informed trading and asset prices", *Journal of Political Economy* 109, pp. 811—841.

[279]Cox P. Brammer S. Millington A, 2008, Pension Funds and Corporate Social Performance: An Empirical Analysis?, Business & Society, Vol. 2, PP46.

[280]Curcuru, S., H. John, L. Deborah, and M. Damien, 2005, "Heterogeneity and portfolio choice: Theory and evidence", in Ait Sahalia, Yacine and Lars Peter Hansen (eds.) Handbook of Financial Econometrics (Elsevier Science, North—Holland, Amsterdam).

[281]DAVID S. GELB, PAUL ZAROWIN, 2002, "Corporate Disclosure Policy and the Informativeness of Stock Prices", Review of Accounting Studies, Press, pp. 33 - 52

[282]Derrien, F., 2005, "Ipopricing in "hot" market conditions: who leaves money on the table?", *Journal of Finance*, 60(1), PP487 - 521.

[283]Diamond, D., and R. Verrecchia, "Disclosure, Liquidity and the Cost of Equity Capital", *Journal of Finance*, 1991, 46(4), pp, 1325—1360

[284]Diether, K. B., Malloy, C. J., & Scherbina, A., 2002, "Differences of opinion and the cross section of stock returns", Social Science Electronic Publishing, 57(5), PP2113—2141.

[285]Dominitz, Jeff, and Charles Manski, 2005, "Measuring and interpreting expectations of equity returns", Working paper, Northwestern University.

[286]Duarte, J., Siegel, S., Young, L., 2012, "Trust and Credit: the Role of appearance in Peer—to—peer lending", Review of Financial Studies, 25, 2455 - 2484.

[287]DuCharme, L. L., P. H. Malatesta and S. E. Sefeik, 2004, "Earnings Management, Stock Issues and Shareholder Lawsuits", Journal of Financial Economics, 71.

[288]Dyck, A. and L. Zingales, 2004, "Private Benefits of Control: an International Comparison", *Journal of Finance*, 59.

[289]Dyck, A., A. Morse, and L. Zingales, 2007, "Howpervasive is corporate fraud?" Working paper, University of Toronto.

[290]Eckel C, Tech V. Conditional trust: sex, race and facial expressions in a trust game[J]. *University of Texas at Dallas Unpublished*, 2003, 19(4): 533—546.

[291]Elizabeth, M. and J. A. Pandes, 2010, "The Wealth Effects of Reducing Private Placement Resale Restrictions", European Financial Management, 9.

[292]Ellsberg, D., 1961, "Risk Ambiguity and the Savage Axioms", Quarterly Journal of Economics 75, pp. 643—669.

[293]Eng L. L., and Y. T. Mak, 2003, "Corporate governance and voluntary disclosure", *Journal of Accounting and Public Policy*, 22, pp. 325—345.

[294]Esther B. Del Brio, Alberto Miguel, Javier Perote. " An investigation of insider trading profits in the Spanish stock market". *The Quarterly Review of Economics and Finance*, 2002.

[295]Fama E." the Efficient Capital Markets :A Review of Theory and Empirical Work". *Journal of Finance*,1991.

[296]Fama E. ,"the Behavior of Stock Market Prices. Journal of Businesses",1965(38).

[297]Fehr,E. ,2009,"On the economics and biology of trust",*Journal of the European Economic Association* Vol. 7,pp. 235—266.

[298]Fehr,E. ,Fischbacher,U. ,Tougareva,C. Do high stakes and competition undermine fairness? Evidence from Russia[J]. Working paper series,2002,ISSN:14240459.

[299]Fukuyama ,F. ,1995 ,"Trust :The Social Virtues and the Creation of Prosperity", New York :Free Press.

[300]Gambetta,D. ,1988,"Can we trust trust?",in Gambetta,Diego (ed.) Trust:Making and Breaking Cooperative Relations,University of Oxford,pp. 213—237.

[301]Gao,Y. ,Mao,C. X. ,& Zhong,R. ,2006,"Divergence of opinion and long—term performance of initial public offerings. Social Science Electronic Publishing",29(1),PP113 - 129.

[302]Georgarakos,D. ,and G. Pasini,2011,"Trust,Sociability,and Stock Market Participation",Review of FinanceVol. 15,pp. 693—725

[303]Ginkel,W. P. ,2009,"Knowledge about the distribution of information and group decision making:When and why does it work?" Organizational Behavior and Human Decision Processes,Vol. 108(2),pp. 218—229.

[304]Glaeser,E. ,Laibson,D. ,Sacerdote,B. ,2002,"An Economic Approach to Social capital",*Economic Journal*,112,437—458.

[305]Gomes Joao F. ,Amir Yaron,and Lu Zhang,2003,"Asset prices and business cycles with costly external finance",*Review of Economic Dynamics*,6(4),pp. 767—788.

[306]Guiso,L. ,P. Sapienza ,and L. Zingales ,2003 ,"People's Opium ? Religion and Economic Attitudes",*Journal of Monetary Economics*,Vol. 50,Jan. ,pp. 225—282.

[307]Guiso,L. ,P. Sapienza ,and L. Zingales ,2004 ,"The Role of Social Capital in Financial Development",*American Economic Review*,Vol. 94 ,Jun. ,pp. 526—556.

[308]Guiso,L. ,P. Sapienza ,and L. Zingales ,2006 ,"Does Culture Affect Economic Outcomes",*Journal of Economic Perspectives*,Vol. 20 ,Spring ,pp. 23—48.

[309]Guiso,L. ,P. Sapienza ,and L. Zingales ,2008a,"Trusting the Stock Market",*The Journal of Finance*,Vol. 63(6),pp. 2557—2600.

[310]Guiso,L. ,P. Sapienza ,and L. Zingales ,2009,"Cultural Bias in Economic Exchange?",*Quarterly Journal of Economics* 124,pp. 1095—131.

[311]Guiso Luigi & Fabiano Schivardi,2011,"What Determines Entrepreneurial Clusters?", Journal of the European Economic Association,*European Economic Association*,vol. 9(1),pp. 61—86,02.

[312]Guiso,L. ,P. Sapienza,and L. Zingales,2010,"Civic Capital as the Missing Link", NBER Working Paper No. 15845,and Handbook of Social Economics,Volume 1A,Jess Benhabib,Alberto Bisin,and M atthew O. Jackson,eds.

[313]Guiso,L. and T. Jappelli,,2008,"financial Literracy and Portfolio Diversification",

EIEF Working Paper 8/12.

[314]Guiso, L. , 2010, "A Trust-diven Financial Crisis. Implication for The Future of Financial Market", EUI Working Paper,

[315]Guiso, L. , P. Sapienza, , L. Zingales, 2008b, "Social Capital as Good Culture", *Journal of the European Economic Association* 6, 295—320.

[316]"Hatice Uzun, Samuel H. Szewczyk and Raj Varma, 2004, Board Composition and Corporate Fraud, *Financial Analysts Journal*, Vol. 60, No. 3 (May-Jun. , 2004), pp. 33—43"

[317]Heath, Chip and Amos Tversky, 1991, "Preferences and Beliefs: Ambiguity and the Competence in Choice under Uncertainty", *Journal of Risk and Uncertainty* 4, pp. 5—28.

[318]Helwege, J. and N. Liang, 2004, "Initial Public Offerings in Hot and Cold Markets", *Journal of Financial and Quantitative Analysis*, 39.

[319]Hertzel, M. , M. Lemmon, J. Link and L. Rees, 2002, "Long Run Performance Following Private Placements of Equity", *Journal of Finance*, 36.

[320]Ho, K. Y. , 2005, "Long-horizon Abnormal Performance following Rights Issues and Placings: Additional Evidence from the UK Market", *Review of Financial Economics*, 14.

[321]Hong H. , J. D. Kubik, and J. C. Stein, 2004, "Social Interaction and Stock-Market Participation", *Journal of Finance*, Vol. LIX, No. 1, pp 137—163.

[322]Hong, H. , Kostovetsky, L. , 2012, "Red and blue investing: values and finance", *Journal of Financial Economics* 103, pp. 1—19.

[323]Houge, T. , Loughran, T. , Suchanek, G. , & Yan, X. , 2001, "Divergence of opinion, uncertainty, and the quality of initial public offerings", *Financial Management*, 30(4), PP5—23.

[324]Huberman, Gur, 2001, "Familiarity breeds investment", Review of Financial Studies 14, pp. 659—680.

[325]Jackson, M. O. , 2006, "The Economics of Social Networks", in: R. Blundell, W. Newey, and T. Persson, (eds.), Advances in Economics & Econometrics, Theory & Applications: Ninth World Congress of the Econometric Society, Vol. 1. Cambridge University Press, Cambridge, pp. 1—156.

[326]Johansson-Stenman O. , Mahmud M. , Martinsson P. Trust and religion: Experimental evidence from Bangladesh[J]. *Economica*, 2008, 76(303): 462—485.

[327]Kang, J. K. , Y. C. Kim and J. Stulz, 1999, "The Underreaction Hypothesis and the New Issue Puzzle: Evidence from Japan", *Review of Financial Studies*, 12.

[328]Kashyap, A. , Rajan, R. G. , & Stein, J. (2008). Rethinking capital regulation. Working Paper, University of Chicago and NBER, presentation at the Jackson Hole Conference, August.

[329]Katharina Pistor, Martin Raiser, Stanislaw Gelfer. Law and Finance in Transition Economies. The Economics of Transition. 2000.

[330]Kaustia, M. and S. Torstila, 2011, "Stock market aversion? Political preferences and stock market participation", *Journal of Financial Economics* 100, pp. 98—112.

[331]Knack , S. , and P. Keefer , 1997 , "Does Social Capital Have an Economic Payoff?", *Quarterly Journal of Economics*, Vol. 112 , Nov.

[332]Knox, Thomas A., 2003, "Foundations for learning how to invest when returns are uncertain", Working paper, University of Chicago Graduate School of Business.

[333]Kristensen, F., S., Markey, and S., Perry, 2010, "Our Liquidity is Trust, Not Cash", *Journal of Rural and Community Development* 5(3), pp. 143—161.

[334]La Porta, R., L. Florencio, A. Shleifer, and R. Vishny, 1997, "Trust in Large Organizations", *American Economic Review*, Vol. 87, May, pp. 333—338.

[335]La Porta, R., Lopez—De—Silanes, F., and Shleifer, A., 2006, "What works in securities laws?", *Journal of Finance* 61, pp. 1—32.

[336]Lang M H, Lundholm R J. Corporate Disclosure Policy and Analyst Behavior[J]. Social Science Electronic Publishing, 1996, 71(4): 467—492.

[337]Leuz, C., Nanda, V., Wysocki, P., 2003, "Earnings Management and Investor Protection: An International Comparison", *Journal of Financial Economics*, 69, 505—527.

[338]Loss Louis & Joel Seligman, 1989, "Securities Regulation (3th ed)", Frederick, MD: Aspen Law & Business press.

[339]Loughran, T. and J. R. Ritter, 1997, "The Operating Performance of Firms Conducting Seasoned Equity Offerings", *Journal of Finance*, 52.

[340]Mark Cecchini, Haldun Aytug, Gary J. Koehler and Praveen Pathak, 2010, Detecting Management Fraud in Public Companies, Management Science, Vol. 56, No. 7 (July 2010), pp. 1146—1160.

[341]Mason Gerety and Kenneth Lehn,, 1997, The Causes and Consequences of Accounting Fraud, Managerial and Decision Economics, Vol. 18, No. 7/8, The Use of Finance and Economics in Securities Regulation and Corporation Law (Nov. — Dec., 1997), pp. 587—599

[342] Michael J. Brennan, Claudia Tamarowski, Investor Relations, Liquidity, and Stock Prices, *Journal of Applied Corporate Finance*, 2000(12. 4)

[343]Miller, E. M., 1977, "Risk, uncertainty, and divergence of opinion", *Journal of Finance*, 32(4), PP1151—1168.

[344]Nofsinger J., and K. Kim, 2003, "Infectious Greed: Restoring Confidence in America's Companies", FT Press.

[345]Osili, Una Okonkwo, and Anna Paulson, 2005, "Institutional quality and financial market development: Evidence from international migrants in the U. S., Working paper, Indiana University-Purdue University Indianapolis.

[346]Osili, Una Okonkwo, and Anna Paulson, 2009, "Bank Crisis and Investor Confidence", the Center for Economic Studies working paper.

[347]Pevzner, M., FeiXie, Xiangang Xin, 2013, "When firms talk, do investors listen? The role of trust in stock market reactions to corporate earnings announcements", *Journal of Financial Economics*, Volume 117, Issue 1, July 2015, Pages 190—223.

[348]Pinotti, Paolo, 2008, "Trust, Honesty and Regulations", MPRA Paper 7740.

[349]Pistor, K., and Chenggang Xu, 2004, "Governing Stock Markets in Transition Economies: Lessons from China", SSRN Working paper # 628065, Nov.

[350]Puri,M. ,and D. Robinson,2005,"Optimism and economic choice",Working paper, Duke University.

[351]Purnanandam,A. K. ,& Swaminathan,B. ,2004,"Are ipos really underpriced?",*Review of Financial Studies*,17(3),PP811—848.

[352]Putnam R. The prosperous community:Social capital and public life[J]. *The American prospect*,1993,13(4):35—42.

[353]Putnam,R. ,1993,"Making Democracy Work:Civic Traditions in Modern Italy",Princeton University Press,Princeton,NJ.

[354]Ritter,J. R. ,1991,"The long - run performance of initial public offerings",*Social Science Electronic Publishing*,46(1),PP3—27.

[355]Rock,K. ,1986,"Why new issues are underpriced",*Journal of Financial Economics*, 15(1),PP187—212.

[356]Rogers,J. ,Stocken,P. ,2005,"Credibility of management forecasts",Accounting Review,80,1233 - 1260.

[357]Rooij,V. ,M. ,Lusardi,A. ,and Alessie,R. ,2007,"Financial literacy and stock market participation",DNB Working Papers 146. Netherlands Central Bank,Research Department.

[358]Rosa Lombardi,Daniela Coluccia,Giuseppe Russo & Silvia Solimene,2016,"Exploring Financial Risks from Corporate Disclosure:Evidence from Italian Listed Companies",*Journal of the Knowledge Economy*,Press,pp. 309—327

[359]Ruud,J. S. ,1993,"Underwriter price support and the ipo underpricing puzzle",*Journal of Financial Economics*,34(2),PP135—151.

[360]S. J. Grossman,O. D. Hart,1980,"Disclosure Laws and Takeover Bids",*The Journal of Finance*,Vol. 35,No. 2.

[361]Sanfey A G,Rilling J K,Aronson J A. The Neural Basis of Economic Decision—Making in the Ultimatum Game[J]. *Science*,2003,300(5626):1755—1758.

[362]Sapienza P. ,A. Toldra,and L. Zingales,2007,"Understanding Trust",Working Paper, http://www. nber. org/papers/w13387

[363]Sapienza,P. ,L. Zingales,2011,"Trust and finance",NBER Reporter Online,National Bureau of Economic Research (NBER),Cambridge,Mass. ,Iss. 2,pp. 16—19

[364]Sapienza. P,and L. Zingales,2012,"A Trust Crisis",International *Review of Finance*, Vol. 2,pp. 123—131

[365]Sengupta P. Corporate disclosure quality and the cost of debt[J]. *Social Science Electronic Publishing*,1998,73(4):459—474.

[366]Slonim R,Guillen P. Gender selection discrimination:Evidence from a trust game[J]. *Journal of Economic Behavior and Organization*,2010,76(2),385 - 405.

[367]Stout,Lynn A. ,2009,"Trust Behavior:The Essential Foundation of Securities Markets",working paper,http://ssrn. com/abstract=1442023.

[368]Tan,R. S. K. ,P. L. Chang and Y. H. Tong,2002,"Private Placements and Rights Issues in Singepore",*Pacific Basin Finance Journal*,10.

[369]Taylor, M. Dealing With Regulatory Arbitrage. Financial sector Conference AligningFinancial Regulatory Architecture with Country Needs: Lessons from International Experience. 2004.

[370]Teoh, S. , Wong, T. , 1993, "Perceived Auditor Quality and the Earnings Response Coefficient", *Accounting Review*, 68, 346—366.

[371]VASIA PANOUSI and DIMITRIS PAPANIKOLAOU, 2012, Investment, Idiosyncratic Risk, and Ownership, *The Journal of Finance*, Vol. 1, PP15—29.

[372]Vissing-J? rgensen, A. , 2003, "Perspectives on behavioral finance: Does "irrationality" disappear with wealth? Evidence from expectations and actions", NBER Macroeconomics Annual.

[373]Vissing-Jorgensen, A. , 2002, "Limited Asset Market Participation and the Elasticity of Intertemporal Substitution", *Journal of Political Economy* 110, pp. 825—853.

[374]Warren Bailey, G. Andrew Karolyi, and Carolina Salva, 2006, "The Economic Consequences of Increased Disclosure: Evidence from International Cross-listings", *Journal of Financial Economics*, Press, pp. 175—213

[375]Welch, I. , 1989, "Seasoned offerings, imitation costs, and the underpricing of initial public offerings", *Journal of Finance*, 44(2), PP421—449.

[376]Welch, I. , 1992, "Sequential sales, learning, and cascades", *Journal of Finance*, 47(2), PP695—732.

[377]Williamson O. , 1993, "Calculativeness, trust and economic organization", *Journal of Law and Economics*, Vol. 36(1), pp. 453—486.

[378]Wu, Y. L. , 2004, "The Choice of Equity-Selling Mechanisms", *Journal of Financial Economics*, 74.

[379]Zak, P. , Knack, S. , 2001, "Trust and Growth", *Economic Journal* 111, 295—321.

ZINGALES L. The"Cultural Revolutionin" Finance[J]. *Journal of Financial Economics*, 2015, 117 (1) :1—4.

[380]Zingales, L. , 2015, "The "Cultural Revolution" in Finance", *Journal of Financial Economics*, Volume 117, Issue 1, pp 1—4.